LOS PRIMEROS

1000 DÍAS

UN MOMENTO CRUCIAL PARA LAS MADRES Y LOS NIÑOS, Y EL MUNDO

ROGER THUROW

THE CHICAGO COUNCIL
ON GLOBAL AFFAIRS

PUBLICAFFAIRS
New York

Para Laura, Anne, May,
y las mamás en todo el mundo

PublicAffairs
Hachette Book Group
1290 Avenue of the Americas, New York, NY 10104
www.publicaffairsbooks.com
@Public_Affairs

Publicado en inglés bajo el título *The First 1,000 Days : A Crucial Time for Mothers and Children— and the World.* Copyright © 2016 por Roger Thurow; Epilogue and Reading Group Guide copyright © 2017 por Roger Thurow.

Una publicación de Public Affairs, un sello de Perseus Books, LLC, que es una subsidiaria de Hachette Book Group, Inc.

El Hachette Speakers Bureau ofrece una amplia gama de autores para eventos y charlas. Para más información, vaya a www.hachettespeakersbureau.com o llame al (866) 376-6591.

La editorial no es responsable de los sitios web (o su contenido) que no sean propiedad de la misma.

1000 Días es una marca registrada de 1,000 Days, una organización 501(c)(3) sin fines de lucros. La marca 1000 Días es utilizada con el permiso de 1,000 Days.

Fragmentos de las canciones "Dale Pecho" y "Dale Comidita" son usados con permiso. Crédito: Aníbal Coro, compositor, y a los intérpretes de Internacionales Conejos (International Rabbits).

Traducción y edición en español por LM Editorial Services | www.lmeditorial.com, en colaboración con Belmonte Traductores.

Primera edición: agosto 2018

BISAC: FAMILIA Y RELACIONES / Etapas de vida / Infantes y Niños. | PSICOLOGÍA / Desarrollo / Niño. | FAMILIA Y RELACIONES / Crianza de hijos / General.

ISBN: 978-1-5417-3028-1 (libro en rústica español) / E-ISBN: 978-1-5417-3027-4 (eBook español)

Impreso en los Estados Unidos de América

LSC-C

10 9 8 7 6 5 4 3 2 1

"Sin duda alguna, este libro representa uno de los temas más importantes de nuestros tiempos. Es verdaderamente escandaloso que uno de cada tres niños en países desarrollados están atrofiados, y todo por la falta de nutrición durante los primeros 1000 días de sus vidas. ¡Roger Thurow se merece el premio Pulitzer por su reportaje tan completo y por sus palabras tan sumamente poderosas!".

—*Dra. Elsa A. Murano, Directora*
Profesora y Presidenta Emérita
The Borlaug Institute for International Agriculture
Texas A&M University

CONTENIDO

Las fotografías siguen a la página 212

PRÓLOGO

ROGER THUROW CONOCIÓ a María Estella en Guatemala cuando estaba embarazada de su segundo hijo. Ella estaba ansiosamente absorbiendo las lecciones de una clase de nutrición comunitaria, esperando desesperadamente que sus hijos pudieran evitar el destino de tantos otros en la zona que estaban *atrofiados*, una condición física y cognitiva que significa que el cuerpo y el cerebro de una persona se ven dañados irreversiblemente por los estragos de la desnutrición. La mayor parte del daño se produce muy temprano en la vida de un niño, a menudo incluso antes de que nazca.

María Estella no estaba sola en su preocupación. El retraso en el crecimiento es un problema omnipresente que afecta a más de 150 millones de niños en todo el mundo. En América

Latina y el Caribe, por ejemplo, la desnutrición ha sido persistente durante décadas, y ahora va acompañada de un aumento en las tasas de obesidad. Las tasas de retraso en el crecimiento de Guatemala se encuentran entre las más altas del mundo, con casi la mitad de todos los niños menores de cinco años con retraso en el crecimiento. En algunas comunidades, ese número es aún mayor. Trágicamente, casi tres millones de niños en todo el mundo morirán este año debido a una nutrición deficiente. De hecho, la desnutrición causa casi la mitad de todas las muertes infantiles a nivel mundial.

La desnutrición es un problema universal que afecta a las familias de todos los países del mundo. En los Estados Unidos, las familias latinoamericanas a menudo carecen de acceso a alimentos nutritivos debido a la pobreza, las barreras del idioma y otros factores que conducen tanto a deficiencias de micronutrientes como a la obesidad. Casi la mitad de todas las mujeres hispanas se consideran obesas y las personas en edad reproductiva tienen más probabilidades de ser anémicas que las mujeres blancas no hispanas de la misma edad. La desnutrición crónica entre los niños hispanos es el doble que la de los niños blancos no hispanos.

La magnitud del problema puede parecer desalentador. Sin embargo, aunque el daño causado por la malnutrición a menudo es permanente, también se puede prevenir, como vemos en la historia de María Estella en estas páginas. La clave es que tenemos que comenzar en los primeros 1000 días, el periodo entre el embarazo y la edad de dos años, que puede establecer una base sana para todos los días que siguen.

Es por eso que este libro es tan importante. *Los primeros 1000 días* proporciona un mensaje de esperanza y un llamado urgente a la acción. A través de impactantes historias de madres, niños y familias de todo el mundo, Roger nos exhorta a considerar los primeros 1000 días de un niño como una oportunidad crítica para liberar el potencial humano y construir sociedades más saludables y prósperas.

Los primeros 1000 días ha ayudado a llevar este mensaje a nuevas audiencias, incluso a todos los miembros del Congreso de los Estados Unidos. Estoy muy contenta de que este importante libro haya sido traducido al español para que incluso más personas en todo el mundo puedan aprender de las historias y la investigación que contiene. Espero que el público de este libro siga creciendo y que se convierta en una lectura obligatoria para cualquiera que desee comprender cómo podemos construir un futuro mejor para los niños, y de hecho, para todos nosotros.

Las historias en este libro son un testamento de que podemos transformar el mundo, 1000 días a la vez.

—Lucy Martínez Sullivan
Directora ejecutiva, 1000 Días

PREFACIO

"Creo que los niños son el futuro...".

—*Linda Creed y Michael Masser,*
Canción "The Greatest Love of All"
(El amor más grande)

EN MALAWI, MIS ojos fueron abiertos y mi vida cambió. En una pequeña clínica, los ojos de un padre y su hija me cautivaron. Parecía que papá estuvo en la clínica toda la noche con su preciosa niña. Le pregunté al padre, mediante un traductor: "¿Cómo se llama?". Papá me respondió: "Me llamo Héctor, y esta es mi hija, Julia". El nombre de mi padre es Héctor y me identifiqué con esa preciosa familia instantáneamente. Julia estaba recibiendo alimentación con micronutrientes, pues sufría de una desnutrición devastadora que había retrasado su crecimiento. Héctor y Julia son las voces proféticas que me despertaron al movimiento 1000 Días y el avance que producen una alimentación adecuada para millones de familias. Inmediatamente me conmoví. ¿Quién no se conmueve?

Mi desconocimiento del movimiento global para combatir las crisis alimentarias no continuaría. Los ojos de Julia me unieron al movimiento internacional a favor de la nutrición adecuada en los primeros 1000 días en la vida de un niño o una niña. En los siguientes días, durante mi visita a Malawi, Zambia y Sur África, madres, médicos, economistas y pastores me educaron de la importancia de los primeros mil días para el desarrollo de la niñez. Estos primeros mil días entre el embarazo de una madre y el segundo cumpleaños de su hijo o hija son cruciales para el progreso del cerebro y el cuerpo del niño. La falta de nutrición adecuada crea una crisis para el desarrollo infantil que requiere con urgencia la atención mundial. Este poderoso tomo pone un megáfono al inspirador y desafiante llamado de invertir en todas las Julias y sus familias alrededor del mundo. Llámese Esther, Jessica, Shyamkali, o María Estella, el llamado de madres desde Uganda a Chicago, que se atreven a soñar por un futuro brillante para sus hijos, nos retan e inspiran. El silencio e ignorancia ya no son opciones.

El inmenso costo de ignorar la desnutrición y sus nefarias consecuencias, no solo en la vida de madres y niños sino también para el desarrollo de las economías y el futuro de países, es algo que requiere nuestra atención inmediata. Sin duda, los desafíos son formidables y arduos. Mucho más que un sueño ilusionista, necesitamos una voluntad resiliente comprometida con el futuro. Nelson Mandela una vez dijo: "No puede haber una revelación más clara del alma de una sociedad que la forma en que trata a sus niños". Nuestro compromiso moral con las futuras generaciones se determinará por los esfuerzos que tomamos para asegurar su salud y destino. En lugares donde la alimentación nutritiva escasea necesitamos campeones que forjen un destino para ellas. Lo he visto, mis ojos están abiertos, seguro que se puede. Para los que creen todo es posible. Estas páginas son una invitación a un viaje a creer y actuar contra viento y marea.

Nuestra generación vive en un momento crucial y decisivo. La crisis alimentaria que impacta a millones de niños tiene solución. El gran imperativo de Jesús, frente a una multitud hambrienta, es una exigencia moral: "Denles ustedes de comer". Aunque parezca increíble tenemos en nuestras manos la capacidad de alimentar a las nuevas generaciones. Una inversión alimenticia para estas proles significa un futuro prometedor para naciones, urbes, aldeas y regiones rurales. Las vidas y los futuros que preservamos a la vez significa ayudar a las economías y los sistemas educativos de regiones enteras. Para quienes piensan que estas inversiones no marcan grandes diferencias y crean destinos mejores, Roger Thurow nos presenta un futuro prometedor. Las inversiones en alimentación en los primeros 1000 días es multiplicar el potencial educativo, la salud regional, y abrir el espacio a pensadores, artistas y gobernantes del mañana. El efecto multiplicador no solo ahorra gastos futuros en medicina y educación, sino que abre las ventanas a una descendencia que marcará la historia. Ahora es nuestro momento de crear un futuro y sanar las tierras.

Algunos pensarán que este momento es como la labor de Sísifo, que está destinada al fracaso. ¡Al contrario, hay esperanza! El sueño audaz de promover y proveer alimentación nutritiva en las aldeas, urbes y zonas rurales que por años fueron desiertos alimenticios puede triunfar. He visto los coros de ONGs, comunidades religiosas, gobiernos y empresas que rehúsan a darse por vencidos. He visto los resultados transformadores que la alimentación nutritiva produjo en Malawi, Chicago y América Latina.

Yo soy un pastor evangélico y el evangelio me llama a luchar por un futuro mejor con esperanza. La esperanza vive, y decir que pudimos poner un fin al azote de la desnutrición y el estancamiento del crecimiento infantil será una victoria para nuestra generación. Poder responder a este momento crucial para las madres, los niños y el mundo con una férrea determinación es el llamado de *Los primeros 1000 días*. ¡YO GRITO: "SÍ"! Qué gozo sería decirles a mis dos hijos que su generación fue parte de la solución, y no solo gritarlo a los vientos. Mi oración es que al leer estas páginas, usted sea inspirado y sus ojos también sean abiertos. Usted es parte del movimiento 1000 Días, y Julia, Esther, Jessica, Shyamalki, María Estella y el mundo nunca serán iguales.

—Rev. Dr. Gabriel Salguero
Pastor, Calvario City Church
Presidente, National Latino Evangelical
Coalition (NaLEC)

INTRODUCCIÓN A UN MOVIMIENTO

"SU HIJO PUEDE LOGRAR GRANDES COSAS".
Dos mujeres jóvenes en lados opuestos del mundo, una en el norte de Uganda, otra en la parte sur de Chicago, escucharon estas palabras y anhelaron profundamente que pudieran ser ciertas. Ambas estaban embarazadas de unos cinco meses, y ansiosas de hacer lo mejor posible para su primer hijo. Pero ¿grandeza? Era un pensamiento audaz, dadas sus circunstancias. Esther Okwir, una joven alta y ágil de veinte años, recién llegada de los campos de la pequeña granja familiar en la zona rural de la ciudad ugandesa de Lira, donde la mera supervivencia era un gran logro en un clima hostil tanto para

la agricultura como para la paz. Jessica Saldaña, una adolescente atlética y estudiosa, se preparaba para comenzar su penúltimo año de secundaria en una de las escuelas con menor rendimiento de Chicago en un vecindario empobrecido y arruinado que con demasiada frecuencia, para la mayoría de los jóvenes, había demostrado ser un callejón sin salida para la ambición.

La imaginación de Esther se disparaba rápidamente sentada en el piso de cemento de una veranda que llegaba más allá del pabellón de maternidad de la clínica comunitaria local. Junto a ella había tres decenas de futuras mamás y nuevas mamás. Se apiñaban bajo una marquesina de hojalata, buscando refugiarse del incesante sol de mediodía que subía las temperaturas hasta los 38 grados centígrados (100° F). Esther, descalza, había caminado un kilómetro y medio (una milla) por el camino de tierra desde su casa hasta llegar allí. Estaba agradecida por el descanso, la sombra y las rachas ocasionales de viento. Sobre todo, estaba agradecida por la lección que comenzaba a desplegarse: un manual básico sobre el cuidado maternal e infantil.

"Este tiempo es muy importante para ustedes como mamás y para sus hijos", comenzó a decir Susan Ejang, la matrona de la clínica, quien también es mamá. A pesar del calor, se había puesto una bata blanca creyendo que eso añadiría autoridad a sus palabras. "El periodo de su embarazo y los primeros dos años de la vida de su bebé determinarán la salud de su hijo, la capacidad de aprender en la escuela, y desempeñarse en un empleo futuro. Este es el periodo en el que más crece el cerebro". Este tiempo es precioso y pasa muy rápido; "hay solo 1000 días desde el comienzo de su embarazo hasta el segundo cumpleaños de su hijo", les dijo Susan a las mamás.

Susan sabía lo que estaba en juego, porque es en estos 1000 días cuando comienzan los retrasos en el crecimiento, mentales o físicos, o ambos. En la segunda década del siglo XXI, uno de cada cuatro niños menores de cinco años en el mundo sufrió retraso en el crecimiento, unos 170 millones de niños en total, según la Organización Mundial de la Salud. Esa cifra asombrosa incluía a más de dos millones de niños en Uganda. Una niña o niño que sufra un retraso grave en el crecimiento está condenado a una vida de bajo rendimiento: desempeño académico bajo, productividad y salarios bajos en el trabajo, más problemas de salud a lo largo de su vida, y una mayor propensión a sufrir enfermedades crónicas cuando sea adulto, como diabetes y enfermedades cardiacas. Y esa sentencia se produce, la mayoría de las veces, cuando el niño tiene dos años, ya que el retraso en el crecimiento es principalmente el resultado de una debilitadora mezcla de mala nutrición, ambientes contaminados y falta de estimulación del cuidador durante los primeros 1000 días.

Así que Susan remachaba sus mensajes. Descansen, insistía ella. No se estresen. Obtengan las vacunas requeridas para ustedes y sus bebés. Hiervan el agua que beben. Lávense las manos después de cada visita al baño. Cubran la comida para que las moscas no se posen y para alejar de su cuerpo los parásitos y las bacterias. Duerman bajo telas mosquiteras para no contraer malaria. Vengan a la clínica para dar a luz al bebé. Denles el pecho durante al menos seis meses. Ni siquiera piensen en quedarse embarazadas de nuevo durante dos años; ahora deben enfocarse en este hijo.

Esther y las mujeres saboreaban cada pizca de consejo, nuevo y profundo para ellas, y murmuraban asintiendo: "Sí, sí", prometían. Habían crecido durante la locura asesina del señor de la guerra Joseph Kony y su Ejército de Resistencia del Señor: años de terror en los que era una locura pensar en una posible grandeza. Pero Kony ya no estaba, y estas mamás querían creer que podían marcar la diferencia en el desarrollo sano y exitoso de sus hijos. Eran unas oyentes entusiastas.

"Ahora bien", continuó Susan, "esto es lo más importante. Deben aprender a comer una dieta equilibrada y a cocinar adecuadamente". Desapareció momentáneamente, yéndose hacia la sala de maternidad, una habitación de bloques de cemento apenas amueblada con varias camas de metal cubiertas de colchones endebles y sábanas raídas. Era aquí, en esta clínica sin agua corriente, sin luz en la noche, sin equipamiento médico moderno, donde la mayoría de las mujeres reunidas ahora en la veranda darían a luz. Susan regresó con una pila de carteles coloridos con dibujos de alimentos sabrosos y listas de los nutrientes que contenían.

"Verduras, frutas, proteínas, carbohidratos. Huevos, vegetales verdes, calabazas, bananas. ¿Tienen estas cosas en casa?", preguntó Susan, señalando las imágenes de los alimentos. "Sí, tienen estas cosas en casa. Están a nuestro alrededor. Ustedes y sus hijos necesitan una mezcla de todo esto. Una nutrición adecuada ayuda a crecer al cuerpo y al cerebro. Previene los retrasos en el crecimiento infantil".

Zinc, ácido fólico, yodo, hierro… ella recitaba de un tirón los nutrientes vitales, palabras extrañas para muchas de las mamás. A, B, C, D, E… recitaba un alfabeto de vitaminas esenciales, letras extrañas para esas mamás que no sabían leer.

Susan levantó un último cartel para que todas lo vieran. "¡La importancia de la vitamina A!", decía sobre una serie de dibujos que bosquejaban el crecimiento de un niño desde que es bebé hasta los dos años, y hasta llegar a un robusto niño jugando al fútbol. "Si comen alimentos ricos en vitamina A, tendrán niños activos como este", decía Susan. "Si comen alimentos ricos en hierro, sus hijos serán brillantes en clase. Todos sus hijos son importantes. Cada uno de ellos. Cuídense bien en estos días, y su hijo no estará desnutrido. Su hijo puede lograr grandes cosas".

Ella dejó que ese pensamiento reposara en el aire, pesado y caliente.

"Quizá den a luz a un presidente", dijo ella con una gran sonrisa. Solo bromeaba a medias. Al lanzar altas aspiraciones, Susan quería darles a las mamás incluso más incentivo para que siguieran sus consejos. "Sí, el presidente de nuestro país podría salir de este grupo".

Otra oleada de murmullos, esta vez más elevada y con más emoción, recorrió la veranda. Algunas de las mujeres aplaudieron, otras gritaban de alegría. Las imaginaciones se encendieron. Esther, con una gran sonrisa, visualizaba a su hijo siendo un hombre exitoso en los negocios, quizá gerente o presidente de una empresa, si no el presidente del país. *Eso realmente sería algo*, pensaba ella. Eso sería su sueño hecho realidad.

EN CHICAGO, JESSICA también soñaba con las posibilidades para su hija. "La veo siendo una estudiante de honor. La veo practicando deportes, como yo. Y habrá música en su vida, quizá hasta tocar el violín", le dijo a Patricia Ceja Muhsen, una *matrona*, una guía durante su embarazo a la que visitaba cada semana.

Patricia sonreía mientras las palabras de Jessica salían atropelladamente. "Quieres que tu hija tenga la mejor oportunidad en la vida de hacer grandes cosas, ¿verdad?", preguntó. Jessica asintió con la cabeza. "Bueno, pues todo comienza ahora". Patricia también se enfocó en los 1000 días, cuando los sueños de las mamás empiezan a cumplirse, o a frustrarse.

Estaban en un centro comunitario justo al lado de la Avenida Michigan, a menos de diez kilómetros (seis millas) al sur de la famosa Milla Magnífica de Chicago de comercios elegantes y restaurantes finos. Sin embargo, aquí no se iba a mirar escaparates; muchas de las ventanas de los edificios de este lugar estaban tapiadas. Al otro lado de la calle, enfrente del centro comunitario, había un campo abierto donde una vez estuvo una sección del Robert Taylor Homes, uno de los proyectos de viviendas más destacados antes de su demolición. Estaban surgiendo noticias de que la biblioteca presidencial del presidente Barack Obama estaría ubicada a solo tres kilómetros de aquí en la Universidad de Chicago, cerca de su antigua vivienda. Eso sería ciertamente un monumento a grandes posibilidades. Pero a un par de kilómetros en otra dirección estaban los vecindarios más violentos de los Estados Unidos: Chi-rak, los llamaban algunos. En esas calles prohibidas, el potencial para el éxito no significaba nada. La vida misma era barata; demasiadas veces terminaba con una bala, intencionada o desviada.

El mensaje de Patricia sobre la importancia de la nutrición, la limpieza y el ejercicio en los primeros 1000 días era el mismo que el de Susan en Uganda. Y de igual modo, era una información nueva para Jessica, de dieciséis años, porque ciertamente no era algo que cubría ninguna de sus clases en la escuela. "Sabes que tienes que comer mejor para ti y para tu bebé", le recordaba Patricia a Jessica. "Hemos hablado mucho sobre comer frutas y verduras. ¿Y manzanas y plátanos? ¿Los comes?".

"Hice puré de papas para la comida", dijo Jessica.

De hecho, su novio, Marco Ortega, la corrigió: *él* comió el puré de papas. Marco estaba sentado junto a Jessica, agarrando su mano. "Tú te comiste una galleta con trocitos de chocolate que mojaste en el puré", dijo él.

"Extraños antojos", admitió Jessica.

Ella sonrió, se encogió de hombros y confesó sus pecados nutricionales. "Soy adicta a los Flamin' Hots", dijo ella, refiriéndose a los productos picantes de la marca Cheetos, muy populares entre los adolescentes. La mayoría de los días no se molestaba en comer en la escuela; "no hay tiempo, y la comida es muy mala", insistía ella, aunque un programa del gobierno había provisto desayuno y comida gratuitos para estudiantes de familias de bajos ingresos. Tras sonar la última campana, ella y Marco solían comer una hamburguesa con queso en McDonald's o Burger King, dos de los muchos lugares de comida rápida que tentaban a los estudiantes, a un par de cuadras de la escuela. Las hamburguesas eran más baratas que las ensaladas, le dijo a Patricia. Y después está el chocolate. "Me encantan los Snickers", dijo Jessica.

Patricia, quien sabía que Jessica estaba luchando contra una fuerte atracción cultural y comercial que favorecía a los Cheetos antes que las zanahorias, había oído todo eso antes en su trabajo con nuevas mamás: una mamá que decía que la única manera que sabía de cocinar el pollo era frito; mamás que llenaban los biberones de sus bebés con Coca-Cola o Kool-Aid porque era más barato que la leche; niños que masticaban costillas de cerdo grasientas cuando empezaban a comer alimentos sólidos. Estaba decidida a que Jessica lo hiciera mejor, advirtiéndole que la obesidad era también una forma de desnutrición con consecuencias peligrosas para la mamá y para el niño. En cada reunión hacían ejercicios y se preparaban para el parto, pero principalmente hablaban sobre una buena nutrición. Leían las etiquetas, y Patricia repasaba los mismos nutrientes y vitaminas que Susan había enumerado en Uganda. Patricia llevaba muestras de aperitivos saludables para picar a sus reuniones con las mamás. Un kiwi, una barrita de cereales, uvas. Esta vez llegó con sándwiches: pavo, ternera, vegetarianos.

Jessica y Marco miraban con suspicacia los pimientos, las berenjenas y la lechuga en la oferta de vegetales. "¿Qué es *eso*?", preguntó Jessica con una cara apretujada.

Ellos escogieron el pavo. "Muy bien", dijo Patricia.

Jessica le dio unos bocados y envolvió el resto del sándwich. "Me lo comeré luego en casa", dijo. "Lo prometo".

En casa, en el chalé adosado de ladrillo de su madre, a tres cuadras de su escuela, Jessica compilaba un catálogo de promesas en su diario. En las cartas a su bebé aún no nacido, le confesaba sus esperanzas y temores. Una ecografía había indicado que era una niña, y Jessica creía que había escogido el nombre perfecto: Alitzel. "Suena importante, único y especial", escribió Jessica a su hija. En otra entrada, le asignaba a cada letra del nombre una característica soñada, sus ingredientes imaginarios de una personalidad y una vida de éxito:

A significa amigable, por tu naturaleza de trato fácil.
L significa lustre, tu brillo.
I es para inspiradora, otros buscarán tu guía.
T es para tradicional, un poco chapada a la antigua.
Z es para "zany" (sandunguera), tu lado alocado y divertido.
E es para enriquecer, una cualidad que tienes.
L es para locamente enamorada, para siempre.

Jessica sabía que tenía mucho trabajo que hacer en los 1000 días para poner los cimientos para que su hija alcanzara todo lo que era posible. Escribió una promesa a su hija y la rodeó de corazones:

Renunciaré a todo por ti, para hacerte feliz, para amarte, para darte todo lo que te mereces.
Siempre te amaré: Mamá.

CADA NIÑO SE merece una oportunidad de alcanzar todo su potencial. Esta es la aspiración humana más ampliamente compartida: la esperanza de que cada niño que viene al mundo desarrolle la buena salud, la fortaleza del cuerpo y la capacidad intelectual para lograr todo lo que pueda. Está en lo más alto de la lista de deseos de madres, padres y abuelos en todo lugar, y les importa incluso a quienes no tienen hijos propios. Queremos esto no solo por causa del niño como individuo, sino por causa de todos nosotros. Porque ¿quién sabe lo que un niño o niña podrían aportar algún día a nuestro bien común?

Lograr grandes cosas se desarrolla durante toda una vida, por supuesto, y a su propia manera especial en cada individuo. Podría ser aprender a leer en una comunidad principalmente analfabeta; ser el primero en la familia en terminar la escuela primaria; o graduarse de la secundaria o estudiar en la universidad; dirigir una tienda; sostener a la familia; hacer feliz a la gente; servir a la comunidad; incluso llegar a ser presidente.

Como Esther y Jessica llegaron a aprender, es en los primeros 1000 días de vida del niño cuando se arma el marco para el cumplimiento del potencial individual. Este es el periodo, nos dice la ciencia, cuando el cerebro se desarrolla de forma más rápida y robusta, cuando se reafirma el sistema inmune, cuando se ponen los cimientos del crecimiento físico. Pero es también el periodo, como nos enseña la realidad, cuando el potencial puede ser minado por los peligros de la picadura de un mosquito o de un trago de agua contaminada (siendo las mayores amenazas para el desarrollo infantil la malaria y la diarrea, junto a la desnutrición); por la falta de algo que damos por hecho en el mundo acaudalado, como un inodoro o la electricidad; o por la discriminación y la ignorancia.

Si queremos moldear el futuro, mejorar verdaderamente el mundo, tenemos 1000 días para hacerlo, madre a madre, niño a niño. Porque lo que ocurre en esos 1000 días durante el embarazo hasta los dos años determina en gran medida el rumbo de la vida de un niño, su capacidad para crecer, aprender, trabajar, tener éxito, y por extensión, la salud, estabilidad y prosperidad a largo plazo de la sociedad en la que vive ese niño.

Entonces, ¿por qué no lo hacemos? ¿Por qué seguimos despilfarrando tanta posible grandeza? Los consejos sencillos y prácticos que dieron Susan y Patricia a las mamás y futuras mamás sobre cómo evitar el retraso en el crecimiento infantil deberían ser obvios, pan comido, globalmente. Una buena nutrición es el combustible indispensable para el crecimiento y el desarrollo, particularmente en los 1000 días; es el acelerante de un buen comienzo en la vida. Mientras crecen en el vientre, los bebés reciben todos los nutrientes de su madre. Si ella carece de las vitaminas y los minerales clave en su dieta para su propia salud, así también su bebé. Para los niños, la leche materna proporciona un abanico de micronutrientes vitales y una temprana inmunización contra enfermedades que ayuda a fortalecer el cuerpo. Cuando comienza la alimentación complementaria, por lo general alrededor de los seis meses de edad, los alimentos saludables aseguran el crecimiento continuo y el desarrollo del cerebro. Los alimentos introducidos en este periodo moldean también las relaciones de por vida que tendrá el niño con la comida y la reacción del cuerpo a la misma. Cualquier carencia prolongada de alimentos o carencia persistente de micronutrientes vitales como hierro, zinc, yodo y vitamina A en los 1000 días puede causar un retraso en el crecimiento y desarrollo, a veces de modo irreversible. También pueden causarlo episodios repetidos de diarrea que se llevan los nutrientes del cuerpo, o una infección intestinal de parásitos que impiden que el cuerpo absorba los minerales y las vitaminas que necesita haciendo que el agua limpia, una higiene adecuada, saneamiento adecuado, y acceso al cuidado básico de la salud sean compañeros vitales de una buena nutrición.

Por muy obvio y trillado que todo esto pudiera parecer a las personas educadas en las sociedades más ricas, tanto el conocimiento como su práctica siguen siendo revolucionarios en muchos lugares de nuestro mundo actualmente, ya sea África, Asia o las Américas. Los mensajes sensatos de Susan y Patricia rara vez se escuchan, e incluso mucho menos se ponen en práctica. Mientras el mundo hacía un gran progreso en un frente, reduciendo el índice de mortalidad entre niños menores de cinco años en un 50% entre 1990 y 2012, gracias principalmente al amplio despliegue de vacunas, redes antimalaria sobre las camas y otras innovaciones de salud, el índice de mortalidad neonatal (muertes en el primer mes después del nacimiento) descendió de forma menos drástica, solo aproximadamente un tercio en el mismo periodo. Como resultado de una falta de atención en los 1000 días, las muertes de recién nacidos alcanzaron la impactante cifra del 44% de la mortalidad total entre los niños menores de cinco años en 2012 (eso supone casi tres millones de bebés cada año), y representó una mayor proporción de muertes de menores de cinco años actualmente que en 1990, según el UNICEF (Fondo Internacional de Emergencia de las Naciones Unidas para la Infancia). Y casi trescientas mil madres mueren cada año mientras dan a luz. Casi todas estas muertes, bebé y madre, se deben a causas prevenibles, refiriéndonos a prevenibles en los sectores más ricos del mundo.

El periodo de 1000 días siempre ha existido, por supuesto, pero nunca ha sido el centro de atención en la política pública. Organizaciones de desarrollo y salud del mundo, por lo general, se han fijado en la edad de cinco años y en la escuela primaria como las dianas de conteo para la intervención. Conseguir que los niños vayan a la escuela (educación primaria universal) ha sido desde hace mucho tiempo el santo grial del desarrollo exitoso, mientras que asegurar el crecimiento del cerebro y el desarrollo cognitivo apropiado en los primeros 1000 días, para que los niños sean realmente capaces de aprender cuando lleguen a ella, se ha desatendido de manera generalizada. En los Estados Unidos, pautas dietéticas nacionales se han dirigido a niños de dos años hacia arriba, con un enfoque principal en niños en edad escolar. Las intervenciones para prevenir la baja nutrición, como programas de alimentación escolar e iniciativas para reducir el índice de obesidad, también se han centrado en la escuela primaria en vez de en los 1000 días cuando las consecuencias de la desnutrición son más severas y se están formando las condiciones previas para la obesidad.

La nutrición, que trabaja de forma silenciosa e interna, ha sido desde hace mucho tiempo el hijastro abandonado del desarrollo internacional, en parte de la agricultura, en parte de la salud, pero desdeñosamente desheredado por ambos campos. Los profesionales de la agricultura a menudo han creído que su principal tarea era la producción de cosechas cada vez mayores; el interés por la calidad nutritiva de los alimentos se ha menospreciado como un fastidio que solo podía interferir en la cantidad. Y los ministerios de salud del mundo han estado en una persecución constante de dólares para combatir la enfermedad del día, buscando desesperadamente los recursos para vacunar a madres y niños; proporcionar una nutrición adecuada no era su jurisdicción. ¿La nutrición? No es responsabilidad nuestra, fue lo único en que estaban de acuerdo los ministros de agricultura y de salud. Las principales organizaciones de desarrollo también hicieron poco para elevar el perfil nutricional. Durante años, los expertos de la nutrición fueron una especie en vías de extinción en las salas del Banco Mundial en Washington D.C., la mayor agencia de reducción de la pobreza. En décadas pasadas, menos del uno por ciento de la ayuda total para el desarrollo internacional se ha empleado en nutrición. Era un desequilibrio ilógico: la nutrición estaba en todas partes en el desarrollo humano, pero prácticamente en ningún lugar en las estrategias de desarrollo. Y de esta forma el antiguo azote de la desnutrición persiste como la amenaza más acuciante de nuestro planeta para la salud y la prosperidad. Mientras escribo estas palabras en el otoño de 2015, más de la mitad de los siete mil millones de personas del mundo sufren alguna forma de desnutrición, según la OMS (Organización Mundial de la Salud) y la FAO (Organización de las Naciones Unidas para la Alimentación y la Agricultura). Unos 800 millones sufren hambre crónicamente, soportan una lucha diaria sin alimentos suficientes ni calorías para mantener una vida activa y saludable. Dos mil millones de personas están consideradas deficientes en micronutrientes; se llama "hambre oculta", porque la ausencia de vitaminas y minerales vitales es en gran parte imperceptible, y ciertamente menos gráfica que los estómagos hinchados, miembros raquíticos y ojos hundidos de las víctimas del hambre, pero puede ser igualmente mortal y devastadora. En el otro extremo de la desnutrición, otros dos mil millones de personas tienen sobrepeso y obesidad. Para muchos de ellos, sus cuerpos tienen a la vez exceso de nutrición y baja nutrición (consumen un exceso de calorías pero escasos nutrientes saludables). La desnutrición es responsable de casi la mitad de todas las muertes de niños menores de cinco años en todo el mundo, y es el principal culpable que está detrás de muchas enfermedades crónicas en la vida adulta. Y todo comienza en los primeros 1000 días.

Si antes era fácil, o al menos conveniente, ignorar el destino de un solo niño, compartimentar la desnutrición y el retraso en el crecimiento infantil como tristes problemas que existen "allí" en algún lugar, ya no lo es. La desnutrición no solo se ha convertido en un gran problema, sino que también ha adquirido dimensiones globales. Un niño con retraso en el crecimiento en África es un niño con retraso en todas partes, ya que el impacto, particularmente el costo económico, circula por el tiempo, por las sociedades y por todo el mundo como las ondas que se hacen más grandes cuando se lanza una piedra lisa a un lago.

Comienza con el individuo. Un niño con retraso en el crecimiento cognitivo tiene dificultades para aprender en la escuela y deja los estudios temprano, lo cual disminuye la probabilidad de éxito de ese niño en el mundo laboral. Un estudio en el oeste de Guatemala, que ahora abarca cinco décadas, ha descubierto que los niños que fueron bien nutridos en los 1000 días completaron más grados escolares que los niños desnutridos. Como adultos, el grupo de los bien nutridos ganaba del 20% al 40% más en sus salarios, y tenían menos probabilidades de desarrollar una enfermedad crónica.

A continuación, el impacto se extiende a la familia del niño con retraso en el crecimiento, quien probablemente ganará menos del salario completo e incurrirá en costos de salud más elevados de lo que de otro modo sería necesario, haciendo que sea mucho más difícil para la familia lograr salir de la pobreza. Para muchas familias, el impacto de la desnutrición y el retraso en el crecimiento infantil arrolla a las generaciones en una acumulación de insultos históricos: niñas con retraso en el crecimiento crecen y son mujeres con retraso que dan a luz a bebés bajos en peso. El ciclo sigue adelante.

Las ondas del retraso en el crecimiento se amplían entonces para tragarse a la comunidad, porque donde hay un niño desnutrido, sin duda hay más. La mano de obra se agota, la productividad se debilita, y el crecimiento económico disminuye. Del mismo modo, países y continentes enteros son perjudicados.

Naciones con elevadas tasas de retraso en el crecimiento infantil (en más de setenta países, al menos el 20% de los niños sufren retraso) calculan que pierden anualmente entre el 5% (Guatemala y Uganda) y el 16% (Etiopía) de su producto interior bruto debido a la baja productividad laboral, elevados gastos en cuidado de la salud, y otros impactos de la desnutrición. El África subsahariana y Asia del Sur, donde la desnutrición global está en un 40% aproximadamente y el retraso en el crecimiento infantil es el más elevado del mundo, cada uno de ellos pierde un 11% del producto interior bruto cada año, según el *Global Nutrition Report* (Reporte sobre Nutrición Global), introducido en 2014 por Lawrence Haddad, investigador veterano del Instituto de Investigación para la Política Alimentaria Internacional.

¿Por qué algunos países y regiones del mundo siguen siendo pobres? Porque sus madres y niños están desnutridos y sufren retraso en el crecimiento. Tienen unos primeros 1000 días pésimos.

El impacto de la desnutrición en los primeros 1000 días no está limitado a los lugares más pobres del planeta, según deja claro el *Global Nutrition Report*. China e India, los dos países más poblados del mundo, y ambos importantes impulsores de la economía global, están experimentando un impacto significativo y en aumento. Con todos sus hombres de negocios multimillonarios, progreso en la alta tecnología, y el glamur de Bollywood, la India tiene algunas de las tasas más elevadas del mundo de retraso en el crecimiento infantil y desnutrición; cerca de la mitad de sus niños menores de cinco años tienen poca altura y peso para sus edades. Esas medidas físicas también son, con frecuencia, indicadores de un desarrollo mental disminuido. La posición geopolítica de India y su potencial poder económico residen en su inmensa población (nacen más bebés en India cada año que en ningún otro lugar) y en el dividendo demográfico que debería cosechar cuando esos niños vayan a la escuela y lleguen a ser adultos trabajadores con una buena educación. Pero debido a que muchos de esos niños tienen mamás desnutridas, nacen por debajo del peso normal y crecen con retraso en el crecimiento, soportando a lo largo de sus vidas los castigos de unos primeros 1000 días malos, ese dividendo demográfico amenaza con convertirse en un desastre demográfico.

De modo similar, la obesidad está comenzando a pesar mucho sobre las economías nacionales. Debido a que los niños con retraso en el crecimiento tienen una mayor propensión a ser obesos de adultos (sus cuerpos están condicionados para conservar calorías y grasas), India tiene ahora dos de las tasas de obesidad de más rápido crecimiento en todo el mundo. Es un fenómeno emergente: la incapacitante doble carga de la desnutrición. En China, un país que antes estuvo plagado por la hambruna y un hambre inmensa, los futuros costos económicos de la obesidad se calcula que se multiplicarán más del doble, aumentando desde el 4% del producto interior bruto en el año 2000 hasta el 9% en el 2025. Y en los Estados Unidos, donde los índices de obesidad se han multiplicado más del doble en adultos y niños desde la década de 1970, la carga se ha convertido en un importante problema de salud pública, con casos en aumento de diabetes y otras enfermedades crónicas, al igual que costos crecientes para el cuidado de la salud. El *Global Nutrition Report* destacaba una paradoja estadounidense peculiar: mientras que dos terceras partes de los adultos y casi una tercera parte de los niños y adolescentes tienen sobrepeso o son obesos, aproximadamente el 15% de los hogares tienen inseguridad alimentaria, lo cual significa que en algún momento durante el año no están seguros de poder permitirse la siguiente comida. Uno de cada cinco niños está en una familia que depende de los cupones para alimentos; para ellos, las comidas con frecuencia consisten en los alimentos más baratos disponibles, lo cual por lo general significa que son los menos nutritivos. En el 2014, el hambre y la inseguridad alimentaria aumentaron los gastos en salud en los Estados Unidos al menos en ciento sesenta mil millones de dólares, según un estudio realizado por los investigadores John T. Cook y Ana Paula Poblacion publicado en el reporte anual sobre el hambre del Instituto Bread for the World (Pan para el Mundo). Ningún país del mundo, sin importar cuán rico o poderoso sea, es inmune al impacto insidioso de la desnutrición.

Lo cual nos lleva hasta el efecto final: el daño acumulativo de estos costos individuales, familiares, comunitarios y nacionales supone un peso significativo sobre la productividad global, el mercado internacional y el cuidado de la salud, retrasando la economía mundial hasta en un 5% que es el equivalente a varios billones de dólares en actividad económica desperdiciados cada año.

Estas son cifras importantes. Pero quizá los mayores costos de la desnutrición y el retraso en el crecimiento infantil son inmensurables: un poema no escrito. Una canción no interpretada. Una novela no imaginada. Un aparato no inventado. Un edificio no diseñado. Un misterio no resuelto. Un horizonte no explorado. Una idea no formada. Una inspiración no compartida. Una innovación no desarrollada. Una cura no descubierta. Un acto de bondad no realizado.

¿Qué podría haber aportado un niño al mundo si él o ella no hubieran quedado retrasados en su crecimiento en los primeros 1000 días? Una oportunidad perdida para la grandeza en un individuo es una oportunidad perdida para todos.

HASTA LOS INICIOS del siglo XXI, no entendimos realmente que podríamos haber estado perdiendo algo verdaderamente valioso por nuestra negligencia de la nutrición y los primeros 1000 días; que, de hecho, podríamos estar haciendo un gran daño a nuestro mundo. Las amenazas para el planeta se estaban acumulando en el umbral del nuevo milenio: superpoblación, carencias de agua, conflicto armado, cambio climático, enfermedades infecciosas, enfermedades crónicas, menor biodiversidad, degradación medioambiental, un ritmo más rápido de desastres naturales. A la sombra de tal destino inminente, un científico político danés y analista medioambiental llamado Bjorn Lomborg meditó en la siguiente pregunta: Si tuviéramos cincuenta mil millones de dólares extra para mejorar el estado del mundo, ¿qué problema resolveríamos primero para causar el mayor efecto? Desafió a los economistas y pensadores de desarrollo en todo el mundo a meditar juntamente con él, a examinar los grandes problemas de la época (especialmente los que no llegan a las noticias de televisión), evaluar los costos para la sociedad global, bosquejar soluciones, calcular los beneficios, y clasificarlos según el orden de posible eficacia. El objetivo era ayudar a quienes toman decisiones y a los filántropos a establecer prioridades para su trabajo, y así, asegurar mejores condiciones de vida al igual que una mayor seguridad y prosperidad en todo el mundo. Decenas de equipos de investigadores, deseosos de reivindicar su experiencia y pericia sobre el mayor problema del mundo, pasaron a la acción. Correos electrónicos recorrieron todo el planeta. Se reunió evidencia. Se escribieron documentos. Un grupo de economistas ganadores del Premio Nobel se juntaron para analizarlo todo. A principios de 2004 se reunieron en una casa señorial en el puerto de Copenhague y leyeron cuidadosamente los documentos, interrogaron a los autores y llegaron a algunas conclusiones, para ser conocidos desde entonces como el Consenso de Copenhague. La principal prioridad: desarrollar nuevas medidas para controlar y tratar el VIH/SIDA. Pocos quedaron sorprendidos por eso, ya que el SIDA estaba devastando países y economías en África meridional y avanzando en todo el mundo. Pero la segunda prioridad, muy de cerca, asombró a la comunidad del desarrollo y a Lomborg mismo: atacar la desnutrición, en especial la deficiencia de micronutrientes, particularmente en los primeros años de vida. Los premios Nobel destacaron un índice de beneficio costo "excepcionalmente alto" al proporcionar micronutrientes para conquistar enfermedades causadas por deficiencias de hierro, zinc, yodo y vitamina A, enfermedades que, al acumularse, estaban debilitando y empobreciendo el planeta. El grupo acordó volver a reunirse cada cuatro años para reevaluar las prioridades globales.

Mientras tanto, una preocupación que se había aquietado hacía mucho tiempo volvió a emerger de modo repentino: la amenaza de que el consumo de alimentos sobrepasara la producción alimentaria. Bajo presión debido a una población cada vez más grande, los hábitos dietéticos cambiantes de una clase media global creciente, y un aumento en la práctica de convertir alimentos en biocombustibles, las reservas de los granos más importantes del mundo habían disminuido hasta sus niveles más bajos en generaciones. Los precios subieron como la espuma debido a la escasez. En 2007 el mundo quedó inmerso en una verdadera crisis alimentaria. Revueltas por los alimentos sacudieron a decenas de naciones. En una inversión dramática del firme declive de décadas anteriores, el número de personas hambrientas crónicamente se disparó hasta más de mil millones.

Josette Sheeran, entonces directora ejecutiva del Programa Mundial de Alimentos (WFP, por sus siglas en inglés), la agencia de las Naciones Unidas con la tarea de alimentar a números cada vez mayores de personas con hambre y evitar la hambruna masiva, recorrió el mundo entero con una taza de plástico rojo. Representaba una medida de raciones alimentarias escolares para millones de niños en el mundo en vías de desarrollo. Ella saludaba moviendo la taza delante de parlamentos y cámaras de televisión, en ministerios financieros y ministerios de sanidad, al igual que en los círculos del trigo y el maíz en la Cámara de Comercio de Chicago donde se establecían los precios de la mercancía. La crisis alimentaria estaba dejando la taza medio vacía, argumentaba ella; el WFP necesitaba dinero urgentemente para llenarla. Ella también saludaba moviendo una fotografía en blanco y negro. Era un escáner cerebral de un niño desnutrido y con retraso en el crecimiento. Había puntos blancos que deberían ser más oscuros, ramas truncadas de conexiones neuronales que deberían ser más largas. Con eso Sheeran decía: Miren lo que la desnutrición le está haciendo a nuestro futuro. Está limitando a nuestros hijos, desperdiciando su potencial. ¡Miren!

El Banco Mundial abrió por fin los ojos. Una de las únicas nutricionistas del banco, Meera Shekar, una mujer de estatura baja con una persistencia imponente, había realizado un reporte titulado *Repositioning Nutrition as Central to Development: A Strategy for Large-Scale Action* (Reposicionar la nutrición como fundamental para el desarrollo: una estrategia para la acción a gran escala). Eso fue en el año 2006. Probablemente habría quedado relegado al montón de documentos del Banco Mundial acumulando polvo si no hubiera sido por la escalada de la crisis alimentaria. El reporte insistía en que la mejora de la nutrición se considerara un bien público que beneficiaba a todos, al igual que la desnutrición era una carga compartida. "La decisión inequívoca ahora", proclamaba el reporte, "está entre seguir fallando, como hizo la comunidad global con el VIH/SIDA por más de una década, o hacer finalmente que la nutrición sea fundamental para el desarrollo de modo que pueda hacerse realidad un amplio abanico de mejoras económicas y sociales que dependen de la nutrición".

La jeremiada de Shekar era un reflejo de lo que sucedía sobre el terreno y, al igual que los ruegos de Sheeran, tocó un punto sensible. El nuevo presidente del Banco Mundial en ese tiempo, Robert Zoellick, impulsó el reporte. Especialista en banca y mercado internacional, Zoellick comenzó a hablar del retraso cognitivo en términos económicos, refiriéndose a reducida "formación de capital humano". Y también habló sobre el periodo más importante en el desarrollo de ese capital humano, que denominó "de menos nueve a 24 meses". Fue una etiqueta inadecuada, pero Shekar la redefinió. Ella afirmó, de manera elocuente y clara, que "el efecto más dañino de la desnutrición ocurre durante el embarazo y en los dos primeros años de vida", y que "los efectos de este daño temprano sobre la salud, el desarrollo cerebral, la inteligencia, la educabilidad y la productividad es en su mayor parte irreversible".

Fue el clamor de los expertos en números de mirada dura y sus instituciones de sangre fría, en lugar de las cruzadas humanitarias de idealistas cálidos y difusos, lo que sacó del terreno del imperativo moral la misión de poner fin al hambre y la desnutrición y la presentó como una prioridad urgente e innegable para el crecimiento económico a largo plazo. Ellos encontraron un balance entre corazón y cabeza; no era solamente lo correcto que se debía hacer; también era inteligente. Al reunirse otra vez en el 2008, esta vez a la sombra de la crisis alimentaria, el Consenso de Copenhague volvió a calibrar sus prioridades y elevó la tarea de llevar nutrientes a las mamás y a los niños pequeños hasta lo más alto de su lista de prioridades, denominándolo la inversión más imperiosa e impactante del mundo.

Y lo mantuvieron allí otra vez en el año 2012. Sin estas inversiones, insistían los sabios financieros, seguramente el planeta tendría más enfermedades, más debilidad, sería más pobre y más inestable.

Al mismo tiempo, los apoyos científicos de los argumentos económicos y morales se estaban materializando. Comenzando en el 2008, la eminente revista médica *The Lancet* publicó una serie de artículos seminales que dieron visibilidad al hambre oculta y dirigieron la atención a los beneficios particulares de una buena nutrición durante lo que se denominó "la ventana crítica de oportunidad": desde el embarazo hasta el segundo cumpleaños del niño. Un artículo tras otro, escritos por médicos y especialistas en desarrollo infantil, planteaban la evidencia: el impacto de la deficiencia de zinc en el crecimiento infantil, la importancia de la vitamina A, la necesidad de hierro, el rápido desarrollo de las funciones cognitivas en el cerebro. La serie en *The Lancet* también reñía a la comunidad global de la nutrición por la disputa disfuncional que permitió que su causa fuera aislada e ignorada. Y los autores avanzaban la idea de que el retraso en el crecimiento infantil era la mejor medida de desnutrición y sus costos a largo plazo para la sociedad. Concluyeron que si el mundo quería lanzar un asalto eficaz sobre el retraso en el crecimiento infantil, tendría que atacar el problema a lo largo de un amplio frente que cubría múltiples sectores del desarrollo: agricultura, nutrición, cuidado de la salud, agua, saneamiento, educación, comunicaciones y cambio conductual. Una urgencia palpable se apoderaba de las palabras finales del reporte: "Hay una agenda enorme aún por terminar".

Finalmente, la evidencia acumulativa comenzó a persuadir a los políticos y los expertos en desarrollo que podían traducirla en progreso sobre el terreno de que era el momento de actuar. Ellos ahora tenían una respuesta a una pregunta que había obstaculizado sus esfuerzos por mucho tiempo: ¿Por qué todo el dinero empleado a lo largo de los años en desarrollo internacional ha tenido un impacto mucho menor del esperado? Porque una parte muy pequeña de ese dinero se había empleado en el requisito previo fundamental para el desarrollo humano individual: buena nutrición, en particular en los primeros años de vida.

En abril de 2010, varios grupos de desarrollo se reunieron en las oficinas centrales del Banco Mundial en Washington, D.C., y esbozaron una iniciativa que sería denominada Scaling Up Nutrition (Fomento de la Nutrición) o SUN. Calcularon las necesidades financieras, y en los meses posteriores alguien realmente contó y redondeó los días desde el embarazo (270) hasta el segundo cumpleaños del niño (730) y encontró un número definido y valiente: 1000. Era fácil de captar, una buena frase de campaña, un grito sencillo unificador. Desde ahí lo tomó una red de importantes agencias humanitarias, trazando un mapa de ruta para mejorar realmente la nutrición en los 1000 días. Si el SUN (que significa sol en inglés) iba a elevarse de veras, demandaría la aparición de un nuevo modelo de desarrollo anclado en una nueva ética de cooperación en la comunidad humanitaria, tan a menudo fraccional. Durante las pasadas décadas, casi todas las organizaciones activas en este ámbito se habían centrado en sus propias causas favoritas, como educación, salud, agua, agricultura, infraestructura, medioambiente, desplegando frecuentemente sus soluciones preferidas con un aislamiento disperso unas de otras. Prevalecían los feudos de desarrollo, guardados celosamente de la crítica o el cambio; creencias y prácticas estaban grabadas en piedra. El marco de tiempo de 1000 días ofrecía un modo de reunir todos esos elementos del desarrollo, un lugar donde ellos *necesitaban* unirse. Aquí, las causas favoritas podían encontrar una causa común. Agricultores y nutricionistas finalmente se convertirían en aliados; el mundo necesitaba no solo más alimentos, sino también alimentos más nutritivos. Y ¿qué bien harían esos alimentos y esos nutrientes sin tener agua limpia y un mejor saneamiento para mantener alejados la diarrea y los parásitos que privaban de los nutrientes esenciales al cuerpo de quien los comía? ¿Cómo podían esos parásitos ser identificados y tratados sin tener microscopios y medicinas, y cómo podían las clínicas y las salas de partos operar con seguridad a lo largo del día sin tener electricidad? ¿Cómo podía esperarse que mamás y papás adoptaran los cambios de conducta necesarios (dietas, limpieza, relación con sus hijos) sin tener estrategias de comunicación orientadas? Sin todo esto en los 1000 días, ¿cómo podrían los niños tener un desarrollo pleno cognitivamente y físicamente para aprovechar posteriores oportunidades educativas y de empleo? Y ¿sería posible algo de todo esto sin voluntad política y compromiso de los gobiernos en todo el mundo?

Esta parte final llegó en septiembre de 2010, en una reunión afroirlandesa en los márgenes de la Asamblea General de las Naciones Unidas. Seis meses antes, el día de San Patricio, cuando tradicionalmente se renueva la alianza entre los Estados Unidos e Irlanda bebiendo una pinta de cerveza Guinness, líderes de ambos países decidieron hacer algo juntos más allá de asuntos de interés bilateral como la inmigración. Reducir el hambre global y la desnutrición ya había surgido como una prioridad, tanto para Irlanda como para los Estados Unidos. Irlanda, dado su propio historial de hambruna, había declarado con mucho autobombo en un documento que tenía un llamado nacional a prevenir la hambruna en cualquier lugar del mundo; lo que Noruega era para la paz, Irlanda lo sería para el hambre. Y la administración Obama, buscando revitalizar el liderazgo histórico estadounidense en desarrollo agrícola, había lanzado su programa Feed the Future (Alimentar el Futuro) para ayudar a pequeños agricultores en África, Asia y Latinoamérica a conquistar sus periodos de hambruna. Nacionalmente, la Primera Dama, Michelle Obama, había iniciado el programa "Let's Move!" (¡En movimiento!) en conjunto con el Grupo de Trabajo del Presidente sobre la obesidad infantil. Y la Secretaria de Estado, Hillary Clinton, aceptando la evidencia, vio que mejorar la nutrición en los 1000 días podría poner en movimiento la mejora de las vidas de mujeres y niños en todo el mundo, un antiguo objetivo de la diplomacia estadounidense.

El 21 de septiembre de 2010 en la ciudad de Nueva York, la Secretaria Clinton se reunió con su homólogo en el gobierno irlandés, Micheál Martin, y con otros ministros de asuntos exteriores para comprometer a sus países con el programa Fomentar la Nutrición. "Hay una convergencia única de la ciencia y la investigación acerca de lo que funciona y en lo que hay que invertir", dijo Clinton. "Ahora es el momento de que nosotros pasemos a la acción". Ellos se unieron como un ejemplo para que líderes nacionales en todas partes aceptaran los 1000 días. Y relativamente en poco tiempo, siguieron muchos otros. La reunión en 2012 del G8, el grupo de los ocho países industrializados más grandes del mundo, forjó una Nueva Alianza para la Seguridad Alimentaria y la Nutrición. Los gobiernos de Gran Bretaña y Brasil convocaron una cumbre sobre el hambre antes de la ceremonia de clausura de los Juegos Olímpicos de Londres en 2012; la reunión estableció la meta de 25 millones menos de niños con retraso en el crecimiento para cuando comenzaran los Juegos Olímpicos de verano en Río de Janeiro en 2016. Gobiernos en los países en vías de desarrollo firmaron por decenas para unirse a Fomento de la Nutrición, y a mitad de 2015 había cincuenta y cinco países bajo la iniciativa SUN.

Sí, parecía que todo estaba en su lugar: la ciencia, la investigación, la conciencia, la política. Había nacido un nuevo movimiento para salvar a las mamás y a sus hijos. Pero, como veremos, el camino al éxito está lleno de obstáculos del mundo real, grandes y pequeños: pobreza, violencia, corrupción, misoginia, mala infraestructura, tradiciones locales arraigadas, suegras contrariadas, lluvias, sequías, parásitos, mosquitos.

ESTE LIBRO ES una exploración de la promesa y los desafíos de este movimiento revolucionario. Es un viaje por los 1000 días que hace una crónica de las experiencias de madres y de sus hijos en cuatro rincones del mundo donde el peligro y el potencial son particularmente agudos:

Uganda, denominado la Perla de África por exploradores europeos, un lugar donde se podría poner un palo en el suelo y crecería, y sin embargo, donde más de la mitad de todas las mujeres en edad de tener hijos tienen anemia, y aproximadamente el 35% de los niños tienen retraso en el crecimiento.

India, el beneficiario principal de la Revolución Verde, el mayor productor de leche del mundo y el segundo mayor productor de frutas, pero también el hogar de una tercera parte de todos los niños desnutridos del mundo.

Guatemala, una tierra verde cuyas verduras ricas en nutrientes llenan las estanterías de los supermercados estadounidenses, y sin embargo, donde las tasas de retraso en el crecimiento infantil en las zonas montañosas occidentales se aproximan al 70%, el peor en el hemisferio occidental.

Chicago, la capital del abundante medio oeste de los Estados Unidos de América, el granero del mundo, y sin embargo, una ciudad donde cientos de miles de residentes han vivido en "desiertos alimentarios" (barrios sin acceso a frutas y verduras frescas), y donde uno de cada tres niños tiene sobrepeso o es obeso.

El relato se centra en mujeres que viven en estos lugares, siguiéndolas desde los primeros meses de sus embarazos en el año 2013. Sus viajes personales se convierten en exploraciones de la ciencia, la economía, la política y las innovaciones de los 1000 días. Este no es un ejercicio académico ni de rigor científico; más bien es una narrativa periodística construida sobre anécdotas, observaciones e investigación, al igual que una historia contada por las mujeres y sus familias. Es un relato de descubrimiento y sueños, de aplastantes desengaños y gran esperanza, de terrible tristeza y alegría tremenda.

Cualquier travesía por los primeros 1000 días de vida es un viaje que recorre lo obvio y lo desconcertante, lo sencillo y lo complicado. Resulta que nuestra mamá tenía razón cuando nos decía: "Lávate las manos y cómete las verduras".

Es un consejo muy sencillo. Pero nada acerca de los 1000 días y los primeros estímulos de posibilidad es sencillo. Nada en absoluto.

PRIMERA PARTE | EL EMBARAZO

capítulo uno

UGANDA

PARA LAS NUEVAS MAMÁS Y LAS QUE LO SERÁN QUE están reunidas en la veranda de la clínica comunitaria de Ongica en el norte de Uganda, la matrona Susan Ejang parecía una encarnación actual del ángel Gabriel, quien dos milenios antes se había aparecido a una joven en particular con el mensaje de que ella daría a luz al Hijo de Dios. El mensaje de Susan de que sus descendientes podrían lograr grandes cosas no llegó a ser tan trascendental, pero sin duda fue totalmente inesperado. Y también requería un salto de fe. Durante generaciones, las madres aquí no se habían atrevido a soñar con tales cosas para sus hijos, pues la vida en el norte de Uganda era muy tormentosa. De hecho, muchas de estas jóvenes mamás que ahora están en la veranda se consideraban

afortunadas solamente por haber sobrevivido a su propia niñez.
Hasta unos pocos años antes, ellas y muchos otros aldeanos
huían por los montes habitualmente como si fueran ratones
de campo para escapar al terror del señor de la guerra Joseph
Kony y su pandilla que robaba, secuestraba y asesinaba, llamada
Ejército de Resistencia del Señor. El objetivo del LRA (por sus
siglas en inglés) era derrocar al gobierno y establecer un estado
teocrático basado en los Diez Mandamientos, a la vez que que-
brantaba cada uno de ellos por el camino: violando, asesinando,
robando, saqueando, secuestrando a miles de niños y niñas para
servir como soldados y esclavas sexuales. En la noche, madres y
padres huían con sus hijos a las colinas rocosas para dormir bajo
la escasa protección de las tropas del ejército ugandés. Durante
el día, muchachas y muchachos estaban sentados nerviosamente
en sus pupitres en la escuela, y se sobresaltaban con cualquier
ruido fuerte que pudiera señalar el comienzo de una redada
del LRA. Aldeas rurales desaparecieron cuando los residentes
huyeron a campos de refugiados que estaban cerca de ciudades
más grandes y ligeramente más seguras, como Lira. Una noche
en la ciudad de Aboke, a poca distancia de la clínica comunitaria
de Ongica, 139 muchachas fueron secuestradas de una escuela
católica y llevadas a campamentos del LRA en lo profundo del
monte.

Las madres daban a luz a sus hijos en este mundo brutal. El
objetivo era simplemente la supervivencia. ¿Cómo podían soñar
con cualquier cosa, en especial la grandeza, además de su pesadilla diaria?

Los padres de Esther oraban para que su hija se mantuviera
lejos del alcance del LRA y apartada del camino del daño en las
marismas del río Nilo, donde vivían al sur de Lira. Los padres de
su esposo, Tonny, habían pasado cuatro años huyendo para asegurar la seguridad de sus hijos, haciendo primero el viaje nocturno

por la escarpada colina llamada Apila y después mudándose a un campamento. Esther y Tonny sabían una cosa mientras esperaban su primer hijo: vivir con miedo, aterrados por lo que pudiera suceder cada día, no era manera de criar a un niño.

Aunque Kony había huido de la zona varios años antes, quizá a las junglas del Congo o la República Centroafricana (nadie sabía con exactitud dónde), los años de terrorismo del LRA y la brutalidad que les había precedido a lo largo del país, seguían obsesionando al norte de Uganda. Desde la independencia del gobierno británico en 1962, Uganda había soportado una serie de golpes de estado, conflictos, y gobiernos corruptos, matones y asesinos (prueba A: Idi Amin, quien asesinó a miles de personas y robó millones) que habían dejado marcas en la belleza del país y habían derrochado su abundancia natural. Cuando el siglo XX se acercaba a su fin, la Perla de África se había convertido en el Peligro de África.

Uno de los legados de medio siglo de revueltas políticas fue la desnutrición generalizada y un lamentable sistema del cuidado de la salud que ponía en peligro particularmente los primeros años de vida. Incluso ahora, en la segunda década del siglo XXI, la tasa de mortalidad neonatal de Uganda es de 27 por cada 1000 nacimientos, la tasa de mortalidad infantil (muertes dentro del primer año) es de 54 por cada 1000 nacimientos y, peor aún, de 66 en el distrito norteño, y la tasa de muerte de niños menores de cinco años es de 90 por cada 1000 nacimientos (aproximadamente 170 000 niños en total), en adición a una tasa de mortalidad materna de 438 por cada 100 000 nacimientos, estaban entre las peores del mundo. Estas cifras representaban grandes mejoras desde la década de 1990, pero siguen situando al país "entre los diez primeros" (en otras palabras, en lo más bajo) de una combinación de estas lamentables categorías, tal como se describe en una franca evaluación publicada por el ministro de género, trabajo y desarrollo social de Uganda, Wilson Muruuli Mukasa, y UNICEF.

El reporte, *Análisis de la situación de los niños en Uganda*, pintaba un desalentador retrato de la salud materna e infantil. Las causas inmediatas de mortalidad infantil eran hipotermia (37%), nacimiento prematuro, y neumonía e infecciones, siendo la desnutrición una causa subyacente en el 40% de todas las muertes de menores de cinco años. Las principales causas directas de mortalidad materna eran hemorragia (42%), parto prolongado u obstaculizado, y complicaciones por abortos inseguros; entre las causas indirectas se incluían malaria, anemia y VIH/SIDA. Se descubrió que una deficiencia de vitamina A afligía aproximadamente al 40% de todos los niños menores de cinco años y aproximadamente a una tercera parte de todas las mujeres en edad de tener hijos, mientras que la anemia asolaba aproximadamente a la mitad de todos los niños entre los seis meses y cuatro años de edad y al 60% de las mujeres embarazadas. El reporte calculaba que Uganda perdía casi mil millones de dólares en productividad cada año debido a los elevados niveles de retraso en el crecimiento infantil, trastornos por deficiencias de yodo, deficiencia de hierro, y el impacto para toda la vida de un peso bajo al nacer.

"Asombrosamente bajo" era como el reporte describía la disponibilidad de servicios de salud básicos, especialmente en zonas rurales. Solamente cerca de la mitad de las mujeres embarazadas del país tenían acceso a servicios prenatales de buena calidad, y solamente el 57% de los bebés venían al mundo en instalaciones con servicios médicos. En el 2011, apenas la mitad de los niños de uno o dos años de edad estaban totalmente vacunados en el país, a pesar de la meta del gobierno de la inmunización total. Una cuarta parte de los niños menores de cuatro años de edad se decía que vivían en la pobreza extrema y experimentaban una privación profunda.

Estas eran condiciones improbables para producir mucha grandeza, pero Esther tenía razones para creer que ella era una de las afortunadas, una mujer que pronto daría a luz a su primer hijo en un momento en que su país había hecho de la mejora de la nutrición y la reducción del retraso en el crecimiento infantil una prioridad nacional. "El desarrollo cognitivo de nuestros niños representa el mayor recurso natural de Uganda", había escrito el ministro Mukasa en el prefacio de *Análisis de la situación*. Observaba que la ambición de Uganda de convertirse en un país de ingresos medios para 2040 seguía "dependiendo mucho" de que los niños del país tuvieran el mejor comienzo posible en la vida.

Las mujeres reunidas en la veranda de la clínica de Ongica eran nuevas mamás que traían al mundo a una generación nueva de niños, y de expectativas. Enfocarse en los 1000 días era una parte esencial del Plan de Acción sobre Nutrición del gobierno, un documento que comunicaba una urgencia palpable de que el futuro de la nación estaba en juego. Los niños ugandeses con retraso en el crecimiento, decía, tenían 1,2 años menos de educación que los niños sanos. Más de la mitad de la población adulta actual del país había sufrido retraso en el crecimiento infantil, y como resultado, esos adultos eran menos productivos en sus empleos y ganaban salarios más bajos que quienes no habían sufrido retraso en el crecimiento infantil. El costo combinado relacionado con la mala nutrición infantil (gastos del cuidado de la salud, menor nivel de educación, productividad perdida) era uno de los principales factores que mantenían en la pobreza a muchas familias ugandesas, y a todo el país. "Eliminar el retraso en el crecimiento infantil es un paso necesario para el desarrollo sostenido en el país", concluía el reporte. Fue uno de los primeros documentos africanos en aceptar la importancia de los primeros 1000 días.

Esther pasó enseguida al frente para poner en acción el plan para ella misma y su bebé. Ella había trabajado en los campos toda la mañana, cuidando de sus cosechas, inclinándose mucho para remover el terreno y quitar las malas hierbas con una azada. Estaba especialmente orgullosa de dos parcelas en particular: sus batatas color naranja, ricas en vitamina A, y una variedad nueva de frijoles que tenían un contenido en hierro más elevado del normal. Antes de dirigirse a la clínica de salud para la lección con Susan, Esther se había lavado los pies, piernas y brazos de tierra y suciedad y se había puesto ropa limpia. Escogió su nueva camisa favorita, que le quedaba holgada sobre su cuerpo alto y delgado. La camisa estilo polo era de color naranja brillante y proclamaba este mensaje en la espalda: "Evita deficiencias de vitamina A y hierro. Planta y come batatas naranjas y frijoles altos en hierro".

La camisa era un regalo de HarvestPlus, un programa internacional de investigación que era pionero en la fortificación de cosechas básicas, una nueva tendencia en la agricultura que, mediante alimentación convencional, eleva el contenido en nutrientes de los alimentos que la gente come cada día. Era uno de los imperativos del movimiento de los 1000 días, uniendo agricultura y nutrición en un matrimonio denominado "agricultura de nutrición sana". El programa, que estaba endosado en el Plan de Acción para la Nutrición, había sido introducido en las zonas rurales cercanas a Lira por HarvestPlus y la organización humanitaria internacional Visión Mundial justamente dos temporadas atrás. Esther aceptó enseguida los nuevos cultivos. Ella creía que el momento era maravilloso, al plantar en sincronía con su nuevo embarazo. La cosecha coincidiría con el nacimiento de su hijo. La vitamina A y el hierro la mantendrían fuerte y le darían a su bebé un buen comienzo en la vida; los nutrientes enriquecerían su leche materna y después también la primera comida sólida del bebé formada por puré de batatas y frijoles. Ella estaba practicando lo que Susan predicaba.

"¿Quién está plantando estos cultivos?", preguntó Susan a las mujeres en la veranda.

Esther levantó su mano con entusiasmo y orgullo. "Yo sí", dijo.

Decenas de manos se levantaron y se movieron por toda la veranda. La mayoría de ellas estaba en el programa.

"No los cultiven solo para venderlos", les dijo Susan. "Ustedes y sus familias deben comerlos. La vitamina A y el hierro son importantes para el crecimiento de su hijo".

HABÍA CONOCIDO A Esther el día antes en la aldea de Barjwinya, bajo un árbol de mango gigantesco. Era el lugar de reunión local para hablar de asuntos de importancia. El árbol estaba en el centro de un grupo de casas de ladrillo y barro cuadradas y de una habitación con tejados de paja. Este día, familias habían migrado a este punto de sombra desde kilómetros de distancia, caminando por los senderos de tierra desde sus pequeños asentamientos.

Habían llegado para celebrar el programa HarvestPlus y para aprender más de los instructores de Visión Mundial que tenían su base en Lira. Cuando llegó el personal de Visión Mundial, fueron recibidos con danzas, aplausos y gritos de alegría, y también con los gorjeantes ululatos fundamentales en las celebraciones africanas. Un coro de mujeres engalanadas con camisetas y faldas color naranja dieron la bienvenida a sus visitantes con un bamboleante canto de saludo, cantando una estrofa cada una.

Los elogios más animados se produjeron por las batatas de pulpa naranja y los frijoles altos en hierro; eran los recién llegados que habían cambiado la aldea. *Ekyokulya Ekyobulamu*, proclamaba el eslogan que había en las camisas naranjas de las mujeres. *Buena comida, Buena vida.*

Mujeres embarazadas y madres con sus hijos pequeños estaban sentadas sobre tapetes de junco en la base del árbol, en el medio bajo la sombra. Miraban con cautela a los mangos grandes y redondos que colgaban por encima de sus cabezas, y que casi estaban ya maduros y caerían pronto. Comer el fruto sería bueno para su salud, pero la estación del mango también podía ser peligrosa. Nadie quería que uno de ellos golpeara la cabeza de ellas o de sus hijos cuando cayera. Alrededor del árbol había una decena de gallinas y un gallo que picoteaban la tierra. Los hombres estaban de pie alrededor del grupo reunido, bajo la cubierta de la sombra. Juntos, mujeres y hombres, se denominaban a sí mismos *Ocan Onote*: los pobres están unidos. El nombre mismo de la aldea indicaba un historial de desgracias: en el dialecto nativo *langi*, Barjwinya significa "lugar de pulgas", refiriéndose a una plaga pasada de las pulgas parásitas que se introducen en la piel, causando infección y gran dolor.

Pero este era un día para celebrar un futuro afortunadamente más brillante. Se había preparado una fila de sillas de plástico azul para los ancianos y los visitantes. Nos sentamos detrás de mesas de madera pequeñas e inestables que estaban cubiertas con tapetes de color azul y blanco. Era un gran día para los aldeanos. Desde sus pequeñas casas humildes habían sacado los mejores muebles que tenían.

Los primeros en hablar fueron los ancianos de Barjwinya, que agasajaron a los reunidos con relatos de cómo había mejorado su vista y su salud general desde la introducción de las batatas fortificadas con vitamina A. Un hombre insistía en que ahora podía

ver a los visitantes que entraban en la aldea desde una distancia lejana; antes eran tan solo fantasmas borrosos. Otro de los
hombres proclamó que ya no le lloraban los ojos y no necesitaba ponerse sus lentes. Una mujer que había perdido los dientes delanteros, arriba y abajo, y casi la totalidad de su vista, dijo
que antes de las batatas color naranja había renunciado a coser
porque no podía ver bien para enhebrar la aguja. Ahora, les dijo
a los reunidos alegremente, ¡podía enhebrar! Y había vuelto a
coser. El miembro del grupo más anciano, una mujer que proclamó orgullosamente su edad de ochenta y siete años, recibiendo un gran aplauso dijo: "Yo no veía bien, especialmente en
la noche; pero ahora veo mejor. Puedo ver que Roger está sentado allí, ¡y es blanco!". Las risas casi hicieron que los mangos
cayeran del árbol.

Entonces los ancianos alentaron a hablar a las mujeres
jóvenes, a las embarazadas y a quienes tenían bebés. Al principio
describieron las condiciones antes de la llegada de los nuevos
cultivos: embarazos marcados por el cansancio, los mareos, y los
abortos espontáneos; bebés que a menudo estaban enfermos,
lánguidos y de mal humor. "Sangre cansada" era su diagnóstico
común para las mamás y los bebés, confirmando las estadísticas
del país que mostraban que la anemia era una dolencia nacional.
Una mujer dijo que sus dos primeros hijos habían necesitado
una transfusión de sangre cuando tenían unos seis meses de edad
porque eran muy anémicos. Pero añadió con tono de triunfo
que su hijo pequeño, nacido después de la llegada de las batatas y los frijoles, había llegado al año de edad sin tener ninguna
enfermedad.

Eveline Okello estaba sentada sobre un tapete de junco amamantando a su hijo, Joshua, de un año. "Hay una diferencia muy
grande entre este niño y los otros que tengo", dijo. "Observo
que tengo más leche materna para este". Joshua tenía cuatro

hermanos. Apenas tenía un mes de edad cuando iba sobre la espalda de su madre mientras ella plantaba sus primeras batatas y después su primer cultivo de frijoles altos en hierro. Cuando tenía seis meses de edad, estaba plantada la semilla, y las batatas y los frijoles fueron los primeros alimentos sólidos que él comió. "Este niño no se enferma tan a menudo", dijo Eveline. De hecho, era tan robusto que los vecinos lo llamaban "Presidentito". Sus otros hijos, observó Eveline, tuvieron "tos, malaria, gripe, dolores de cabeza. Pero no he sufrido nada con Joshua". Una de las mujeres ancianas intervino de nuevo para decir que los niños de la zona eran bastante inquietos y revoltosos. "Aaah, ahora se desarrollan muy rápido", dijo. "No están apagados".

Grace Akullu, la nutricionista de Visión Mundial en Lira que trabajaba con las mujeres mientras ellas cosechaban y consumían los nuevos cultivos, preguntó a las mamás embarazadas si estaban tomando sus suplementos de hierro y ácido fólico. Las mujeres dijeron que el suministro de pastillas en el dispensario local no era regular. A veces estaban disponibles y otras veces no. En lugar de recibir un paquete de treinta para un mes, una de las mujeres dijo que solo había conseguido catorce. "Cuatro", dijo otra mamá, era lo único que ella tenía. Una tercera mujer dijo que solo le habían dado pastillas para la malaria; ella esperaba que fueran una cura general para todo. Incluso si las mujeres recibían el número de pastillas requeridas, no había mucho seguimiento para asegurarse de que las tomaban. La norma del gobierno del tratamiento prenatal era de cuatro chequeos, pero muchas mujeres solo iban dos o tres veces, dependiendo de la distancia a la que estuvieran de la clínica comunitaria. Grace, que también estaba embarazada, observó que las mujeres a veces dejaban de tomar las pastillas de hierro porque no les gustaba el sabor, o porque les hacía sentirse enfermas o tener estreñimiento. Una actitud común era: me siento bien, ¿por qué molestarme en tomar algo que no me sienta bien? No entendían los beneficios para la salud.

Los nuevos cultivos, que las mujeres comían casi todos los días después de la cosecha, proporcionaban una dosis más regular de micronutrientes. La cantidad de hierro y de vitamina A que proporcionaban los alimentos puede que no cumpliera con las cantidades recomendadas internacionalmente, pero sin duda era más de lo que habían tenido antes. Y las mamás creían en los beneficios para la salud de las nuevas variedades de cultivos.

Brenda Okullu, elegantemente vestida con un vestido dorado y un pañuelo rojo enrollado en su cabeza, decía que se sentía mucho mejor en este segundo embarazo. Estaba en los seis meses, y sufría menos dolores de cabeza que en el primero. Tenía más energía, y esperaba estar trabajando en sus campos de batatas y frijoles hasta que llegara el momento del parto. Agradeció a Visión Mundial, y a los nuevos cultivos, por su vitalidad añadida. Deben ser esas cosas, le dijo Brenda a Grace, pues no ha cambiado ninguna otra. "En este momento me siento bien", dijo. "El bebé da muchas patadas. Mi vida es buena".

Una tímida sonrisa iluminó la cara angelical de Brenda. Grace estaba contenta por ver eso, porque sabía que Brenda había experimentado una profunda tristeza. A pesar de la sonrisa, Brenda hablaba y se movía como si estuviera soportando un peso invisible; su voz era suave, y mantenía la cabeza agachada. Comenzó a contar la historia de su primer embarazo, dos años antes cuando tenía dieciocho años. El embarazo había sido difícil. Ella siempre estaba cansada, mareada, y sufría un dolor de cabeza tras otro. Pero consiguió llegar al final del embarazo y dar a luz en el hospital de Lira. El bebé estaba sano, y comenzó a darle el pecho inmediatamente después del nacimiento. Esa nueva llegada produjo una gran emoción y alegría en su aldea familiar de pequeñas chozas con techo de paja. Una semana después del nacimiento, sin embargo, Brenda seguía teniendo un dolor considerable: le dolían las costillas y la espalda, y aquellos dolores de cabeza no se iban. En tres días tenía una cita programada para llevar al bebé a la clínica de Susan Ejang, pero los dolores se agudizaron tanto que regresó al hospital de Lira, esta vez a la sala de urgencias. Estaba amamantando a su bebé, de modo que lo llevó con ella. Las enfermeras dejaron en el hospital a Brenda para tratarla de anemia. Le dijeron que necesitaba descansar.

Mientras Brenda se recuperaba, su bebé comenzó a protestar y llorar; amamantarlo era difícil. Los médicos sospecharon que había algún tipo de infección, pero tenían poco tiempo para investigar la causa o la medicación para combatirla. Brenda estaba enfebrecida de temor: ¿iba a perder a su primer hijo? Una noche, el bebé dejó de llorar. Después, el bebé dejó de hacer todo.

Dos semanas después del nacimiento, su hijo estaba muerto.

"No sé por qué", dijo Brenda. Después se quedó en silencio. Eso fue lo único que dijo sobre su primer hijo. Era lo único que *podía* decir. No sabía nada más; nadie le había dado ninguna explicación. Sus ojos se llenaban de lágrimas mientras apartaba su mirada, primero mirando fijamente la tierra y después a la distancia.

Nadie habló durante uno o dos minutos mientras la comunidad compartía su tristeza por su hijo perdido. Después otra mamá, Harriet Ogwal, llenó el silencio con una nota de esperanza. "Veo que las cosas están mejorando", dijo. Harriet estaba embarazada de su cuarto hijo. Era más mayor que Esther y Brenda, tenía unos veintisiete años (ella no lo sabía con seguridad), y una voz de experiencia para las mujeres más jóvenes; sus hijos tenían diez, ocho y cinco años de edad. Harriet conocía la importancia de la buena nutrición. Durante sus tres embarazos anteriores, su esposo Moses y ella rara vez podían permitirse cualquier alimento además de lo que ellos mismos cultivaban. Ella se enfermaba con frecuencia con malaria, náuseas, o cansancio general. Y los niños también se enfermaban frecuentemente. Ahora, respaldados por una mejor dieta cultivada por ellos, y gracias a las batatas y los frijoles, ella dijo que este embarazo era el mejor que había tenido. Anticipaba ser capaz de trabajar en los campos, cuidar de sus cultivos hasta que llegara el día del parto. "Durante embarazos anteriores me enfermaba una y otra vez. Mucha malaria", dijo. "Ahora tengo más energía para plantar y mejor apetito para comer".

De repente, saliendo de entre los matorrales, un hombre llegó a tropezones a la reunión demandando su cena. "¿Dónde está?", rugió. "¿Por qué se demora?".

El grupo que estaba bajo el árbol de mango comenzó a reír. Claramente, el hombre estaba borracho, o fingía estarlo. De hecho, su aparición fue el comienzo de una obra teatral. El teatro comunitario había demostrado ser particularmente eficaz para comunicar mensajes en zonas donde muchos de los residentes eran analfabetos. Visión Mundial y HarvestPlus utilizaban también la red de estaciones de radio local de la nación, desarrollando guiones para pequeños anuncios y un programa de llamadas. Pero el drama en el monte era más íntimo; los actores eran vecinos, que hablaban en su propio idioma. También era un entretenimiento estupendo.

La esposa del borracho, apresurándose para dar una explicación del motivo por el cual no estaba lista la cena, dijo que se sentía cansada, enferma y mareada; no veía bien, y parecía que le iba a estallar la cabeza. "Bueno, entonces", insistía su esposo, "debes ir al hospital".

La escena cambió. La esposa estaba ahora frente a un médico. Le repitió sus síntomas mientras el médico examinaba sus ojos. Declaró que tenía anemia. "Deberías regresar a tu comunidad e incorporarte a un grupo que cultive frijoles altos en hierro que son buenos para la sangre, y también las batatas color naranja para la vitamina A". No tengas miedo al naranja, le aconsejó; es una indicación de que la batata está llena de betacaroteno, que el cuerpo convierte en vitamina A. Y la vitamina A es buena.

Otra vez en su casa, la esposa le dijo a su esposo borracho que Visión Mundial estaba distribuyendo en su aldea ramas de batata de piel naranja y semillas de frijoles altos en hierro. Le sugirió que deberían incorporarse al programa. El esposo descartó la idea enojado.

"Hemos estado plantando frijoles y batatas todos estos años y no ha habido ninguna mejora en la salud", se quejó él.

"Pero estas batatas son de color naranja, no de color blanco como las que teníamos", explicó la esposa. "El naranja ayuda a mejorar la vista, estimula el sistema inmunitario, suaviza la piel. Y los frijoles, puede que parezcan iguales pero tienen más hierro, que ayudará a nuestra sangre". El esposo se espabiló ante la mención de una piel más suave para su esposa. "Si nos van a hacer mejorar", admitió él, "entonces deberíamos plantarlos".

A continuación, el hombre comenzó a trazar una estrategia sobre dónde plantar los nuevos cultivos. Caminaba de un lado a otro con impaciencia, gruñendo: "Estamos preparados. ¿Dónde están las ramas y las semillas?".

Apareció un obrero de Visión Mundial y demostró cómo plantar los nuevos cultivos. Les dijo que pusieran cada rama de batatas en un montón de tierra, no en terreno plano. Los frijoles necesitan bastante espacio, de quince a veinte centímetros entre los agujeros. Si los plantan demasiado cerca, los frijoles tendrán que competir por los nutrientes del terreno, el sol y el agua. "Es igual que si ustedes tienen diez hijos en su casa y sus vecinos tienen dos. Esos dos crecerán más sanos que los diez, porque cuidar a diez es demasiado". Era un mensaje sobre planificación familiar añadido, por si acaso.

La escena cambió hasta el periodo después de la cosecha. La esposa salió de una choza llevando un plato de batatas naranjas, y un grupo de niños saltaban sobre él, empujándose y apartándose para alcanzar ese obsequio. Una niña elevó victoriosamente una batata al aire y gritó: "¡Miren lo que conseguí!".

En una escena en el mercado, una vendedora vendía las batatas. También elevaba una por encima de su cabeza para que todos la vieran. "Esto está lleno de vitamina A. Es muy saludable".

Otra vendedora gritaba: "Yo tengo frijoles altos en hierro, que ayudan a su sangre y al desarrollo cerebral".

Una mujer que vendía frijoles negros se quejaba a los clientes: "¿Por qué no compran estos?".

Una clienta se rió: "Ya no queremos comprar esos frijoles. Los otros son más saludables".

Volvió a aparecer el borracho, pero ahora estaba sobrio, aseado, robusto, y se pavoneaba. Anunció a su familia: "¿Ven el cambio en mí? Ahora soy un mejor hombre".

Su madre lo felicitó por utilizar el dinero que antes gastaba en bebida para comprar semillas de frijoles y ramas de batatas para proporcionar alimentos más nutritivos a su familia.

En la escena final, la esposa y el esposo, que ahora llevaban puestas camisetas naranjas, están otra vez en el hospital dando las gracias al médico por sus consejos sobre los nuevos cultivos. Ellos y los demás miembros del elenco se lanzaron a cantar una canción final:

> Los nuevos cultivos nos alimentan bien.
> Son muy nutritivos, muy maravillosos.
> Los frijoles altos en hierro nos salvaron la vida.
> Las batatas de piel naranja nos salvaron la vida.

Esther se unió a los aplausos y las risas. También ella estaba agradecida por los nuevos cultivos y la promesa de una mejor salud para ella misma y su hijo. Lentamente se puso de pie, animada por el optimismo de la reunión, y comenzó la larga caminata de regreso a sus campos, para cuidar de sus frijoles y batatas. Lo mismo hicieron Brenda y Harriet, y el resto del grupo. Pero bajo el árbol de mango se quedó un insistente pensamiento en la aldea que tenía el nombre de una plaga: ¿Podría esta innovación agrícola vencer verdaderamente su pobreza y falta de desarrollo? ¿O finalmente sucedería lo contrario?

capítulo dos

INDIA

E N UNA ALDEA RURAL EN INDIA, LAS POSIBILIDADES DE LOS 1000 días también se elogiaban en forma de canción. "Prende la lámpara del conocimiento en cada hogar, transformando en fortaleza nuestra debilidad", cantaba un coro de mujeres embarazadas y nuevas mamás en su dialecto hindi.

Si te cuidas
No necesitarás medicina
Y no tendrás que gastar nada.
Antes del parto, cuida a la madre,
Y después al bebé.
Comparte esta sabiduría
Para el bien de todos,
Transforma debilidad en fortaleza.

47

La canción desencadenó una rara oleada de risas y alegría en la oprimida aldea de Rampur Khas en el estado norteño de Uttar Pradesh. Juntas, las mujeres con sus coloridos saris formaban un arco iris glorioso: brillantes colores amarillo, rojo, púrpura, azul, verde y naranja. Pero esa no era una exuberancia desmesurada de Bollywood. Había cantos, sí, pero nadie danzaba. Las mujeres permanecían sentadas con las piernas cruzadas sobre el suelo a la sombra de un techo de paja. Estaban contentas por el resto tras una mañana de trabajo agotador en los campos que comenzaba con la salida del sol. La cosecha de menta estaba en camino, lo cual significaba días de tener que doblar la espalda, agacharse, y arrancar las delicadas hojas de los matorrales verdes. El proceso hacía que se desprendiera un aroma a mentol por todo el campo, como si alguien hubiera abierto una jarra enorme de Vicks VapoRub. Ese aroma relajante, sin embargo, hacía poco para aliviar los músculos doloridos por el trabajo y la incomodidad de la temporada. Aún quedaban algunas semanas para que llegara la temporada anual de lluvias, pero la humedad ya era densa como se anticipó. La temperatura sobrepasaba los 37° C (100° F). Mientras cantaban a la sombra durante su receso de mediodía, las mujeres movían abanicos improvisados en un esfuerzo desesperado por agitar el aire que se mostraba reacio. Un poco más tarde estarían otra vez de regreso en los campos de menta.

Rampur Khas era una aldea de 120 hogares, principalmente de las castas bajas. Los hombres y las mujeres eran jornaleros y agricultores, haciendo el trabajo duro y sucio del país. Dieciséis mujeres en la aldea estaban embarazadas, y un número casi igual daban el pecho a sus bebés. Aquí es donde conocí a Mohana y Sushma, vecinas cuyas casas compartían una pared común, y a las amigas Meera y Kiran, todas ellas comenzando su viaje de 1000 días. Cada una de ellas era delicadamente robusta, una contradicción de palabras pero verdaderamente adecuadas cuando sus manos y pies callosos se emparejaban con sus cuerpos pequeños, delgados y frágiles. Mohana era la más alta, un poco por encima de 1,50 metros (cinco pies). La más pequeña era Kiran, quien al menos era una cabeza más bajita que Mohana. Cuando la vi por primera vez, Kiran iba envuelta en un sari amarillo holgado, y pensé que era la hija de alguna de las otras mujeres, quizá de unos doce años de edad, y no pensé que ella misma era una de las mamás embarazadas. Ella me dijo que tenía veinte años. Acababa de visitar el dispensario local para que le hicieran el primer chequeo. Hizo un gesto de dolor cuando le inyectaron contra el tétanos, y aceptó con cautela un lote de comprimidos de ácido fólico y algunas pastillas para repeler la malaria. También se subió por primera vez a una báscula. En la reunión, me enseñó la tarjeta de identificación de mamá y bebé, donde se registrarían todos los datos de los 1000 días. Su peso estaba anotado con lapicero: treinta kilos (sesenta y seis libras). Estaba embarazada casi de cinco meses.

La enfermera en el chequeo había advertido a Kiran que estaba muy delgada y tenía que engordar. Señaló a dos ilustraciones en la tarjeta y sugirió a Kiran que siguiera los consejos. Un dibujo mostraba a una mujer tumbada de costado. "Descansa durante el día y en la noche", decía la frase. En el otro dibujo, una mujer estaba sentada comiendo. "Una dieta diversa es importante", decía. "Asegúrate de que estén incluidos todos los grupos de alimentos". Además decía: "Come un cuarto más de alimentos de lo que comerías normalmente. Come sal yodada".

Claramente, esas futuras mamás reunidas en la veranda habían tenido retraso en el crecimiento de niñas, y ahora eran mujeres a punto de tener sus propios bebés. Era un ciclo generacional que giraba agresivamente por la India rural, pero particularmente en Uttar Pradesh. Las propias estadísticas del estado mostraban que casi el 55% de sus niños menores de tres años tenían retraso en el crecimiento (un total de doce millones de niños), el 42% estaba bajo de peso, y el 85% sufría algún nivel de anemia. Más del 50% de las mujeres embarazadas del estado también eran anémicas. Desnutrición mezclada con pobreza, un mal saneamiento, y una educación irrisoria. Uttar Pradesh era el hogar del 20% de los pobres de la India; la tasa de alfabetización del estado estaba solo en el 70%, aproximadamente en el 50% para las mujeres; y más del 65% de los hogares no tenía inodoro.

Eran estas estadísticas, y el sufrimiento que había tras ellas, lo que había atraído a Vishwajeet Kumar a regresar a la India. Un joven sociable de sonrisa inmensa, Vishwajeet había estado investigando y enseñando salud pública en la Universidad Johns Hopkins en los Estados Unidos, con un enfoque concreto en reducir la mortalidad infantil. Había recorrido un largo camino desde el estado indio de Bihar, donde se había criado en una familia privilegiada. A pesar de su estatus social, su madre, que administraba las posesiones de la familia, había insistido en que su hijo menor desayunara con los obreros que trabajaban en las granjas de la familia. Fue allí, en esas mesas comunes, donde Vishwajeet se vio confrontado por primera vez con las profundas desigualdades basadas en las castas en India. Preguntas sobre las disparidades en las condiciones de vida y el cuidado de la salud en su país golpeaban su conciencia. Decidió estudiar medicina e hizo trabajo clínico en un gran hospital en Delhi, situándose en el camino muy andado de convertirse en cirujano. Pero mientras afilaba su conducta junto a las camas, escuchando diligentemente las historias de los pacientes, se encontró con el deseo de trabajar aguas arriba, donde comenzaban los problemas, para así enfocarse en la prevención en lugar de en el tratamiento de las enfermedades. El destino quiso que en el hostal donde estaba viviendo viera una revista que describía el programa de salud pública de la Universidad Johns Hopkins. Las anécdotas del trabajo realizado en hogares y comunidades muy lejos del ambiente clínico avivaron recuerdos de los almuerzos comunes de su niñez. Poco después estaba en Baltimore, estudiando con los principales expertos en salud infantil en los Estados Unidos. Prosperó allí, pero sus pensamientos seguían regresando a las disparidades en India. Cuando surgió una oportunidad de unirse a un proyecto nuevo, que estudiaba las muertes infantiles y la hipotermia en el estado de Uttar Pradesh, Vishwajeet enseguida hizo las maletas. Con treinta y tantos años, dio un giro en su carrera profesional; estaba de regreso a casa, para trabajar finalmente donde estaban los problemas.

Y allí encontró problemas abrumadores. Uttar Pradesh, conocido como UP, era el estado más poblado de la India, su población de 200 millones de personas lo convertía en el sexto país más grande del mundo, y conllevaba el 30% del total de desnutrición en el país y su carga de enfermedades y, de esa manera, una parte importante de la desnutrición del mundo. UP era un lugar particularmente peligroso donde tener, o ser, un bebé. La tasa promedio de mortalidad infantil era de 63 muertes por cada 1000 nacimientos, comparada con aproximadamente 44 en toda la India, y había algunos lugares en el estado donde la tasa aumentaba hasta el nivel astronómico de 90. La tasa de mortalidad materna era de 345 por cada 100 000 nacimientos, comparada con el promedio indio de 212, y la tasa global de 210. Aproximadamente con el 20% de los nacimientos anuales de la India, UP también tenía una cantidad desproporcionada de las muertes neonatales y maternas del país (28% y 35% respectivamente).

Vishwajeet creía que si la comunidad de desarrollo internacional realmente quisiera mover las agujas en los niveles globales de desnutrición, retraso en el crecimiento infantil y mortalidad infantil y materna, tendría que pasar por Uttar Pradesh. De regreso en su hogar, argumentaba que las estadísticas de salud infantil y materna de la India (con el 30% de los niños con retraso en el crecimiento en el mundo, el 27% de muertes de recién nacidos en el mundo) eran absolutamente inaceptables para un país que había hecho un gran progreso en agricultura y tecnología en décadas recientes. En los años posteriores a la Revolución Verde de la década de los sesenta, la cual rescató al país de un ciclo ruinoso de hambrunas, los agricultores indios produjeron excedentes de trigo, arroz, maíz y legumbres (como frijoles y lentejas), tan grandes que superaron las instalaciones para almacenaje del país. India también tuvo una Revolución Blanca, que lo convirtió en el mayor productor de leche del mundo; y una Revolución Dulce que lo hizo ser un importante productor de frutas. La pila de legislación del país contra la pobreza y la distribución de alimentos podía llenar una biblioteca. Por lo tanto, los problemas de desnutrición, retraso en el crecimiento infantil, y mortalidad infantil en la India estaban arraigados en otros asuntos que estaban más allá de la producción y el acceso. Vishwajeet insistía en que lo que tenía que cambiar eran actitudes y conductas culturales hacia la salud materna e infantil, en particular en los 1000 días. Demasiados niños en India estaban naciendo con un horrible comienzo en la vida.

Vishwajeet se sumergió en las aldeas rurales cercanas a la ciudad de Shivgarh, en la región central de UP. Allí estaban algunos de los más pobres en el estado. La defecación en lugares abiertos era común, al igual que en gran parte de la India, lo cual conducía a crisis de salud comunitaria de diarrea, infecciones por parásitos y enfermedades intestinales. En las aldeas de Shivgarh, casi todos los niños parecían tener retraso en el crecimiento, y se veían pequeños para su edad. Se podría pensar que una niña tenía cuatro años de edad por su aspecto, pero al preguntar, resulta que tenía ocho o diez años. Los adultos eran también uniformemente diminutos, ya que la mayoría de ellos habían tenido retraso en el crecimiento en su niñez. Una persona que fuera más alta de 1,62 metros (cinco pies y medio) era un gigante. En este ambiente, los aldeanos no consideraban un problema el retraso en el crecimiento; era la norma.

Cuando comenzó su trabajo, Vishwajeet se comparaba con un submarinista aficionado, explorando un mundo nuevo de fenómenos extraños. Lo que descubrió en las aldeas fueron prácticas y supersticiones tradicionales, profundamente arraigadas en el sistema de castas, cultura y espiritualidad de la región, que estaban teniendo un impacto profundo en los 1000 días. La sabiduría del pueblo y la costumbre común alentaban a las familias a tomar decisiones que eran discordantes con todo lo que él había aprendido en la facultad de medicina. Las mujeres seguían insistiendo en dar a luz en sus casas (más del 80% de ellas) incluso con la proliferación de clínicas y hospitales que había en el campo. Los recién nacidos eran apartados de sus madres para lavarlos minuciosamente, a veces los frotaban con fuerza e incluso los limpiaban con barro de una charca, y después los dejaban solos, desnudos y tumbados en el suelo hasta una hora mientras los asistentes del parto en la casa se ocupaban del cuidado de la madre, ya que se percibía que el riesgo para la vida de la madre después del parto era más elevado. Este lavado era un ritual con la intención de limpiar y sacar los espíritus malos, pero exponía peligrosamente a los bebés al mal mortal de la hipotermia. El corte del cordón umbilical después del parto en la casa era una tarea para la cortadora tradicional: una mujer de la casta más baja. Si ella demoraba su llegada, el bebé permanecía unido y con frecuencia desamparado por parte de la madre; cuando la cortadora realizaba su tarea, lo hacía con un cuchillo que probablemente habría sido utilizado en otro lugar, aumentando mucho la probabilidad de infección. Dar el pecho no comenzaba hasta varias horas después, como poco, o en algunas ocasiones hasta varios días; menos del 20% de los recién nacidos en Shivgarh se amamantaban inmediatamente. En cambio, la primera leche del pecho, que contiene el calostro rico en anticuerpos, la desechaban; siendo de color amarillento, era considerada inmunda, como pus, y parte de la placenta. Los primeros líquidos que le daban al bebé serían leche de vaca o agua (no purificada, directamente del pozo) o una gota de miel. Era común masajear al recién nacido con aceite de mostaza, aunque significaba que el bebé pasaba más tiempo desvestido y expuesto al ambiente, y tenía un efecto nocivo sobre la función de la barrera de la piel, lo cual conducía a una mayor pérdida de agua y calor. Entonces, madre y niño se iban ellos solos a un cuarto para un periodo ritual de encierro, llamado *saur*, que duraba como mínimo una semana o dos. A la entrada del cuarto se quemaba estiércol de vaca espolvoreado con incienso para alejar a los espíritus, pero el penetrante humo era tóxico para los pulmones del bebé.

Con todo lo que descubrió, Vishwajeet ya no se sorprendió tanto como explorador, aunque quedó abatido como médico, al saber que la tasa de mortalidad de los recién nacidos en las aldeas que rodeaban Shivgarh era la elevadísima cifra de más de 80 por cada 1000 nacimientos. Cuando habló a las comunidades, inicialmente encontró a pocos que creyeran que era necesario un cambio. Les dijo que 80 muertes por cada 1000 nacimientos debería ser inaceptable; los ancianos en la comunidad, especialmente las mujeres ancianas que habían mantenido las viejas costumbres, le dijeron que 920 bebés que sobrevivieran sonaba bastante bien. Y Vishwajeet tuvo que admitir que el 92% era un sobresaliente en cualquier examen de cualquier escuela donde él había estudiado. Quedó frustrado con que las comunidades se fijaran en la supervivencia; él quería que se enfocaran en la mortalidad. Las mujeres decían que las muertes infantiles estaban determinadas; él insistía en que podían prevenirse. Les dijo a las mujeres que sus bebés no tenían que morir. Que ellas tenían el poder de asegurar que vivieran. Vishwajeet definió su reto: mover a las mujeres y las comunidades de un estado de fatalismo a un estado de control.

Para hacer eso, Vishwajeet forjó una fusión entre medicina moderna y las creencias comunitarias. Su equipo de científicos médicos trabajó con líderes de la comunidad local para ponerse de acuerdo en un objetivo común: aumentar la supervivencia infantil. Y entonces, pusieron en consonancia la creencia tradicional en que espíritus malos, llamados *jamoga*, dañaban a los recién nacidos con la ciencia médica de cómo dañaban las infecciones a los recién nacidos. Las infecciones eran también *jamoga*, les dijo Vishwajeet. Él comenzó a llamar *germoga* a las infecciones. Una inyección contra el tétanos durante el embarazo, una nueva intervención en las vidas de las mujeres, podía derrotar al *germoga*. Y su equipo sacó rendimiento al temor local a las fiebres dando a la hipotermia, que era una de las principales causas de muerte infantil en la India rural, un nombre nuevo: lo llamaron *thandabukar*, que en hindi significa "fiebre fría". Juntos, el equipo de Vishwajeet y los líderes de la comunidad, elaboraron un paquete de cambios de conducta, como un parto higiénico, limpieza ligera del recién nacido en lugar de frotarlo enérgicamente, contacto piel con piel entre la madre y el hijo, amamantar inmediatamente con el calostro, que podían vencer los males que mataban a los niños. Vishwajeet llamó a esta organización en ciernes Laboratorio de Empoderamiento Comunitario. En los hogares a un lado y a otro de las polvorientas calles de las aldeas, las mujeres lo llamaban simplemente *Saksham*. Empoderamiento.

La ayuda visual favorita de Vishwajeet era la mano de una madre con los dedos abiertos. "Hay cinco secretos para el éxito", les decía a las mujeres asignando un secreto a cada dedo. "Uno, amor. Dos, calor. Tres, alimento: leche materna. Cuatro, higiene. Cinco, cuidado. Conoce las señales cuando tu bebé está enfermo y acude al médico. Todas estas conductas están bajo el control de ustedes. Están en sus manos". Fue un concepto revolucionario, empoderar a las madres, en un país donde las mujeres con frecuencia tienen poco que decir en sus propios hogares, incluso sobre decisiones de reproducción y planificación familiar. Y especialmente en un lugar muy patriarcal como Uttar Pradesh.

El Laboratorio de Empoderamiento Comunitario contrató a un equipo de trabajadoras de primera línea (mujeres jóvenes de las aldeas, la mayoría de las cuales habían estudiado la secundaria) y las envió a las comunidades para que escucharan a las mujeres, entendieran sus prácticas, y difundieran la noticia sobre cómo algunos cambios de conducta sencillos podían salvar sus vidas y las vidas de sus hijos. Los lugareños conocían a las trabajadoras de primera línea y confiaban en ellas, y las admiraban por tener una educación académica mejor que la mayoría. En sencillas bicicletas, ellas pedaleaban con fuerza por caminos de tierra y de empedrado de una aldea a otra, llevando tabletas Samsung Galaxy para registrar datos de todas las mujeres embarazadas en la vasta zona de estudio. En las verandas de las humildes casas y decenas de aldeas se reunían con mamás, futuras mamás y otros cuidadores importantes, incluidas suegras, padres, matronas y líderes espirituales. Las trabajadoras en primera línea hablaban de la importancia de una buena nutrición y descanso durante el embarazo, y aconsejaban a las madres que dieran a luz en las clínicas y los hospitales, y llevaran ellas mismas un cuchillo limpio para cortar el cordón umbilical. Enseñaban a las mujeres a cómo limpiar ligeramente y envolver al recién nacido. Les presentaron la práctica conocida como "madre canguro", donde el bebé es situado inmediatamente sobre el pecho de la madre para que sienta su calor y se establezca un vínculo. No solo les decían qué hacer; también les decían por qué era importante. Les explicaban que la primera vez que amamantaban proporcionaba al bebé nutrientes esenciales y anticuerpos; esa primera leche, les decían, era demasiado valiosa para tirarla. Les explicaban que cualquier otra cosa, como agua, leche de vaca o miel, estaba peligrosamente sucio y era demasiado difícil de digerir para el bebé. Algunas hacían preguntas, particularmente las suegras, que argumentaban que las viejas prácticas habían sido buenas para ellas; pero a medida que vieron que un grupo de mamás más jóvenes, las primeras que las siguieron, aceptaban alegremente los cambios, y veían que las muertes infantiles y las enfermedades eran menos comunes, su resistencia fue cediendo. Particularmente potentes fueron los ejemplos de madres que habían perdido a un hijo y aceptaron la nueva información y las prácticas con la esperanza de que eso no volviera a suceder.

Salvar vidas de recién nacidos unió a comunidades divididas por castas e ingresos. Ahora había una meta común y todas las manos compartían el control. En este esfuerzo, todos eran iguales. El impacto fue asombroso, incluso para Vishwajeet. En dieciséis meses, la mortalidad neonatal en las aldeas de Saksham descendió a la mitad; había disminuido hasta 41 muertes por 1000 nacimientos, comparado con 84 en aldeas vecinas donde no se habían introducido los cambios. Las madres que morían al dar a luz fueron casos más infrecuentes. Aquí, proclamó Vishwajeet, estaba la evidencia de lo que puede suceder cuando las madres son empoderadas. Rápidamente, el gobierno de UP siguió la dirección de Saksham e incorporó los principios básicos del cuidado de las mujeres embarazadas y sus hijos recién nacidos a los programas públicos del estado y las obligaciones de su legión de trabajadores de salud locales, los asistentes sociales acreditados, o ASHA. Vishwajeet estaba orgulloso de lo que se había logrado, pero el trabajo no había hecho nada más que comenzar: ahora sobrevivirían más niños, pero ¿qué podía hacerse para ayudarlos a desarrollarse?

EN RAMPUR KHAS, las mujeres pusieron en verso todo lo que habían aprendido.

> Madres, escuchen estos consejos.
> Acerca a tus hijos a tu desnudo pecho
> No llorarán ni tendrán miedo.
> Aumenta tu amor maternal
> Acerca a tus hijos a tu desnudo pecho
> Debes aumentar el peso del niño.
>
> Envuélvete tú y tu bebé con una manta.
> Así acercas a tu hijo a tu regazo.
> Madres, escuchen estos consejos.
> Acerca a tus hijos a tu desnudo pecho.

Los cantos ayudaban a que más mujeres acudieran a las reuniones, particularmente las analfabetas que no sabían leer los materiales escritos y, a menudo, se sentían intimidadas en otras reuniones comunitarias. Las sencillas letras eran una combinación de hindi y un dialecto rural que incorporaba viejas frases en sánscrito. Cuando una trabajadora de primera línea de Saksham las escribía en papel, incluso Vishwajeet y sus colegas instruidos tenían dificultad para traducir algunas de las partes. Pero en las aldeas, todos las comprendían.

Los mensajes se difundieron de aldea en aldea, y una obrera de primera línea de Saksham los llevaba, como Gayatri. Ella era joven, delgada, con largo cabello negro, amigable con todas las madres en las comunidades. Ella sabía dónde vivía cada mujer embarazada. Tras dirigir la reunión en Rampur Khas, ella me

dirigió por un laberinto de estrechos senderos hasta los hogares de Mohana y Sushma, que vivían en casas contiguas en
los límites de la aldea. (Se conoce a la mayoría de mujeres de
Shivgarh por un solo nombre; Mohana sería identificada como
"Mohana, la esposa de Krishan").

Sus casas de un solo cuarto compartían una pared común de
ladrillo y barro. Desde esa pared salían en ángulo en ambas direc-
ciones gruesos techos de paja, y sobrepasaban las puertas frontales para dar a cada familia una amplia veranda. Es aquí donde
se almacenaba agua y grano en vasijas de barro y se cocinaban
los alimentos sobre un fuego en un horno en la tierra. Un par de
charpoys, los catres tejidos a mano que estaban por todas partes,
servían como asientos y camas; la veranda abierta era a la vez
sala de estar y dormitorio. Sobre la puerta de madera de cada
casa, dibujos de iconos hindúes se mezclaban con pegatinas de
actores de Bollywood.

Mohana, que tenía treinta años, era dolorosamente consciente de lo que estaba en juego en los 1000 días. Sus primeros
tres hijos nacieron antes de que Saksham llegara a la aldea. Dio
a luz en su casa y siguió las prácticas tradicionales de frotar a
los bebés y darles aceite. Recordaba haber desechado el calostro
y la primera leche materna; la asistente en el parto en su casa
había insistido en ello. En lugar de su propia leche, alimentó a sus
recién nacidos con leche de cabra o leche producida por la búfala
que estaba atada a una viga fuera de su casa. Comenzó a dar el
pecho a sus bebés el tercer o cuarto día luego del parto. Ni ella
ni sus hijos recibieron ninguna vacuna.

Vestida con un sari color naranja y jugueteando con brazaletes de plástico rojo que llevaba en sus muñecas, Mohana se
hacía preguntas sobre sus primeros hijos. Se enfermaban con frecuencia, y la diarrea era común. El mayor, un varón, se había
mantenido en la escuela solamente un par de años; no le había

ido bien y no tenía interés en continuar. Ahora, con catorce años, deambulaba por la aldea apáticamente. A Mohana le preocupaba que él se hubiera perdido algo en sus primeros años de desarrollo, y temía que el segundo y tercer hijo, que ahora tenían once y diez años, también tuvieran retraso. El equipo de trabajadoras de Saksham había llegado cuando Mohana estaba embarazada de su cuarto hijo, y ella estaba lista para probar las nuevas conductas que estaba aprendiendo. Dio a luz a una niña en el hospital local a pocos kilómetros de distancia, acercó a la bebé sobre su pecho, y comenzó a amamantarla inmediatamente. Le puso de nombre de Lakshmi, por la diosa hindú de la riqueza y la prosperidad.

Mohana creía que Lakshmi tendría un comienzo mejor en la vida. En los meses después del nacimiento, Mohana con frecuencia testificaba en reuniones de la aldea sobre la buena salud de su hija pequeña. "Rara vez se enferma", decía. "Darle la primera leche a un niño es una diferencia importante. Puedo ver que el bebé está más fuerte para luchar contra las enfermedades, es más inteligente".

Pero cuando Lakshmi se acercaba a su primer cumpleaños, le falló la salud. Al destetar a su bebé de la leche materna exclusivamente, Mohana había comenzado a darle leche de la búfala de la familia, al igual que había hecho con sus otros hijos. La leche de búfala es más cremosa y más espesa que la leche de vaca, y el cuerpo de Lakshmi parecía rechazarla. Se puso muy enferma. ¿Qué tipo de *jamoga* era ese que se había apoderado de su hija?, se preguntaban Mohana y su esposo, Krishan.

Mohana sostenía a Lakshmi sobre la espalda en la parte de atrás de la bicicleta de su esposo mientras él pedaleaba hasta el hospital regional que estaba a unos dieciséis kilómetros (diez millas) de distancia. Allí, un médico diagnosticó el problema de Lakshmi como obstrucción intestinal. Dijo que podía curarla, pero su tiempo y la medicina les costaría 25 000 rupias, o unos 400 dólares. Era una suma inmensa para Mohana y Krishan. Enseguida negociaron con un prestamista del barrio para pedir prestada una suma considerable, pero no era suficiente. Por lo tanto, vendieron parte del trigo y el arroz que habían estado almacenando para consumirlo más adelante en el año. Hicieron el pago al médico. El tratamiento y la medicina funcionaron; se eliminó la obstrucción. Lakshmi sobrevivió.

Pero Mohana estaba preocupada por los efectos que había tenido en su hija. Ahora, con casi tres años de edad, Lakshmi era pequeña, y se enfermaba con frecuencia de diarrea y bronquitis. A lo largo de su embarazo actual, oraba para que el bebé que llevaba en su vientre estuviera sano. Quizá sería ese bebé el que se mantendría fuerte, crecería bien y avanzaría en la escuela. Cuando llegaron las trabajadoras de Saksham, ella escuchó con mucha atención, porque obviamente aún tenía mucho que aprender.

Sushma, al otro lado de la pared, estaba más avanzada en su embarazo y lista para dar a luz. Había llevado un cuchillo nuevo para cortar el cordón umbilical y también hilo nuevo para coserlo, y estaba preparando nuevas telas de algodón ligero con las que envolver al bebé. Sería su tercer hijo: los dos primeros, un varón de siete años y una hija de dos años, también habían nacido después de que Saksham comenzara su trabajo en Rampur Khas, y parecían estar desarrollándose bien. Sushma, unos años menor que Mohana, había confiado desde la primera reunión de Saksham y la trabajadora de ASHA. "Sentía que eran personas con educación, de modo que confié en ellas", me dijo Sushma. Ella misma solamente había estudiado algunos años en una clase. "Ahora sé que estoy haciendo todo lo que puedo por mis bebés", dijo. "Sé que lo que hago puede marcar una diferencia".

Pero su suegra, quien la vigilaba de cerca y también asistía a las reuniones, tenía serias dudas. Las relaciones estaban

crispadas, ya que la suegra insistía en la adherencia a las conductas tradicionales. Dos, tres, cuatro veces escuchó los principios de Saksham, y aún se resistía. Dar a luz en casa, frotar bien
al bebé tras el parto, y un poco de miel para el recién nacido:
eso había sido bastante bueno para su generación. "A usted no le
gustan las cosas nuevas", le dijo Sushma. Pero cuando vio con el
paso del tiempo que los recién nacidos en la aldea estaban sanos,
y que las madres también estaban sanas, la suegra de Sushma
cedió. Cuando la conocí, ella se encogió de hombros, tratando
las nuevas prácticas como si fueran la última moda. "Cambian
con el viento", dijo ella. "Esto es lo que hace la gente ahora".

La suegra de Kiran, Tulsa, que vivía también en Rampur
Khas, no necesitaba que la convencieran, porque ella misma
había experimentado las maravillas de las nuevas prácticas. Ya
había dado a luz cinco veces, había perdido a dos de sus hijos,
y estaba embarazada por sexta vez cuando Saksham llegó a la
aldea. Asistió a las reuniones con gran curiosidad, abierta al cambio y con una ansiedad mórbida por poder perder a otro hijo. Su
temor aumentó muchísimo cuando se puso de parto a los siete
meses. Cuando nació su bebé, una niña diminuta, había pocas
probabilidades de supervivencia. Tulsa insistió en el cuidado
como madre canguro, envolviendo inmediatamente a su hija
sobre su pecho e iniciando el amamantamiento. Ella siguió los
tres primeros secretos de Vishwajeet: amor, calor, alimento. La
bebé, una niña a la que llamó Meenu, sobrevivió, y se declaró
un milagro. Tulsa decía a todos: "Saksham le salvó la vida a mi
bebé".

Las noticias de esos acontecimientos notables viajaron por
todas las aldeas circundantes, dando más credibilidad a las trabajadoras de primera línea de Saksham. Incluso la noticia llegó
a lugares donde Saksham no había ido, las "aldeas de control"
originales para el estudio de Vishwajeet. En una de ellas, un

pequeño grupo de casas llamado Pure Baishan, una mujer llamada Shyamkali había oído sobre las prácticas de Saksham de mujeres con las que trabajaba en los campos. Ella misma era madre de cuatro hijas. Ahora, embarazada por quinta vez, estaba preparada para hacer algún cambio en la conducta.

Shyamkali, que no tenía ninguna educación formal, no sabía exactamente cuál era su edad, pero creía que tendría unos treinta o treinta y dos años. Estaba en las garras de un potente deseo que se apoderaba de gran parte de India: la preferencia cultural por tener hijos varones. Los varones seguirían el linaje familiar; se consideraba que tenían mayor valor económico mediante su potencial para ganarse la vida; ellos daban honor a la casa. Por lo tanto, con frecuencia recibían una parte mayor de alimento y educación dentro de la familia. Por otro lado, se consideraba que las muchachas producían cierta pérdida económica. Una muchacha dejaba su hogar tras el matrimonio, y se pagaba una dote a la familia del esposo, quienes también recibían los beneficios de su trabajo y de sus hijos. Por lo tanto, ¿por qué invertir en la nutrición, salud y educación de una hija? Las prácticas sociales y culturales comunes situaban a las muchachas y las mujeres en último lugar para comer, y menos cantidad, transmitiendo así la desnutrición de una generación a la siguiente; las niñas con retraso en el desarrollo se convertían en mujeres con retraso que a su vez daban a luz a bebés con bajo peso. Entonces, ¿por qué incluso dar la bienvenida al nacimiento de una hija, para empezar?

Esta actitud ha dejado a la India con cientos de millones de muchachas "perdidas" como resultado del infanticidio y el aborto voluntario a niñas, y el descuido del bienestar de las hijas. Los distorsionados índices en la India con respecto al sexo reflejan estas prácticas; es uno de los raros países que tienen menos muchachas y mujeres que muchachos y hombres. En su libro sobre el historial de India de hambre y desnutrición, *Ash in the*

Belly (Ceniza en el vientre), el obrero social indio y activista de los derechos humanos Harsh Mander se sumergió en el censo de 2011 que revelaba que había 940 hembras por cada 1000 varones en India (en Uttar Pradesh había solo 904). También trazó un declive continuo en la proporción de muchachas con respecto a muchachos de edades entre cero y seis años, desde 927 en 2001 hasta 914 en 2011. Observó que esta brecha de género era particularmente pronunciada en algunas de las zonas más ricas y prósperas del país, quizá porque había un mayor acceso a los ultrasonidos y a personas que realizaban abortos. Parecía importar poco que el gobierno hubiera declarado ilegal en India que los padres incluso preguntaran a un médico cuál era el sexo del bebé después de un ultrasonido, o que los médicos que revelaban el género podrían perder su licencia médica y ser encarcelados. Mander concluía: "Lo que establecen estas cifras más allá de toda duda es que los procesos de discriminación sociales y culturales, y gradualmente tecnológicos, el abandono y la hostilidad extinguen las probabilidades de vida de todas esas muchachas y mujeres 'perdidas'…Y la proporción en declive de mujeres ilustra la mayor paradoja: que la modernidad, y con ella riqueza, educación y cuidado reproductivo, no ha reducido sino que ha agravado aún más la aversión de este país hacia sus hijas".

Tener un varón era ciertamente la principal prioridad para el esposo de Shyamkali, Rajender, jornalero que viajaba extensamente para encontrar trabajo de algún tipo. Shyamkali me dijo que cada uno de sus primeros cuatro bebés fue concebido para que fuera un varón. Y así sucedió también con ese quinto hijo. Cada uno de sus embarazos había transcurrido con esa presión de tener un varón. Ella estaba preocupada porque su esposo insistiera en tener más bebés hasta que ella diera a luz a un varón, aunque ya estaban batallando por poder alimentar, vestir y educar a sus cuatro hijas, que tenían doce, diez, siete y cinco años. Todas las niñas tenían ojos oscuros y enternecedores, y rasgos delicados que irradiaban belleza más allá de la ropa desgastada y las manchas de suciedad. Eran delgadas, muy delgadas. Las dos hijas mayores se turnaban para quedarse en casa después de la escuela para cuidar de sus hermanas pequeñas mientras su madre trabajaba en los campos, intentando ganar algunas rupias.

¿Grandeza? Ese era un lujo en el que no valía la pena pensar. ¿A cuántos hijos más podrían mantener? Shyamkali se lo preguntaba.

Shyamkali, una mujer muy menuda que apenas medía 1,50 metros (cuatro pies y medio) y era muy delgada, a menudo ocultaba su rostro tras el borde de su sari. Ella tenía poco poder en el tema del tamaño de la familia. Esa era una dinámica que Saksham aún tenía que influenciar, y que continuaba minando las posibilidades de los primeros 1000 días de los niños de la India.

capítulo tres

GUATEMALA

E N GUATEMALA, EL POTENCIAL DE LOS 1000 DÍAS LLEGÓ a la ebullición en una olla de crema de sopa de papas.

"Quieren que sus hijos crezcan sanos y fuertes, ¿verdad?", preguntó Susana "Susy" Menchu, una nutricionista de una clínica local sin fines de lucro llamada Primeros Pasos.

"Sí", llegó la respuesta unánime de una decena de mamás y futuras mamás que estaban reunidas para una clase de cocina en la aldea de Chuicavioc en la ladera montañosa. "Sanos y fuertes".

"Entonces, lo que aprendamos hoy no puede entrar por un oído y salir por el otro. Debe quedarse dentro", dijo Susy dándose unos golpecitos en la cabeza.

Las mujeres estaban juntas alrededor de una estufa en un centro de salud comunitario frío, húmedo y oscuro, escondido en el interior de un laberinto de casas de ladrillo y tiendas. Era allí donde se realizaban los chequeos prenatales, se ponían las vacunas, se pesaba y medía a los bebés, y donde se dispensaban las medicinas; es decir, cuando había enfermeras, vacunas, básculas y medicinas, lo cual era extraño en los empobrecidos terrenos altos de Guatemala. Era allí también donde Susy daba gratuitamente sus consejos sobre nutrición e higiene. Ella iba una vez por semana, en un autobús escolar estadounidense remodelado que ahora surcaba los caminos peligrosos y llenos de baches entre la ciudad de Quetzaltenango y el valle Palajunoj, una franja muy descuidada de aldeas indígenas mayas que languidecían a la sombra del volcán durmiente Santa María. El colorido autobús, adornado con calcomanías de Jesucristo y de Speedy González, se escoraba ante los baches como si estuviera bailando al alegre y vivaz ritmo de la música de marimba que resonaba desde la radio. Susy se agarraba con fuerza en la parte delantera del autobús, sosteniendo fuerte un saco lleno de los ingredientes para ese día, y también una báscula y una tabla de medir.

Las mamás habían ido caminando al centro comunitario desde sus casas, algunas a distancia de treinta minutos, recorriendo con cuidado el camino desde las laderas. Llevaban los vestidos tradicionales de las mujeres mayas de esta zona, de colores brillantes y con bordados complicados; muchas también llevaban un delantal rojo con bolsillos para sus teléfonos celulares y sus aperitivos. Quienes tenían bebés los llevaban a la espalda; los pequeños iban envueltos con chaquetas y gorros tejidos para resguardarlos del frío de la zona montañosa. Las mamás allí también eran uniformemente bajitas, casi todas ellas medían menos de 1,50 metros (cinco pies); como en India, era difícil para los lugareños percibir un problema de retraso en el crecimiento cuando esa era la norma, y ver que la desnutrición, y no solo los ancestros, era un factor influyente en la estatura de los niños.

"¿Qué hacemos antes de cualquier otra cosa?", preguntó Susy a las allí reunidas.

"¡Lavarnos las manos!", gritaron las mamás.

"Sí, deben tener manos limpias antes de preparar la comida. Porque utilizan sus manos para tocar todo". Y la mayoría de todas las cosas que había allí, les recordó Susy, estaban sucias. En el valle, la mayoría de niños y adultos estaban infestados de parásitos y gusanos que consumían los nutrientes que debían ser para sus cuerpos. Malos hábitos alimentarios, agua de mala calidad y mal saneamiento hacían del valle uno de los lugares menos sanos del país. "Y no olviden", añadió Susy, "que también deben lavar las verduras y la fruta". Porque los parásitos estaban también en el terreno.

Susy frotó y peló los ingredientes de ese día: papas, cebollas, ajo. Metió las papas en una olla de agua hirviendo y salteó las cebollas y el ajo con aceite vegetal en una sartén, enviando un aroma glorioso a los polvorientos callejones de Chuicavioc. "Frían ligeramente, hasta que estén blandos", dijo Susy. "No los quemen, porque perderán los nutrientes". Aplastó las papas, incorporó las cebollas y el ajo, llenó la olla de leche, y añadió una pastilla de proteína vegetal procesada con textura de res molida, llamada *Protemás*. Mientras la sopa hervía a fuego lento, Susy repasó los beneficios de una dieta equilibrada.

"Recuerden que las papas proporcionan energía, carbohidratos. La leche proporciona proteínas y calcio. El aceite proporciona grasa, pero usen solo un poco. La cebolla, el ajo y la Protemás proporcionan vitaminas y minerales. Es importante entender la mezcla de los ingredientes y cómo nos ayudan. Pueden obtener muchos beneficios de esta receta".

Era una receta sencilla, pero las mujeres estaban asombradas ante esa mezcla. Dianet (pronunciado Yanet) Coyoy, que estaba embarazada de siete meses de su primer hijo, tomaba notas. Ella siempre se había comido las papas hervidas y sin nada más. Ver la combinación de verduras en una sopa como esa era una revelación para ella. Las otras mamás estaban igualmente atónitas mientras seguían el cocinado de Susy.

"Verán que esta es una comida por sí sola, y es muy sana", dijo Susy. "Pueden hacerla para el almuerzo o la cena. Pueden comerla con una tortilla o un tamal". Este último punto fue el más importante, porque las tortillas de maíz eran fundamentales para casi todas las comidas, y eran saciantes pero bajas en nutrientes. "Cuando están embarazadas, deben comer algo más que tortillas", insistió Susy.

Las mujeres notaban el buen aroma que tenía la mezcla. Otras que pasaban por la puerta abierta se aproximaban para olerlo. Un perro negro que deambulaba por allí entró, y enseguida las mamás lo echaron. "Lo que tengan en su huerto pueden convertirlo en una sopa espesa", dijo Susy. "Crema de zanahoria, brócoli, o espinacas. Esas cosas se cultivan en nuestros alrededores".

De hecho, esas verduras se cultivaban en toda Guatemala. Fue una paradoja estremecedora observar esta sencilla clase de cocina y ver la respuesta de asombro de las mujeres después de mi viaje a Quetzaltenango desde la capital, Ciudad de Guatemala, un viaje de cuatro horas por una de las franjas más verdes de la autopista Panamericana. En mitad del verano crecía el maíz por las muchas laderas y cubría los suelos de los valles. Crecía hasta los bordes de las carreteras, hasta las puertas de las casas, hasta las puertas de cementerios, hasta las riberas de los ríos. Crecía entre las patas de vallas publicitarias, en el terreno entre las curvas cerradas, en los claros de los bosques. Mirando desde la cumbre de los montes se veían partes en esa vasta colcha de maíz donde los labriegos habían sembrado parcelas de frijoles, brócoli, coles de Bruselas, col, coliflor, zanahorias, cebollas, pimientos, y un gran abanico de otras verduras. No eran verduras comunes y corrientes; eran verduras con esteroides. Puestos al lado de los caminos y mercados en las ciudades mostraban rábanos más grandes que pelotas de tenis, pepinos del tamaño de dirigibles de juguete, y zanahorias tan caricaturescamente largas que habrían hecho babear a Bugs Bunny. Seguramente uno pensaría que las gentes que vivían en esta abundancia de tamaño superior debían estar entre las más sanas del mundo.

Y estaríamos equivocados. Realmente, estaban entre las personas más desnutridas del mundo. A pesar de su destreza en el cultivo de verduras, Guatemala tenía la cuarta tasa de desnutrición más elevada del mundo y la peor en todas las Américas, con la mitad de sus niños menores de cinco años con desnutrición crónica. En algunas de las zonas indígenas, como las zonas montañosas occidentales donde se concentraban las comunidades mayas, casi el 70% de la población estaba desnutrida, con casi la mitad de los niños con retraso en el crecimiento. Las verduras eran Leviatán; la gente era de Liliput. La razones eran diversas, y problemáticas. Gran parte de la cosecha de verduras era para la exportación en lugar de para el consumo local. Guatemala era un excelente ejemplo de la paradoja de la globalización: era uno de los principales suministradores de brócoli y coles de Bruselas del mercado estadounidense, pero la población local, los granjeros que cultivaban las verduras, en raras ocasiones, podían permitírselas, e incluso si podían hacerlo, no les gustaban mucho.

En el viaje a Quetzaltenango, me detuve para charlar con granjeros que trabajaban en las frondosas parcelas de verduras. Una mujer, María Pilar, trabajaba duro en un campo de guisantes; podaba malas hierbas mientras su hijo Héctor, de cinco meses, dormía a sus espaldas, envuelto con una manta de modo seguro.

Héctor estaba en sus primeros 1000 días, y María pasaba ese periodo rodeada de nutrición. Parcelas de zanahoria, brócoli y judías verdes flanqueaban los guisantes. "¿Te comerás estas verduras?", le pregunté a María.

"No", dijo ella. "Pero me dicen que otras personas sí". En la temporada de cosecha, explicaba ella, llegaban camiones y se llevaban sus guisantes a algún lugar, a esas otras personas, suponía.

¿Qué come ella?

"Maíz", respondió con expresión de asombro de que alguien incluso lo preguntara.

Maíz, desde luego. Los antiguos mayas lo habían cultivado y reverenciado; creían que descendían de los tallos de maíz. Y el maíz seguía siendo la deidad dietética en la actualidad. Ninguna comida, ni de día ni de noche, estaba completa sin maíz en alguna forma, la mayoría como tortillas o tamales. El maíz constituía aproximadamente tres cuartas partes de la dieta local. Casi todo el mundo cultivaba maíz, incluso si solo era en una parcela pequeña y empinada en la ladera de un volcán. Los granjeros empleaban gran parte del dinero que ganaban de la exportación de otras verduras para comprar más maíz. Los aperitivos más populares eran los nachos de maíz, especialmente los que tenían muchos sabores llamados Tortrix. Eran baratos y carecían de nutrientes importantes. Guatemala se había convertido en un cementerio de programas bien intencionados diseñados para mejorar la nutrición y aumentar los ingresos mediante los cultivos de exportación; ausentes (qué pena) de cualquier impulso correspondiente para cambiar las conductas de compra, las evaluaciones del programa no encontraron correlación alguna entre mayores ingresos y menor desnutrición. En cambio, las ventas de Tortrix y otros aperitivos llegaban a los millones cada mes; todos ellos acompañados con Coca-Cola o Pepsi. Los envoltorios plásticos de esos aperitivos estaban por todos los campos. Estaban allí, a los pies de María Pilar, plantas rodadoras de comida basura moderna por las filas de guisantes, brócoli y zanahorias.

La inmensa brecha de salud del país, una de las más grandes del mundo, reforzaba esta paradoja guatemalteca. La pobreza rural y el abandono ayudaron a comenzar una guerra civil que se libró por más de treinta años, finalizando a mitad de la década de los noventa, y seguía siendo un legado duradero. La guerra fue particularmente brutal en las zonas montañosas, donde el gobierno luchaba para extinguir a los grupos de rebeldes que tenían apoyo entre las comunidades indígenas. La infraestructura colapsó, los servicios de salud se desvanecieron, y la economía basada en la agricultura quedó destruida. Atrocidades generalizadas y violaciones de los derechos humanos por parte de fuerzas del gobierno desencadenaron afirmaciones de genocidio. Se calcula que hasta 200 000 personas murieron o "desaparecieron" durante la guerra.

Casi dos décadas después, la pobreza y el abandono seguían reinando en las zonas montañosas. Más de la mitad de la población de Guatemala vivía por debajo de la línea de pobreza, y más de una cuarta parte de la población rural carecía de acceso a instalaciones de saneamiento limpias. Los residentes de las zonas montañosas occidentales, ellos mismos divididos entre una multitud de dialectos indígenas, estaban muy marginados en la economía nacional, las comunicaciones y la educación, ya que los servicios del gobierno se proporcionaban principalmente en español. Mientras tanto, miembros de la élite social acomodada en Ciudad de Guatemala y los alrededores disfrutaban con frecuencia de excursiones de fin de semana para ir de compras a Miami y Houston, ambos lugares a distancia de un par de horas en avión. Tomaba menos tiempo volar hasta los centros comerciales de los Estados Unidos que conducir hasta las aldeas del valle Palajunoj. Pero ¿por qué se molestarían las personas de la alta sociedad en conducir hasta un lugar donde casi tres cuartas partes de los niños estaban desnutridos, tenían retraso en el crecimiento y estaban plagados de infecciones de parásitos? Para los residentes de Ciudad de Guatemala, las zonas montañosas occidentales estaban en otro mundo: un mundo más pobre, más enfermo, más hambriento y más sucio que el que ellos habitaban en la capital.

La indiferencia deliberada y la ignorancia debilitante de la desnutrición prevalecían entre el gobierno del país y las clases empresariales. Debido a que los políticos o empresarios desconocía la gravedad de la situación, y tampoco les importaba mucho, la situación fue empeorando. Solamente cuando surgió la iniciativa Fomento de la Nutrición, los políticos y el sector privado comenzaron a defender los 1000 días y la importancia de la nutrición y el saneamiento para la salud materna e infantil, y para la salud y la prosperidad del país. Un mes después de asumir su cargo en 2012, el presidente guatemalteco Otto Pérez Molina, un oficial militar de alto rango durante la guerra, lanzó el Pacto Hambre Cero, con la ambiciosa meta de reducir la desnutrición en un diez por ciento al final de su mandato de cuatro años. Un reporte interno del gobierno que calculaba que la desnutrición cuesta anualmente al país, y a los bolsillos de las élites de la capital, al menos 300 millones de dólares en actividad económica, había provocado su preocupación.

El nuevo presidente envió a miembros de su gobierno a pasar una noche con una familia pobre, y muchos líderes de la comunidad empresarial hicieron lo mismo, y su administración ordenó un estudio antropológico de la desnutrición en las zonas montañosas occidentales. Entre las visitas a las casas y el estudio, la clase gobernante descubrió las realidades de su propio país: las dietas con una fuerte base en el maíz; el hecho de que las mujeres con frecuencia comían en último lugar (y, por lo general, menos cantidad); las diminutas casas; dormir en los pisos; la falta de saneamiento.

Juan Carlos Paiz, un importante hombre de negocios y miembro de la Comisión para la Competitividad y la Inversión del país, estuvo dando vueltas y vueltas toda la noche durante su visita familiar, intentando estar cómodo al dormir sobre un delgado tapete. "Me ponía de costado durante treinta minutos, después me daba la vuelta por otros treinta minutos, después quince minutos de cada lado, luego cinco minutos, y después dos minutos", me dijo. "Fue mi noche más difícil". Su conciencia fue más dura con él que el piso. "Ellos tenían dos hijos, y no estaban en buena situación. Tenían los ojos grandes, se podía ver que estaban desnutridos. El padre comía primero, el hijo varón comía en segundo lugar, y después la esposa y la hija. La esposa estaba enferma. Era sorprendente".

Por primera vez, quedó claro para Paiz y otras personas que la desnutrición estaba retrasando a todo el país. Como hombre de negocios, tradujo las cifras de retraso en el crecimiento infantil al impacto que tendría sobre su fuerza laboral: "Perderé el 20% de la capacidad mental del 50% de mis empleados", dijo. El presidente declaró que cada inversión en una mejor nutrición era también una inversión en mejor educación y seguridad mejorada para el país.

El sector empresarial establecido de Guatemala y los emprendedores emergentes entendieron el Pacto Hambre Cero. Podían ver que la competitividad del país flaqueaba: ¿Cómo podría mantener el ritmo con otros países en la zona, y en el mundo, teniendo tantos niños desnutridos y con retraso en el crecimiento? ¿Qué futuro tenía? Líderes empresariales crearon un grupo para presionar y que se hicieran mejoras en el frente de la nutrición. La sociedad civil, reuniéndose bajo la pancarta "Despierta, Guatemala" en grandes manifestaciones en las calles, reclamaba poner fin al abandono y la ignorancia. Toda esa declaración, clamor y despertar elevaron a Guatemala hasta lo más alto del índice de compromiso por el hambre y la nutrición compilado por el Instituto de Estudios del Desarrollo en el Reino Unido. El presidente de Guatemala y sus colegas asistieron a ceremonias y galas en Washington D.C., y en la ciudad de Nueva York, recogiendo los elogios.

"Tenemos la voluntad política para atacar la desnutrición. Eso es importante, pero también necesitamos los fondos para hacer que funcione, y necesitamos tener la fe del pueblo", me dijo, en Ciudad de Guatemala, Luis Enrique Monterroso, secretario de Seguridad Alimentaria y Nutricional (SESAN). Me entregó una brillante revista de treinta y seis páginas que su oficina había producido para describir las ambiciones del Pacto Hambre Cero. Dos fotografías a página completa enmarcaban las promesas del pacto. Una de ellas mostraba al presidente Pérez Molina abrazando a niños con la frase: "Ellos no son solo cifras; son miles de muchachos y muchachas para quienes trabajamos cada día". En la segunda, niños rodeaban a la vicepresidenta Roxana Baldetti; la frase la citaba a ella diciendo: "Todos tenemos algo que dar para poner fin a la desnutrición". La cuestión que estaba detrás de todo el brillo, dado el historial de corrupción y abandono por parte de administraciones anteriores, era si sería algo que los políticos darían a los niños desnutridos de Guatemala, o a ellos mismos.

En Chuicavioc, Dianet y las otras mamás que se habían reunido para la clase de cocina esperaban que finalmente les llegara algo hasta el valle. Dianet oraba para que la conciencia creciente de su problema de desnutrición hiciera que este fuera un momento más propicio para estar embarazada. "Ya hemos oído promesas antes, pero no sucede nada", les dijo con cautela a los allí reunidos.

Mientras hervía la crema de sopa de papa, Susy intentó captar la atención de sus alumnas jugando a un juego llamado "Tic Toc Reloj". Ella se movía por la sala, señalando a cada mamá en busca de una respuesta. La primera decía "Tic", la siguiente "Toc", la siguiente "Reloj", y así sucesivamente. Si alguien fallaba, tenía que responder una pregunta.

Tic. Toc. Reloj.

Tic. Toc. Toc. Un error. Todas se reían.

"¿Cuáles son los ingredientes de la sopa?", preguntó Susy.

"Papas, cebollas, ajo, leche, aceite, Protemás", dijo la mamá que había cometido el error.

Aplausos.

Tic. Toc. Reloj. Toc. Más risas.

"¿Qué es lo primero que hacemos?", preguntó Susy.

"Nos lavamos las manos", respondió Griselda Mendoza, quien había cometido el error en su respuesta. Tenía diecisiete años y esperaba su primer hijo en un par de meses.

"¿Por qué?".

"Porque nos ocupamos de animales, cambiamos pañales", dijo Griselda.

Más aplausos.

Otra mamá, una mujer que no estaba en su grupo, entró en el centro comunitario para que pesaran a su bebé. No muy lejos de la estufa, colgaba una balanza de una viga del techo. La mamá puso a su bebé sobre una tela blanca, se parecía a un pañal gigante, que estaba unida a un gancho en la parte de abajo de la báscula. Era el mismo tipo de objeto que un vendedor del mercado utilizaría para pesar una bolsa de fruta, o un carnicero una pieza de carne. La cabeza y los brazos del bebé sobresalían en lo alto de la tela, sus piernas se introducían por dos agujeros en la parte de abajo. Parecía tener cuatro meses de edad. Las mamás en la clase de Susy cambiaron su enfoque de la estufa a la aguja negra de la balanza mientras se movía por los números. Se detuvo en cinco kilos (once libras). Parecía un número escaso; con cuatro meses, el bebé debería haber pesado un kilo más. Las mamás negaron con la cabeza. Ahora ellas eran muy conscientes de la desnutrición que les rodeaba en Chuicavioc.

"Vemos mucha desnutrición aquí, no solo en los niños sino también en las madres", le dijo Dianet a Susy. Dianet, con veintitrés años de edad, era bajita. No llegaba a 1,50 metros (cinco pies). Estaba decidida a dar a luz y criar un bebé sano, y a superar las posibilidades de su país. "Usted nos ha dicho que mientras el bebé crece dentro de la madre, necesita obtener suficientes vitaminas y nutrientes. Ahora sé que eso es importante. Tengo que comer mejor, para mí misma y para el bebé".

La clase de Susy, que ella repetía en varias aldeas durante la semana, era la única enseñanza sobre nutrición en el valle Palajunoj, y Primeros Pasos era la única organización que ofrecía cuidado de la salud confiable para mujeres y niños. A pesar del compromiso del gobierno central y su retórica sobre nutrición, estaban sucediendo pocas cosas en el campo. El gobierno desplegó solamente varias decenas de nutricionistas por todo el país, y muchos de ellos estaban en las grandes ciudades y los hospitales públicos. En cambio, el gobierno ponía el énfasis en mejorar los rendimientos agrícolas, entrenando a unos 1000 nuevos oficiales del gobierno de extensiones agrícolas para aconsejar a los granjeros. Había educación sobre cómo cultivar mejor los alimentos, pero ninguna sobre cómo comerlos mejor.

Los servicios públicos de salud eran extraños en el valle hasta que un joven e inquieto estadounidense, Brent Savoie, que trabajaba con estudiantes universitarios guatemaltecos igualmente inquietos, estableció Primeros Pasos. Brent estaba entre sus estudios universitarios y la facultad de medicina, con una beca de la Universidad Vanderbilt para explorar problemas de salud global.

Había estado en África, estaba a punto de comenzar a investigar la recaída de una fiebre en Tanzania, transmitida por mosquitos, cuando terroristas de al-Qaeda atacaron los Estados Unidos el 11 de septiembre de 2001. Ya que la embajada estadounidense en Dar es Salaam había sido bombardeada unos años antes, Tanzania era considerado de nuevo un mayor riesgo para la seguridad de los ciudadanos estadounidenses, y el Departamento de Estado los instó a salir del país. Aún le quedaba tiempo a Brent de su beca, y pensó en continuar su trabajo en América Central, desde donde podría ir y venir con más facilidad a los Estados Unidos. Pero antes tenía que aprender un idioma nuevo. Navegando por la Red en un cibercafé en la Tanzania rural, encontró una clase de español en Quetzaltenango. A principios de 2002, Brent, con veintidós años, partió para Guatemala.

Brent no estuvo mucho tiempo en las zonas montañosas occidentales antes de darse cuenta de que había llegado a una encrucijada mortal de desnutrición y enfermedades por parásitos. Se reunió con un grupo de estudiantes de medicina guatemaltecos y supo sobre una clínica misionera abandonada en el valle. Había estado vacía por más de una década, al haberse cerrado durante la guerra. Un médico local iba a la clínica de vez en cuando, pero no había ningún paciente. Todos en el valle suponían que estaba cerrada; después de todo, los residentes llegaron a llamar al Palajunoj "el valle olvidado". Al revisar la clínica, Brent observó que habían dejado allí un microscopio y equipo rudimentario. Allí estaba la posibilidad para un nuevo proyecto de investigación: el impacto de los parásitos sobre el desarrollo infantil. Brent comenzó a visitar escuelas de primaria en el valle y a alentar a padres y maestros a llevar a los niños a la clínica para hacerles análisis.

A medida que llegaban, Brent implementaba también un componente educativo, enseñando a los niños sobre el buen saneamiento y hábitos alimentarios. Los descubrimientos de su investigación ("Examinar heces fue muy glamoroso", me dijo él más adelante) fueron preocupantes: una vasta mayoría de los niños estaban plagados de parásitos, y los parásitos los mantenían enfermos y retrasados en su crecimiento. Y no había acceso alguno a medicinas para arreglar las cosas.

Brent finalizó su reporte y se preparaba para abandonar el valle, pero luego se detuvo. Su partida lo angustiaba. ¿Estaba haciendo lo correcto, algo que había criticado contra sí mismo: escribir un reporte para validar una beca, describiendo lo mal que estaban las cosas, y después yéndose de allí con una despedida, indicando "buena suerte con todo"? Él había revivido la clínica, había recuperado algunos servicios, había aumentado las expectativas de la comunidad...y ¿eso era todo? Se sentía avergonzado. *Las personas del valle se merecían algo mejor*, pensó. Él no se sumaría a sus sentimientos de abandono.

Así que Brent se quedó, posponiendo los estudios médicos tanto tiempo como fuera posible, al menos hasta que hubiera encontrado un modo de mantener operando la clínica durante su ausencia. Buscó en las farmacias locales las medicinas más baratas para desparasitar. Con la ayuda de estudiantes de medicina guatemaltecos que eran enviados al valle para obtener experiencia práctica, Brent estableció un calendario para que los niños locales en edad escolar pasaran por la clínica y obtuvieran una gama más amplia de cuidados de salud. Pintaron el edificio de azul y blanco, y diseñaron un logo de pequeñas huellas de pies; entonces comenzaron a reunir fondos para reabastecer la clínica con equipos, medicinas y personal. Había nacido Primeros Pasos.

Antes de irse para continuar con sus estudios en los Estados Unidos, Brent estableció un programa de voluntariado, buscando en Idealist.org un coordinador que mantuviera adelante los proyectos durante su ausencia. La clínica se amplió para incluir a un médico dedicado, un parasitólogo y un dentista; muchos niños llegaban con tantos problemas de dentadura que apenas podían masticar los alimentos que se les animaba a comer, particularmente las frutas y verduras. Primeros Pasos comenzó un programa de Escuelas Saludables, amplió el cuidado a los adultos, y comenzó a trabajar concretamente con mamás embarazadas. El personal local trataba a miles de pacientes con un presupuesto muy ajustado a medida que iban llegando donativos, particularmente de exvoluntarios. En doce años, unos mil voluntarios, principalmente alumnos de todo el mundo, habían llegado por medio de la clínica y habían trabajado con el equipo de personal. Se convirtió en una parte central de la misión de la clínica. "Si no lo ves y lo hueles, realmente no puedes entenderlo", decía Brent una y otra vez a los voluntarios. Él quería que miraran más allá de las lamentables estadísticas de Guatemala y vieran a las personas. Él decía que las estadísticas eran abrumadoras, y no se puede ayudar a una estadística; pero se puede ayudar a las personas, una a una. Una persona no es abrumadora. "En la clínica que la gente olvidó, en el valle del que la gente se olvidó, lleno de niños que la gente olvidó", decía él, "podemos marcar una diferencia".

Mientras seguía con sus estudios en la facultad de medicina y de leyes en los Estados Unidos, Brent seguía regresando al valle. En 2012, Primeros Pasos comenzó un proyecto de recuperación de la nutrición que se enfocaba en el tratamiento y la recuperación de niños con poco peso y retraso en el crecimiento en veinticinco familias. Al final del año, la mayoría de los niños en el programa, todos menores de cinco años, habían comenzado a recuperar peso. Se estaban acercando a tamaños considerados normales para sus edades. A continuación, el proyecto se amplió para enfocarse en mujeres y niños en los 1000 días. "En los 1000 días podemos hacer algo que influencia una vida para siempre", le dijo Brent al personal de la clínica. "Eso es una locura".

Fue entonces cuando Susy comenzó a hacer sus rondas semanales.

LA CREMA DE sopa de papas estaba lista. Susy la sirvió en pequeños boles y la repartió entre ellas. Todos (las mamás y los bebés de edad suficiente para comer comida sólida) la probaron.

"¿Les gusta?", preguntó Susy.

"¡Sí!".

"¿Se la comen los niños? ¿Les gusta?".

"¡Sí!".

Con cada cucharada, brillaban más los sueños de las mamás de tener hijos saludables. Las mamás le hablaban con emoción a Susy sobre el progreso que estaban viendo. María Delfina Camacho, de dieciocho años, que tan solo seis semanas atrás había dado a luz a un varón, José Alexander, sonreía mientras presumía del peso de su bebé. "Nació saludable", dijo ella, "con casi tres kilos (siete libras)". Y con un mes, pesaba cerca de los 4,5 kilos (diez libras), "más que uno de cuatro meses" que había estado en la báscula antes que su hijo.

Dianet, que esperaba su primer hijo, aclamaba el progreso. "He visto una diferencia con los niños en nuestro grupo. Son más regordetes, crecen más, y tienen más energía. Es maravilloso verlo", dijo. "Estamos aprendiendo a cuidarnos a nosotras mismas, a alimentar al bebé, a mantenerlo todo limpio, a apartar las moscas del chupete". Ella y María Delfina prometieron que probarían en su casa la receta de crema de sopa de papas.

Susy sonrió, feliz porque parecía que su enseñanza estaba haciendo mella. Les dejó con un recordatorio: "Pongan algodón en sus oídos esta noche para que las lecciones de hoy no se escapen".

Dianet se fue del centro comunitario y subió trabajosamente una colina hasta su hogar, una caminata ardua para una mujer diminuta a dos meses de dar a luz. La casa de bloquetas estaba rodeada por los campos de su familia. Había maíz, desde luego, que crecía hasta el límite de la casa. Y también había parcelas de calabacín, tomate, coliflor y acelgas, destinados todos para la exportación. Pero Dianet sabía ahora que constituían buenos ingredientes para una sopa, o para cualquier comida; estaba decidida a presionar a sus padres para que almacenaran parte de las futuras cosechas en casa para consumo de la familia, especialmente para ella durante su embarazo.

Su argumentación era potente: "Háganlo por la salud de su nieto".

capítulo cuatro

CHICAGO

EN UN CENTRO COMUNITARIO MUY LEJANO, QUE ERA luminoso y espacioso, Jessica abrió la puerta de la oficina del Fondo para la Prevención. Se sentía inquieta. ¿Era este verdaderamente un portal hacia mejores oportunidades para ella y su hijo, un posible refugio de la pobreza y la violencia que amenazaban sus 1000 días? Un cartel al lado de la puerta alentaba sus esperanzas:

El Fondo para la Prevención da a los niños en la pobreza la mejor oportunidad para el éxito en la escuela y en la vida, defendiendo y proporcionando el cuidado y la educación de más alta calidad desde el nacimiento hasta los cinco años.

Jessica casi dio un salto de alegría, alistándose en el programa de matronas del Fondo para recibir guía durante su embarazo. También aprovecharía otro programa comunitario, Servicios Familiares Metropolitanos, que había estado operando en Chicago por más de 150 años como, según afirmaba, "en parte mentor, en parte motivador, en parte defensor que empodera a las familias para alcanzar su mayor potencial".

Como mamá adolescente, Jessica necesitaba todo eso. Ser mamá tan joven, sin duda, no había formado parte de sus planes de vida; ella soñaba con ir a la universidad, ser arquitecto, quizá incluso mudarse a la ciudad de Nueva York. Ahora que estaba embarazada, sus metas eran más inmediatas: tener un bebé saludable y graduarse de la secundaria. Estaba preparada para renunciar a los deportes, y a socializar después de las clases para así poder pasar con su bebé todo el tiempo que pudiera y también hacer sus tareas escolares. La madre de Jessica estaba preparada para ayudarla con el embarazo y en la crianza del bebé, pero trabajaba por la noche en un restaurante y sabía que no siempre estaría disponible, así que alentó a Jessica a aceptar las ofertas de la comunidad.

Al principio, Jessica se había resistido; no le gustaba la idea de estar con mujeres embarazadas mayores que ella. Pero le encantaba aprender, había llegado a ser una buena estudiante en la secundaria, y entendió que tenía mucho que aprender sobre el embarazo. Se convirtió en su nuevo tema favorito. También agradecía la disciplina necesaria para ir bien, especialmente en los deportes. Le habían gustado las reglas establecidas por sus entrenadores de softball y vóleibol, en particular cuando se trataba de mantenerse en forma. Durante la temporada, con frecuencia comenzaba el día con leche y una barrita de cereales. Tenía siempre a su alcance una botella de agua durante los entrenamientos; nada de Kool-Aid o limonada. Comía semillas de girasol durante los partidos. Cuando su entrenador le dijo que demasiado azúcar disminuiría su velocidad con el tiempo, ella prescindió del azúcar.

Ahora extrañaba esa disciplina. No había entrenadores de embarazo en la escuela, ni tampoco coaches de nutrición para futuras mamás. Por lo tanto, Jessica cedía a los caprichos: el refresco, los chocolates, los Flamin' Hots, la galleta con trocitos de chocolate que mojaba en puré de papas. Su novio, Marco, que trabajaba en una pizzería cercana, a veces llevaba a casa la cena. En una de las revisiones, Jessica se alarmó por cuánto estaba subiendo de peso; tenía miedo a llegar a ser obesa. Decidió que la libertad para comer todo lo que quisiera no era tan bueno.

Patricia, la matrona de Jessica del Fondo de Prevención, sería su coach de nutrición. Durante las visitas a la casa y las reuniones en las oficinas del Fondo en el Centro de Inversión en la Familia Charles Hayes, Patricia insistía en que Jessica mantuviera una dieta saludable como si aún estuviera jugando softball y vóleibol. Le dijo a Jessica que siguiera con la leche y las barritas de cereales; que bebiera mucha agua y no se sobrepasara con el azúcar. Varias veces agarró a Jessica intentando dar un mordisco a un chocolate durante sus reuniones.

"Hemos hablado de comer en cambio verduras y fruta", le reprendió suavemente Patricia. Le ofreció unas uvas rojas.

"Me encantan los duraznos y las bananas", dijo Jessica. Marco insistía en que comiera naranjas, de modo que se convirtieron en un aperitivo casi diario.

Jessica comprobó que, con el tiempo, el embarazo estaba cambiando sus gustos y hábitos alimentarios. Bebía mucha más leche, varios vasos al día, principalmente porque calmaban sus ganas de vomitar. Finalmente perdió su tolerancia para los Flamin' Hots picantes; y había renunciado a comer los fideos chinos que antes eran una comida frecuente. "Ahora estoy intentando evitarlos", dijo ante la aprobación de Patricia con la cabeza. "Demasiada sal. Me dan dolor de estómago, y no quiero soportar el dolor". Jessica también le dijo orgullosamente que estaba comiendo más ensaladas. Si Marco la llevaba a un restaurante de comida rápida, ella optaba por el pollo en lugar de las hamburguesas.

Patricia le había dado a Jessica una tarea: leer las etiquetas. Jessica aceptó el reto. Etiquetas de cereales: estaba de acuerdo con su mamá en que Cheerios era mejor que Lucky Charms. Etiquetas de refrescos: cambió los refrescos por jugos. Y después estaban las etiquetas de las papas fritas.

"¿Sabías que las papas fritas tienen ácido fólico?", le dijo Jessica a Patricia. "Incluso las extra, extra picantes lo tienen". Captó el escepticismo en los ojos muy abiertos de Patricia. "¡Eso ponen en las etiquetas!".

"¿Qué?", respondió Patricia alarmada. "Tengo que comprobar esa etiqueta".

"Eso es lo que dijo también mi mamá", se rió Jessica. "Ella dijo que aun así es mejor no comerlas".

Jessica y su madre iban de compras juntas a menudo, a veces conduciendo varios kilómetros hasta una tienda (Cermak Produce o Pete's) que tenía una buena variedad de frutas y verduras frescas. Jessica también se había apuntado para el Programa Especial de Nutrición Suplementaria para Mujeres, Infantes y Niños (WIC, por sus siglas en inglés), un programa de nutrición financiado por el gobierno para madres con niños, madres embarazadas y madres que amamantan con bajos recursos. Tras cuatro décadas, desde que comenzó a funcionar a principios de los setenta, WIC daba servicio a la mitad de todos los bebés nacidos en los Estados Unidos.

Cada mes, Jessica recibía cupones para alimentos designados especialmente para mujeres embarazadas: granos integrales y productos reducidos en grasa, altos en nutrientes y bajos en azúcar. La tienda WIC, que solo ofrecía esos alimentos autorizados para mamás y niños, y donde no se permitía comida basura, estaba a quince minutos en auto desde su casa, cruzando la parte sur de la ciudad. Estaba más lejos que los supermercados locales, pero el viaje valía la pena a cambio de su asignación de leche, jugo y cereales. WIC también proporcionaba cupones por valor de diez dólares para frutas y verduras frescas; no era mucho, pero al menos era algo, y Jessica lo agradecía. Prefería batatas, pepinos, calabacín, y cualquier fruta de temporada. Agarraba una bolsa de naranjas siempre que había.

La tienda WIC en la Avenida Western y la Calle 53 estaba en un bonito edificio de ladrillo en un barrio que había visto tiempos mejores antes de que la pobreza se agudizara y el crimen aumentara. Se parecía a un supermercado común y corriente, hasta que se entraba. Un guardia de seguridad vigilaba en la puerta. A su izquierda estaba una fila de mostradores y computadoras donde las mamás podían completar un curso de nutrición en línea que se requería a las receptoras de productos WIC, y también podían consultar los programas más actuales de servicios sociales comunitarios. A su derecha estaba un Corral Infantil que ofrecía cuidado de niños mientras las mamás compraban. En un rincón más atrás, una sala muy bien iluminada albergaba demostraciones de cocina y clases de educación en nutrición. Entremedias había pasillos de estanterías llenas de productos en cajas, bolsas, botellas y latas; una zona refrigerada presentaba frutas, verduras, huevos y lácteos. Los compradores empujaban carritos y esperaban en fila en la caja: todo ello una típica experiencia de compra. Pero al mirar más de cerca se revelaban importantes diferencias. Los panes y las pastas eran variedades de grano integral. El arroz era integral, los frijoles eran negros (estaban entre las estrellas del listado de alimentos de

WIC, pues estaban llenos de proteína, fibra, hierro, ácido fólico y zinc). Las estanterías de cereales contenían cajas que anunciaban avena, salvado, multigranos, y otras cualidades nutritivas; había muchas cajas de Cheerios, Special K y ninguna de Lucky Charm o Chocolate Crunch. Los jugos eran abundantes, y los refrescos estaban ausentes. No había bolsas de papas fritas, ni Flamin' Hot o rollitos de canela a la vista. En cambio, se recibía a la clientela con mandarinas, nectarinas, bananas, plátanos, uvas, ciruelas, kiwis, manzanas, naranjas, arándanos, fresas, mangos y sandías, junto con batatas, tomates, zanahorias, cebollas, maíz dulce, col rizada, brócoli, jalapeños, col silvestre, pepinos, apio, limones y limas.

Esos pasillos eran un oasis de alimentos frescos en un desierto nutricional donde muchos residentes hacían la compra en gasolineras y licorerías. Grandes cadenas de supermercados llegaron y se fueron; sus ventas eran irregulares y escasas, de modo que hicieron las maletas y se fueron. Lo que destacaba a esta tienda de ellas era evidente en las filas para la caja. No había caramelos ni revistas, pero lo más significativo era que los pagos se hacían con los cupones que eran distribuidos a las mamás en las clínicas WIC cuando asistían a chequeos de salud regulares y sesiones de información sobre nutrición. Cada cupón especificaba categorías de alimentos, dependiendo de la etapa del embarazo o la edad del niño. Una mamá podía ahorrarse más de mil dólares al año utilizando sus cupones WIC.

Esta tienda, y otras quince similares en Chicago, la dirigían organizaciones católicas de beneficencia en colaboración con el Departamento de Servicios Humanos de Illinois y el Departamento de Agricultura estadounidense. Situadas en algunas de las comunidades más empobrecidas y problemáticas de la ciudad, las tiendas WIC sí estimulaban los negocios. Más de tres mil clientes compraban cada semana en Western y la Calle 53;

anualmente, organizaciones benéficas católicas daban servicio a más de 120 000 personas en todas sus ubicaciones.

QUINTANA WOODRIDGE TAMBIÉN compraba en esta tienda WIC. Mamá soltera, de treinta y dos años de edad, esperaba su segundo hijo. Patricia también era su matrona. Ambas trabajaban en el centro comunitario Hayes. Quintana era escritora para We The People Media (La voz de la gente), que publicaba un periódico para los residentes en viviendas públicas de Chicago. También coordinaba un programa de periodismo para jóvenes urbanos en las escuelas de secundaria de la parte sur de la ciudad. Intentaba reducir un poco el trabajo más frenético a medida que progresaba su embarazo.

Patricia vigilaba de cerca a Quintana en la oficina. "Veo un refresco allí", decía Patricia mientras pasaba al lado de la mesa de Quintana, detectando un refresco de naranja.

"Es solo uno", protestaba Quintana con tono juguetón. "Ya lo sé, uno es demasiado".

Lo que Quintana sí sabía sobre todo era que ella también necesitaba la disciplina de la nutrición. Durante su primer embarazo, de su hijo Alex que ahora tenía nueve años, "me comía todo lo que encontraba bajo el sol", le dijo a Patricia. "Siempre que tenía hambre, comía. Comía aperitivos, cualquier cosa que pudiera agarrar. Los Flamin' Hots eran mis amigos. También Hot Crunchy Kurl. Bebía refresco de naranja".

Esto continuó con su segundo embarazo. El hábito de los aperitivos picantes Hot Crunchy Kurl fue particularmente difícil de romper. Reuniendo la fuerza de voluntad para hacerlo, estableció una estrategia de ir disminuyendo la cantidad, desde comerse una bolsa grande completa hasta después otra pequeña, y luego solamente algunos.

Quintana tenía muchos incentivos para cambiar su dieta para este embarazo. Su médico le había advertido que tenía sobrepeso y estaba en riesgo de preeclampsia, una complicación del embarazo potencialmente peligrosa caracterizada por elevada presión arterial. Quintana también quería establecer un ejemplo para su hijo. Se preocupaba de que quizá él no estuviera recibiendo la nutrición adecuada, pues comía todo el tiempo pero seguía estando muy delgado. También pensaba que una mejor nutrición podría mejorar su concentración en la escuela.

Por lo tanto, Quintana se forzó a sí misma a dejar sus hábitos de ingerir comida basura. En lugar de refresco, bebía agua o leche. En lugar de papas fritas, masticaba zanahorias y apio. Horneaba más y freía menos. Y le tomó el gusto a algo nuevo: yogur como aperitivo en la noche.

"¡Menos pasta, más avena!", le decía Patricia.

Quintana buscó el apoyo de su familia, sus amigos y su entorno. Opciones de alimentos más nutritivos habían estado llegando lentamente a su barrio. La tienda local Walgreens comenzó a ofrecer más verduras y frutas. "Ahora puedo conseguir allí un vaso de frutas", le dijo a Patricia con entusiasmo. El supermercado Jewel ofrecía una amplia gama de comestibles a unas siete manzanas de distancia, enfrente de un McDonald's, pero Quintana prefería tiendas más baratas que estaban a un par de kilómetros de distancia. Haciendo la compra en una de ellas, Fairplay Foods, compró lechuga, cerezas, manzanas y judías verdes. También escogió una mezcla italiana de verduras congeladas que le gustaban; llevaba mucho calabacín.

Durante los primeros meses de embarazo se subía en el autobús con una amiga que le ayudaba a llevar las bolsas de compra. Después, su novio comenzó a llevarla a las tiendas en auto. Compraba dos veces por semana, gastando hasta ochenta dólares por semana en comida. Su familia ponía en común sus recursos, y

Quintana recibía 200 dólares al mes en cupones de alimentos, un aumento de cincuenta dólares desde que se había quedado embarazada. También tenía sus cupones WIC.

Quintaba imploró a su hijo, su novio y sus hermanos que se unieran a ella en comer de modo más saludable. Les enseñó a comer verduras con cada comida; y también introdujo ensaladas, añadiendo arándanos y manzanas para transmitirles el gusto por la fruta. Servía brócoli con aderezo estilo ranch: ranch "ligero", insistía ella. Ellos probaron recetas nuevas y les gustó, especialmente sus costillas de cerdo de corte fino que ella freía en vinagreta balsámica de frambuesa en lugar de mantequilla.

Estaba contenta de que ellos la apoyaran. En uno de los viajes para hacer la compra, Quintana recorrió los pasillos de bebidas, acechándole la vieja tentación. Se detuvo delante de las estanterías llenas de refrescos. Quintana miró con deseo el refresco de naranja Orange Crush, pero su novio la apartó hacia más adelante en el pasillo, y agarró el jugo de arándanos.

"¡Sí!", exclamó Quintana levantando el puño.

Aun así, le confesó a Patricia que seguía teniendo una importante debilidad: los postres. "Necesito galletas y pasteles".

Patricia contraatacó: "Avena".

NI JESSICA NI Quintana estaban embarazadas aún cuando el alcalde de Chicago, Rahm Emanuel, transitaba rápidamente hacia el norte por el lago Michigan a primeras horas de la tarde en mayo de 2012, moviéndose entre dos cumbres internacionales sobre asuntos de seguridad global que se estaban realizando en la ciudad ese día. En la mañana, en McCormick Place en la parte sur del centro de la ciudad, el alcalde dio la bienvenida a jefes de estado, diplomáticos, y todo tipo de generales y almirantes a la reunión anual de la OTAN (Organización del

Tratado del Atlántico Norte). En el inmenso centro de convenciones, la alianza militar que había prevalecido en la Guerra Fría lidiaba con defenderse de nuevas amenazas en la época del terrorismo internacional. Cada vez más, esas amenazas provenían del interior, de enemigos que se infiltraban en las sociedades occidentales. Entonces, poco después del mediodía, el alcalde cruzó apresuradamente la ciudad, hasta el Museo de Historia de Chicago en la parte norte, para saludar a una asamblea de nutricionistas y especialistas en desarrollo en la cumbre de Fomento de la Nutrición. También ellos estaban en el frente, confrontando a otro enemigo que atacaba desde dentro: la desnutrición.

"Este es un tema esencial para todas las ciudades y todos los países", dijo el alcalde. "Es un problema que toca cada área de cualquier sociedad, independientemente de dónde estén en el mundo". La mala nutrición, declaró él, no era solamente un problema en alguna tierra lejana; era también un problema allí mismo en los Estados Unidos, el país más rico de la tierra. Y justamente allí en su ciudad, la Ciudad de los Hombros Anchos.

Las palabras del alcalde eran un eco de seis décadas atrás cuando el presidente Harry Truman firmó la Ley Nacional de Comedores Escolares en 1946. Esa legislación, aprobada por el Congreso a instancias de los líderes militares de la nación en ese tiempo, fue una respuesta a muchos jóvenes estadounidenses que eran rechazados para el servicio militar en la Segunda Guerra Mundial por causa de problemas de salud relativos a la dieta, todo relacionado con la mala alimentación. El presidente Truman insistió en que llevar alimentos más nutritivos a las escuelas, y proporcionar el almuerzo a los niños que lo necesitaran, era "una medida de seguridad nacional, para salvaguardar la salud y el bienestar de los niños de la nación". También proclamó: "Ninguna nación es más saludable que sus niños y niñas".

Varias generaciones después, la desnutrición era de nuevo una preocupación fundamental de los líderes militares estadounidenses, pero esta vez el enfoque había cambiado de la desnutrición al sobrepeso. Mission: Readiness, una organización de más de cuatrocientos generales, almirantes y otros rangos militares ya retirados, había publicado un reporte advirtiendo que la obesidad era una amenaza acechante para la defensa nacional. El título del informe: "Demasiado gordos para luchar".

Mission: Readiness afirmaba que más del 70% de los jóvenes entre diecisiete y veinticuatro años de edad en los Estados Unidos no podían servir en el ejército porque tenían demasiado sobrepeso, tenían una pésima educación académica, o tenían graves antecedentes penales. El reporte indicaba que la mala nutrición en los 1000 días influía en algunos de los problemas, en particular en los problemas de peso y de aprendizaje. "Invertir temprano en la siguiente generación es crítico para asegurar el futuro de nuestra nación", decían los oficiales militares.

El alcalde Emanuel estaba apostando el futuro de Chicago en la mejora de los 1000 días. Antes de ocupar el cargo en el ayuntamiento, estaba claro que la mala nutrición estaba disminuyendo el potencial de su ciudad. Chicago había sido la primera gran ciudad en ser mapeada en busca de desiertos de alimentos saludables. En su informe pionero en 2006, *Examining the Impact of Food Deserts on Public Health in Chicago* (Examen del impacto de los desiertos de alimentos en la salud pública en Chicago), la consultora de investigación, Mari Gallagher, vinculó la salud de una ciudad y de sus residentes con el acceso cercano a frutas, verduras, carne y lácteos frescos. "Los residentes en desiertos de alimentos saludables, zonas geográficas grandes sin supermercados o que están muy lejos, enfrentan retos nutricionales evidentes en los resultados de salud comunitaria relacionados con la dieta. Esos resultados empeoran cuando el desierto de alimentos saludables tiene altas concentraciones de localidades cercanas de comida rápida alterna. Lo denominamos el Efecto de Equilibrio Alimentario.

Gallagher descubrió que mientras más desequilibrado estaba un barrio (menos alimentos frescos y más comida basura), mayor era la pérdida de vida por diabetes, enfermedades cardiacas y cáncer. También descubrió que a medida que disminuía el acceso a supermercados, la obesidad aumentaba generalmente. "Está claro que los desiertos de alimentos saludables, especialmente los que tienen abundancia de opciones de comida rápida, plantean graves retos de salud y bienestar para los residentes que viven en ellos y para la ciudad de Chicago en conjunto".

El estudio calculaba que más de 500 000 residentes de Chicago vivían en un desierto de alimentos saludables, la mayoría de ellos afroamericanos y latinos en la parte sur y oeste de la ciudad, y un número importante de ellos eran madres solteras y niños. La naturaleza misma de los desiertos de alimentos saludables, la escasez de opciones de alimentos frescos, y generalmente precios más altos de frutas, verduras y carnes, incluso cuando están disponibles, conducían a dietas poco saludables centradas en comida basura más barata y comida rápida fácilmente disponible, dietas llenas de calorías en lugar de nutrientes. Estudios posteriores descubrieron que la obesidad ciertamente aumentaba a un ritmo alarmante en Chicago. Más de una cuarta parte de la población adulta era obesa, con tasas más elevadas en los barrios de bajos ingresos. Y la obesidad entre los niños de Chicago se ha disparado por encima de la media nacional. Aproximadamente el 15% de los niños y niñas de Chicago ya eran obesos entre los dos y cinco años de edad; una tercera parte de los niños que entran en el kínder en las escuelas públicas de Chicago también tenían sobrepeso o eran obesos. La Ciudad de los Hombros Anchos se estaba convirtiendo en la Ciudad de las

Cinturas Anchas, con todos los problemas de salud relacionados, en particular la diabetes y las enfermedades del corazón.

Chicago manifestaba la misma paradoja que yo había observado en Uganda, India y Guatemala: desnutrición en medio de abundancia. Los desiertos de alimentos saludables se habían desarrollado a la sombra de la Cámara de Comercio de Chicago, una torre imponente culminada por una estatua de Ceres, la diosa romana de la agricultura y las cosechas. La Cámara de Comercio era un santuario de la industria de la agricultura global, y lo que ocurría allí tocaba las vidas de casi todo el mundo en el planeta. En su interior, comerciantes gritaban órdenes de compra y venta, y concluían tratos con complicadas señales con las manos. Este ritual de manos (el último reducto del regateo ya pasado de moda antes de la difusión del comercio electrónico) establecía precios para todo tipo de mercancías alrededor del planeta, y de ese modo influía en agricultores y consumidores de alimentos en todas partes. La Cámara de Comercio ayudó a incentivar el desarrollo de la agricultura en el medio oeste y, a su vez, el crecimiento de las industrias de Chicago de procesamiento y distribución de alimentos, que fueron al principio el cimiento de la fuerza financiera y de producción de la ciudad.

"Carnicero para el mundo entero... Almacenador de trigo... Repartidor de mercancías por la nación" era como Carl Sandburg describió la ciudad (junto con "Hombros anchos") en su poema de 1914 "Chicago". Si conducimos en la actualidad hacia el oeste desde el centro de la ciudad cualquier día de verano, no pasará mucho tiempo hasta estar atravesando campos repletos de maíz, trigo y soja que germinan en algunos de los terrenos más ricos del mundo cuidados por algunos de los granjeros más diestros y tecnológicamente avanzados.

Y sin embargo, en el rincón sudoeste de la ciudad, cerca de donde vivían Jessica y Quintana, la organización benéfica

Greater Chicago Food Depository (Depositario de Alimentos de Chicago) un banco de alimentos de vanguardia, lamentablemente estaba haciendo un negocio floreciente sirviendo a los pobres y hambrientos de la ciudad, exactamente un siglo después de que Sandburg también hubiera observado en su oda a Chicago: "Y me dicen que eres brutal y mi respuesta es ésta: en las caras de mujeres y niños he visto las huellas del hambre atroz". En 2014, uno de cada seis residentes del condado de Cook recibieron alimentos de una de las agencias miembro del depositorio o de los programas de alimentos. El depositorio proporcionó cerca de 32 millones de kilos (70 millones de libras) de alimentos anualmente, de los cuales el 35% era de frutas y verduras frescas. Casi el 40% de los hogares a los que dio servicio incluía al menos a un niño.

Además, aproximadamente el 20% de los hogares de Chicago (incluidos los de Jessica y Quintana) recibieron cupones de alimentos bajo el programa de asistencia nutricional o SNAP (por sus siglas en inglés), el mayor servicio en la red nacional de seguridad del país contra el hambre. En el condado de Cook, casi un millón de personas vivían por debajo del nivel de pobreza de unos 23 000 dólares para una familia de cuatro miembros. En toda la nación, unos 45 millones de personas participaron en el Programa SNAP, casi la mitad de ellos eran niños.

En contraste con el programa WIC, SNAP no tenía restricciones en el tipo de alimentos que podían comprarse en sus tiendas; y había menos educación sobre nutrición. Para estirar al máximo sus asignaciones mensuales de SNAP, la mayoría de los receptores compraban los alimentos más baratos y más deseables, que por lo general son los menos nutritivos. Generalmente obtenían más a cambio de sus dólares proporcionados por el gobierno al comprar papas fritas, refrescos, pan blanco y cereales azucarados que al comprar carnes, productos integrales y frutas y verduras. Sus compras tendían a favorecer las calorías y el azúcar en vez de los nutrientes.

Surgió una dieta SNAP que, por lo general, era alta en azúcar, sodio y calorías, y baja en proteínas, fibra, calcio, y otros micronutrientes. La investigación del Departamento de Agricultura estadounidense, que administra SNAP y WIC, analizó datos del Sondeo Nacional sobre Salud y Nutrición y observó que los participantes en SNAP consumían menos frutas y verduras que los no participantes, y tenían más tendencia a consumir refrescos azucarados y menos probabilidad de consumir refrescos sin azúcar, fueran más baratos o no. Como resultado, los participantes en SNAP tenían más propensión a ser obesos que la población estadounidense general, la cual ya pesaba más que las poblaciones de casi todos los demás países del mundo. Aunque SNAP mitigaba el hambre y la inseguridad alimentaria, también podía conducir a la desnutrición mediante hábitos alimentarios poco saludables.

"Si no tratamos este problema de los estándares nutricionales, tendremos en nuestras manos una crisis de salud", advirtió el alcalde Emanuel en la cumbre de Fomento de la Nutrición. "Conduce a la obesidad y diabetes, las cuales aumentan los costos en el cuidado de la salud".

El alcalde podía ver que una mala nutrición debilitaba todos los pilares de su ciudad. "Los desiertos de alimentos saludables son también desiertos de oportunidad", dijo. Donde hay un desierto de alimentos saludables, también se encontrarían desiertos de educación, desiertos de empleos, desiertos de seguridad, desiertos de salud. "Conocemos los desiertos de alimentos saludables por su componente nutricional", dijo el alcalde. "Pero hay un aspecto económico en este problema que va más allá de los alimentos. La comida es una manifestación de ese problema".

Era en los 1000 días, destacó él, donde comenzaban los problemas sociales de la ciudad: salud frágil de mamás e hijos y, por extensión, escuelas frágiles, una fuerza laboral debilitada, y mayores tasas de crimen. Y era en los 1000 días donde comenzaba su visión de una "Chicago saludable". Había ocupado su puesto un año antes con una iniciativa apoyada en innovaciones que beneficiarían a madres e hijos en los 1000 días: hospitales "amigables para el bebé" que apoyen el amamantamiento; un programa agrícola en la ciudad que diera formación a cientos de nuevos granjeros para convertir terrenos abandonados en granjas urbanas para producir verduras y frutas para los residentes locales; minoristas comprometidos a situar y ampliar el suministro de alimentos frescos en los desiertos de alimentos saludables; reforma escolar que se enfocara en la educación desde un principio, asegurándose de que los niños estuvieran preparados para aprender cuando comenzaran el kínder; alcance educativo, comenzando con las mamás embarazadas, que enseñara los puntos básicos de una buena nutrición. (El alcalde Emanuel más adelante anunció que se utilizaría el millón de dólares sobrante de la cumbre de la OTAN para desarrollar "huertos de aprendizaje" para proporcionar a los estudiantes educación práctica en sesenta escuelas en la ciudad).

El alcalde dijo que había visto por primera vez las consecuencias físicas de la desnutrición cuando acompañaba a su padre, quien era pediatra, en las visitas a sus pacientes. "¿Qué les sucederá a esos niños?", le preguntaba a su papá.

Ahora, como alcalde, se preguntaba a sí mismo y a la ciudad: ¿qué será de los niños que crecen viendo licorerías como lugares donde compran su comida?

"Las madres jóvenes y las familias jóvenes necesitan comenzar a ocuparse de la nutrición temprano en la vida", dijo Emanuel.

"Hay una opción mejor para la cena", añadió, "que pastelitos Twinkies y papas fritas".

El alcalde puede que nunca haya dicho algo más obvio; o más profundo. El cambio de conducta en el frente de la nutrición en los 1000 días era tan importante para el futuro de Chicago como lo era para los futuros de Uganda, India y Guatemala.

capítulo cinco

LA CARGA DEL CONOCIMIENTO

"ESTÁN PASANDO COSAS QUE USTEDES NO PUEDEN ver".

Ese era el modo preferido de Patricia de captar la atención de sus mamás embarazadas en Chicago. Era una frase potente, misteriosa y desafiante. En el vientre estaba teniendo lugar mucho desarrollo; había muchas cosas que las mamás ya estaban influenciando sin saberlo ellas. Con esa sola frase, Patricia las tenía enganchadas. Casi no necesitaba añadir la siguiente exhortación, pero de todos modos lo hizo, una y otra vez: "Escuchen con atención, porque esto es muy importante".

Esa advertencia, "presten atención; están pasando cosas que ustedes no pueden ver", se hizo eco desde Chicago hasta Ongica, hasta Rampur Khas y hasta Chuicavioc. Fue pronunciada en langi, hindi, quiché, español e inglés. Y en todas partes, las madres se dispusieron a escuchar.

Las mujeres que pronunciaban esas palabras (Susan, Gayatri, Susy y Patricia) habían observado todas ellas el mismo fenómeno: el deseo más común entre las mamás embarazadas en todo el mundo es el de conocimiento. Es un anhelo universal; las nuevas mamás son aprendices increíblemente entusiastas. Incluso las mujeres que tienen hijos mayores, y que han experimentado los 1000 días, sentían curiosidad por descubrir si esta vez había algo nuevo, cualquier cosa que pudieran hacer mejor para este nuevo bebé.

La enseñanza también era universal. Los mensajes, los carteles, las pirámides alimentarias, las demostraciones de cocinado, el lavado de manos: todo igual. Susan, Gayatri, Susy y Patricia hablaban de las mismas vitaminas, los mismos nutrientes, los mismos grupos alimentarios, los mismos riesgos y oportunidades. Sus voces comunicaban la misma urgencia.

Sus mensajes eran uniformemente comunes; y revolucionarios. Eran sencillos, fáciles de entender, intuitivos; y brillantes. El modo en que las educadoras de salud llegaban a las mamás en sus respectivas ubicaciones puede que haya variado (a pie en Uganda, en bicicleta en India, en autobús en Guatemala, en auto en Chicago), pero todas ellas se movían en el mismo patrón esencial: comunidad a comunidad, madre a madre.

LO MÁS IMPORTANTE que sucede "invisiblemente" durante el embarazo es el trabajo de varios nutrientes en el desarrollo del cuerpo y el cerebro del niño. Ya sea rica o pobre, urbana o rural, con educación académica o analfabeta, cada mamá embarazada necesita las mismas vitaminas y minerales para ella misma y para su bebé. Nadie está por encima de estas demandas nutricionales, y nadie está por debajo. Los nutrientes son el gran nivelador. Son los denominadores comunes de la humanidad.

El desarrollo físico y cognitivo del niño comienza igual en el mundo entero. La Organización Mundial de la Salud (OMS), mediante una serie de estudios, ha compilado un estándar universal de crecimiento sobre la base de evidencia de que los niños en todos los lugares del planeta tienen el mismo potencial para el crecimiento físico y mental en el útero y durante los primeros años de la niñez. Y en adición, que una buena nutrición es el combustible esencial que necesitan para alcanzar ese potencial. En el vientre, el bebé depende únicamente de la madre para recibir nutrición. Cualquier cosa que cause la desnutrición materna, ya sea escasez de alimentos, deficiencia de micronutrientes, una enfermedad desencadenada por agua o saneamiento de mala calidad, una enfermedad como la malaria, o intoxicación por la aflatoxina en cultivos malogrados por un hongo, también puede conducir a la desnutrición fetal e infantil, con consecuencias devastadoras.

Este impacto estaba en el corazón de la decisión del Consenso de Copenhague de catalogar la entrega de micronutrientes a madres embarazadas y sus hijos como la inversión más valiosa del mundo. En su documento de Copenhague, los investigadores John Hoddinott, Mark Rosegrant y Máximo Torero del Instituto de Investigación sobre Política Alimentaria, explicaron lo que estaba en juego con una potente repetición de las graves consecuencias:

> El agotamiento crónico de nutrientes, resultado de una ingesta de nutrientes inadecuada, infecciones, o ambas cosas, conduce a un retraso en el crecimiento del esqueleto en los niños y a una pérdida, o no acumulación, de masa muscular

y grasa; este crecimiento lineal nunca se recupera por completo. La desnutrición crónica (también) tiene consecuencias neurológicas… La mayor preocupación radica en las deficiencias de vitamina A, hierro, yodo y zinc. Las deficiencias de vitamina A están relacionadas con un mayor riesgo de mortalidad infantil… La deficiencia de yodo afecta perjudicialmente al desarrollo del sistema nervioso central, conduciendo a retraso mental y retraso en el crecimiento… La anemia está muy extendida en el mundo en vías de desarrollo. En mujeres, esto conduce a un mayor riesgo de mortalidad materna y mala salud, y la baja disponibilidad de hierro en la madre conduce a un almacenaje menor de hierro en los recién nacidos. La deficiencia de hierro en los niños limita el desarrollo cognitivo… La deficiencia de zinc afecta al crecimiento físico del niño y conduce a una mayor susceptibilidad a varias infecciones, incluidas diarrea y neumonía.

El crecimiento restringido en el vientre debido a la desnutrición materna se considera el responsable de más de una cuarta parte de todas las muertes de niños recién nacidos. Las investigaciones han descubierto que las mujeres que tienen sobrepeso o son obesas antes y durante el embarazo tienen también más probabilidad de tener complicaciones en el parto, y sus hijos corren mayor riesgo de tener defectos de nacimiento, obesidad y enfermedades crónicas más adelante en la vida.

El impacto continuo de una desnutrición temprana a lo largo de la vida se denomina teoría de los orígenes fetales: enfermedades crónicas como enfermedad coronaria, diabetes tipo 2 e hipertensión pueden originarse como respuesta a la desnutrición y la mala nutrición durante la vida fetal y la infancia. La investigación del Dr. David Barker y sus colegas en el Reino Unido en la década de los ochenta descubrió que un elevado porcentaje de hombres de mediana edad con enfermedades coronarias habían nacido con poco peso. En aquel tiempo, se pensaba generalmente que tales enfermedades crónicas eran principalmente un dominio del estilo de vida acomodado y de mucho estrés, pero este nuevo descubrimiento sitúa el enfoque en el mal crecimiento fetal. La mayoría de los hombres en el estudio pertenecían a un estatus socioeconómico bajo, y Barker descubrió que los niños que nacían con pesos entre 3,8 y 4,3 kilos (8,5 y 9,5 libras) tenían un riesgo significativamente menor de desarrollar enfermedades cardiacas más adelante en la vida que los bebés que nacían con 2,5 kilos (5,5 libras) o menos. El riesgo disminuía firmemente entre los 2,5 kilos (5,5 libras) y los 4,3 kilos (9,5 libras), pero comenzaba a aumentar otra vez cuando el peso al nacer sobrepasaba los 4,3 (9,5 libras). Estudios posteriores demostraron que un bajo peso al nacer también se relaciona con mayor riesgo de derrame cerebral, resistencia a la insulina, y desarrollo de elevada presión arterial en adultos.

Otro conjunto de datos surgió de un estudio sobre el impacto del "invierno de hambre" holandés cerca del final de la Segunda Guerra Mundial, cuando la comida era tan escasa en Holanda que las personas recurrieron a comer bulbos de tulipanes. El estudio descubrió que la desnutrición durante el embarazo aumentaba el riesgo de muchas enfermedades al alterar el desarrollo crítico de órganos y tejidos en el útero; los bebés concebidos durante la hambruna, de adultos tenían mayores tasas de enfermedades del corazón, respiratorias y renales, diabetes, y ciertos tipos de cáncer. De modo similar, un amplio estudio en el este de Guatemala que ha monitoreado a mamás y sus hijos durante las últimas cinco décadas, ha descubierto que las pruebas con suplementos alimentarios durante el embarazo y los primeros años de vida en poblaciones de otro modo desnutridas condujo a un menor riesgo de enfermedades vasculares en la edad adulta.

La capacidad del feto para responder a la dieta de la madre se conoce como *plasticidad del desarrollo*: el feto se desarrolla para acomodarse a su entorno esperado. Nutricionistas y otros científicos observaron que el bebé de una madre mal nutrida se prepara para un ambiente difícil y de escasos recursos adaptando un mecanismo de protección (un *fenotipo ahorrador*) que reduce el tamaño del cuerpo y altera el metabolismo. Déficits de nutrientes precoces pueden dar entrada a cambios epigenéticos que encienden o apagan ciertos genes. Este tipo de programación fetal conduce a cambios en el crecimiento y operación de órganos como el riñón, el hígado y el páncreas. Altera los genes para preservar grasas y azúcar, para conservar calorías y energía, y para ayudar al bebé a sobrevivir a una escasez de alimentos y nutrientes tras el nacimiento.

Esta adaptación puede salir mal si un niño condicionado en el vientre a una vida de escasez de nutrición crece en un ambiente de superávit de alimentos o de dietas altas en azúcar, altas en grasas y altas en calorías. Los bebés concebidos durante el invierno de hambre holandés se criaron más adelante en una época de prosperidad tras la guerra y abundancia de comida. Además de un mayor riesgo de enfermedades crónicas, también experimentaron tasas más elevadas de obesidad siendo adultos. Este fenómeno, monitoreado por Florencia Vasta, una especialista de la Alianza Mundial para una Nutrición Mejorada (GAIN, por sus siglas en inglés) y otros investigadores, se desarrolla ahora en la paradoja moderna de bebés con poco peso y niños con retraso en el crecimiento que tienen una propensión más elevada a llegar a tener sobrepeso o ser obesos en la adolescencia y la edad adulta. El resultado es una pujante "doble carga" de desnutrición: la coexistencia de poca y demasiada nutrición que puede estar presente a nivel individual, familiar o nacional, influenciando a comunidades ricas y pobres por igual.

India y Guatemala, junto con otros países como China y México, están liderando esta tendencia, la cual sigue un cambio en muchas dietas tradicionales. Mayores niveles de ingresos pueden facilitar más abundancia, pero la modernización y la industrialización están marcadas también por un giro hacia dietas más occidentalizadas e industrializadas que presentan mayores cantidades de alimentos procesados altos en grasas, azúcar y sal al igual que aperitivos de elevada energía, dietas que han conducido a que explote la obesidad en los Estados Unidos, el Reino Unido, y en todos los demás lugares del mundo rico. En Guatemala, por ejemplo, aproximadamente el 50% de las mujeres en edad reproductiva tenían sobrepeso o eran obesas, aunque la mayoría de ellas tuvieron retraso en el crecimiento infantil. En los años entre su infancia y su edad adulta, creció la industria de comida rápida de Guatemala y cambiaron las dietas. Fue en Guatemala donde se originó el Happy Meal de McDonald's, como una iniciativa de una franquicia: el inventor lo denominó "Menú Roland", y su éxito captó la atención de la gerencia de la cadena. Un abastecedor popular de pollo frito, Pollo Campero, también tiene sus orígenes en Guatemala.

En todo lugar donde miran los investigadores mientras estudian la difusión de la "doble carga", encuentran una mayor dependencia de alimentos ya preparados y consumidos sobre la marcha, y una proliferación de tiendas y lugares de comida rápida. Calculan que las familias de ingresos medios en el este y sur de África, tanto en zonas urbanas como rurales, dedican aproximadamente dos terceras partes de sus gastos en alimentos a comprar alimentos procesados y empaquetados. Incluso las madres en regiones remotas, que pasan mucho tiempo trabajando en los campos y sacando agua, están comenzando a preferir la facilidad y rapidez de abrir un paquete de harina procesada en lugar de la tarea ardua y extensa de moler su propio maíz y trigo a mano en un mortero. Patrick Webb, profesor de nutrición en la Universidad Tufts, comenzó a coleccionar bolsas de aperitivos (esas plantas rodadoras modernas) dondequiera que lo llevaba su investigación, ya fuera en las aldeas montañosas de Nepal o en los montes remotos de Uganda. No debería asombrar demasiado, entonces, que desde 1990 el número de niños con sobrepeso de menos de cinco años de edad en países con bajos ingresos casi se cuadruplicó. Investigadores del Instituto Global McKinsey calcularon que aproximadamente el 30% de la población global tenía sobrepeso o era obesa, con el impacto económico ascendiendo hasta unos dos mil millones de dólares anualmente, o cerca del 3% del producto interior bruto global, casi el mismo daño económico que el tabaco.

Las fuerzas del mercado también han estado impulsando esta tendencia. En países con una clase media en expansión, los precios de los alimentos más nutritivos en general han aumentado mucho, mientras que la comida basura se ha vuelto más barata. Un estudio del Instituto del Desarrollo Exterior con base en Reino Unido descubrió que los precios de frutas y verduras aumentaron en un 91% desde 1990 a 2012, mientras que los costos de comidas procesadas y preparadas descendió hasta un 20% en muchos países, incluidos Brasil, China y México. Al mismo tiempo, las tasas de obesidad se han elevado en esos países, todos los cuales tienen un historial de hambre.

Además de las cantidades de nutrientes transmitidos de la madre al hijo, los hábitos alimentarios de la mamá durante el embarazo y mientras amamanta también influyen en los gustos de su bebé. Dietas altas en azúcar pueden crear deseos de azúcar en los hijos. Hábitos alimentarios saludables, como la preferencia por verduras y frutas, también pueden desarrollarse en el vientre.

LA MISMA PLASTICIDAD fetal que da forma al crecimiento del cuerpo es también crucial en el desarrollo del cerebro. El cerebro crece más durante los 1000 días que en cualquier otro periodo de la vida. La arquitectura básica del cerebro, que proporciona un fundamento para todo futuro aprendizaje, conducta y salud, se construye mediante un proceso continuado que comienza antes del nacimiento y continúa hasta la edad adulta. Los primeros meses y años son un periodo de rápida proliferación de los circuitos cerebrales. Son estas conexiones neuronales, miles de millones, las que permiten la comunicación rapidísima entre neuronas que se especializan en diferentes tipos de funciones cerebrales. Este es el comienzo del desarrollo de habilidades y capacidades básicas como la concepción visual, el oído, el habla y el gusto, y después tareas más complejas, incluidas el lenguaje y habilidades de ejecución de funciones de memoria, resolución de problemas y autocontrol. El cerebro se desarrolla de una manera que se adapta a las experiencias prenatales. El Centro para el Desarrollo Infantil de la Universidad de Harvard compara estos sucesos "invisibles" con la construcción pública de un edificio: "Igual que un cimiento débil compromete la calidad y la fortaleza de una casa, experiencias adversas en las primeras etapas de la vida pueden alterar la arquitectura cerebral, con efectos negativos que perduran hasta la edad adulta".

Una buena nutrición, una vez más, es la piedra angular de este fundamento cognitivo. Los nutrientes son necesarios para la creación de nuevas neuronas, el crecimiento de axones y dendritas (las ramas de conexión que conducen impulsos nerviosos en el cerebro), la formación de sinapsis, y la cubierta de los axones con mielina, una sustancia densa y grasa que aumenta la velocidad de los impulsos nerviosos que viajan de una célula a otra. Una disponibilidad inadecuada de proteínas, ácidos grasos omega-3 y micronutrientes, como hierro, zinc, yodo, tiamina, selenio, ácido fólico y vitaminas A y D, altera estos procesos de desarrollo neuronal. El ácido fólico es vital para reducir el riesgo de defectos en los tubos neurales como espina bífida; la grasa en la dieta es importante para el proceso de mielinación. Los científicos han descubierto que la desnutrición moderada durante este periodo del desarrollo, incluso en ausencia de señales manifiestas de desnutrición en la madre, puede afectar al cerebro. Por ejemplo, la deficiencia de yodo se ha relacionado con un menor cociente intelectual. Para contrarrestar estos impactos del "hambre oculta", se han difundido por todo el mundo programas que proporcionan a las mujeres embarazadas suplementos de hierro y ácido fólico, y proyectos que fortifican alimentos básicos con hierro y yodo.

También se ha estado acumulando evidencia de los beneficios a largo plazo que tiene la nutrición sobre la cognición. La misma prueba a gran escala en el oeste de Guatemala que estudió el vínculo entre la desnutrición temprana y enfermedades crónicas también ha monitoreado el impacto sobre el desarrollo cognitivo (la habilidad de aprender y ganar) a lo largo de cinco décadas. Los niños que recibieron una bebida alta en proteínas y calorías, con micronutrientes añadidos cuando eran pequeños, se mantuvieron en la escuela más tiempo que los niños en las aldeas de control; tenían puntuaciones más elevadas en pruebas cognitivas, particularmente en lectura, vocabulario y matemáticas; y ganaban hasta un 40% más en promedio de salarios siendo adultos.

Y sin embargo, en la otra parte de Guatemala, en las zonas montañosas occidentales, tan solo a cinco horas de distancia en auto de esas aldeas orientales que han proporcionado una información muy valiosa sobre la importancia de una buena nutrición en los 1000 días, parte de la peor desnutrición del mundo mantenía su horrible tenaza.

Sí, el conocimiento, saber lo que es mejor para la madre y para su bebé, es poder. Pero cuando las mamás en el valle Palajunoj se disponían a aprender, al igual que las mamás en India, Uganda y Chicago, descubrieron otra valiosa lección: el conocimiento, ausente de la capacidad económica o física para ponerlo en acción, también puede ser una carga.

LAS MADRES EN el programa de nutrición de Susy le dieron las gracias efusivamente por las lecciones semanales. Pero mientras más aprendían, más se preguntaban: ¿puedo permitirme todo esto? Era un pensamiento permanente que acompañaba a Dianet en su caminata por la colina de regreso a su casa después de la lección de la crema de sopa de papas. Y ahora, otro grupo de mamás dialogaba sobre el dilema con Susy en una reunión en un edificio escolar abandonado en Llanos del Pinal, una aldea vecina de Chuicavioc, a los pies del volcán Santa María.

Había sido una mañana de aprendizaje interactivo divertido que comenzó cuando Susy vació su bolsa de productos nutritivos. De allí salieron pedazos de tela de Velcro con forma de alimentos: manzanas, duraznos, peras, frijoles, patatas, lechuga, coliflor, pasta, pan, tortillas, pollos, vacas, peces, pasteles, caramelos. Después ella pegó un bol de cartón a una pared (siendo el bol la versión guatemalteca de la pirámide alimentaria estadounidense), y comenzó a llenarlo con los objetos. Mientras lo hacía, explicaba los diversos grupos alimenticios, los importantes nutrientes que había en cada uno, y qué tan a menudo deberían incluirse en las dietas de las mamás y los niños.

Cuando el bol estaba lleno, la lección cambió hacia las mamás. Se pusieron en parejas, y Susy dio a cada equipo un bol de cartón y un conjunto de pegatinas de alimentos. Ahora eran ellas quienes tenían que dar forma a una dieta diversa mientras Susy les preguntaba.

"¿Dónde obtenemos el hierro?", preguntó.

"En la carne. Verduras de hojas verdes. Espinacas. Frijoles". Las mujeres gritaban sus respuestas, añadiendo cada una un ingrediente. Trabajaban diligentemente para llenar sus boles con los alimentos correctos.

"¿Por qué necesitamos hierro?", preguntó Susy.

"Para no tener anemia", dijo voluntariamente Yolanda Chiche Pérez. Las otras mujeres aplaudieron. Yolanda tenía veintiocho años y era madre de dos hijos. Daba el pecho mientras trabajaba en el proyecto al más pequeño, Andy, de diez meses. Yolanda había estado tomando notas durante la mañana.

Su compañera para el ejercicio era su amiga María Estella López, que tenía veinticinco años y en cualquier momento daría a luz a su segundo hijo. María Estella ocupaba dos lugares en los 1000 días. Hacía un mes que había dejado de amamantar a su primera hija, Yesica Marisol, de un año y medio. Estaba preocupada por Yesica, que era pequeña, callada, no comía bien, y claramente no estaba prosperando. ¿Había hecho ella algo mal como madre? Su preocupación y su esperanza de que Yesica mejorara, y que su siguiente hijo fuera más saludable, le habían inspirado a unirse al curso de rehabilitación de nutrición de Primeros Pasos.

Susy aceleró el ritmo. "¿Dónde obtenemos la fibra?", preguntó. "¿Dónde obtenemos las vitaminas?".

"Frutas y verduras". Las mujeres añadieron frutas y verduras a sus boles.

"Proteínas, ¿dónde?", demandó Susy.

"Carne, leche, huevos, frijoles", llegaron las respuestas.

"Sí", proclamó Susy triunfante. "Necesitan comer todas estas cosas, no solo los alimentos que nos dan energía, para que sus hijos estén saludables y sean grandes. Ellos necesitan todo esto mientras están en el vientre. Su hijo no se beneficiará mucho si comen solo una tortilla, pero sí con una tortilla con frijoles, sopa de verduras".

Susy inspeccionó los boles. Sonrío y aplaudió. "Me gusta su trabajo, prestaron atención".

Las mujeres se aplaudieron a sí mismas. Ahora tenían el conocimiento. Habían aprendido bien. Entonces aplaudieron a Susy.

"Gracias por todo lo que nos está enseñando", dijo Yolanda con entusiasmo. Entonces su expresión cambió. Algo le había estado molestando mientras llenaba el bol. "Ahora sabemos qué alimentos tenemos que comer para que nuestros hijos puedan estar saludables, pero a menudo no nos los podemos permitir".

Boom. La realidad llegó a la reunión, y la tristeza se mezcló con la diversión. Yolanda dijo que había puesto en su bol el pollo y la vaca, pero en su hogar, la carne era un lujo muy raro. "Es cara y difícil de encontrar", dijo. "Algunas de nosotras cultivamos verduras, pero se necesitan semillas, terreno. Las semillas y el trabajo son costosos".

Yolanda trabajaba varios días por semana en campos rentados por sus tíos, limpiando y embolsando zanahorias y cebollas. Las verduras se cultivaban para venderlas; incluso Yolanda tenía que comprarlas, principalmente las "feas", las que tenían formas extrañas y no se consideraban aptas para el mercado.

"La gente no te regala nada aquí", añadió María Estella. Ella y su esposo tenían muy poca tierra; trabajaban en campos de otros dueños.

Otras mujeres se unieron a la conversación. La mayoría de ellas vivían con sus familias políticas; no tenían su propia tierra. "Mi esposo no gana lo suficiente, y el empleo que tiene está a punto de terminar", dijo Gabriela Chiche, que tenía veinte años y estaba embarazada de cinco meses de su primer hijo. Su esposo era ayudante de albañil, y viajaba por el valle buscando cualquier lugar de construcción donde pudiera encontrar un empleo para un par de semanas. Gabriela no tenía empleo. Nunca había ido a la escuela. Se apuntó a la clase de Susy poniendo su huella dactilar sobre el papel. Los ingresos de su casa podrían ser unos 300 quetzales por semana (unos 40 dólares), un poco más si su esposo encontraba un trabajo regular en alguna construcción. "Todo se gasta en comida. Y jabón", dijo.

No era suficiente, incluso según el estándar del propio gobierno del bol de alimentos saludables. El gobierno calculaba que el costo mensual de alimentos suficientemente nutritivos para una familia de cuatro miembros era de unos 3000 quetzales. Pocas familias en el valle podían permitirse eso, o ni siquiera acercarse.

Todas las mujeres dijeron que sus esposos eran quienes asignaban el dinero para la comida de la familia. Gabriela hacía la compra una vez por semana, por lo general los sábados, en el gran mercado al aire libre cercano a la terminal de autobuses en Quetzaltenango. Recitó una lista de compra reciente: un kilo (dos libras) de azúcar, medio kilo (una libra) de fideos, medio kilo de arroz, una botella de aceite para cocinar, tres pastillas de jabón, una coliflor, medio kilo de tomates, medio kilo de judías verdes, una docena de bananas, quince huevos, y maíz, por supuesto, las mazorcas y la harina ya molida, unos 4,5 kilos (diez libras) en total.

"Eso es todo", dijo.

El sábado también sería el día de comer carne, si es que quedaba dinero para comprar medio kilo de pollo o de res. Raras veces quedaba.

La mención que hizo Gabriela a los huevos hizo surgir quejas de las otras mujeres sobre las grandes variaciones de los precios;

sus vecinos en la aldea podían cobrar hasta tres quetzales por un huevo, mientras que en el mercado en la gran ciudad se vendería por uno y cuarto. Las zanahorias también sufrían volatilidad en los precios, variando entre seis y quince quetzales por docena. "¡Eso es más de un quetzal por zanahoria!", dijo Gabriela. Parecía ofendida. Los precios de las manzanas también avivaron el enojo. "Las manzanas tan caras, ¿por qué?", protestó María Estella. Ninguna de las mujeres tenía fruta en sus casas en ese momento.

"Las verduras son a veces muy caras, aunque las vemos cada día en los campos", dijo María Estella. "Y la fruta que viene de la costa es demasiado cara para comprarla. Nuestros hijos quieren fruta, pero no tenemos".

Todas tenían maíz, o harina de maíz. Estaba en las listas de la compra de todas las mamás, de 4,5 a 5,5 kilos (diez a doce libras) para pasar la semana. Las mujeres eran unánimes sobre la omnipresencia de tortillas. Describían sus menús diarios: una comida sin tortillas era rara, de dos a cuatro por persona.

Aunque todas ellas habían gritado "leche" ante la pregunta de Susy sobre el calcio al llenar sus boles de cartón, era una visita poco frecuente en sus casas. La leche fresca costaba siete quetzales por litro, y la leche en polvo costaba diez. Y por lo tanto, la leche no era una alta prioridad en la lista de la compra de nadie. En cambio, dependían de la Incaparina, fabricada en Guatemala, un polvo enriquecido con nutrientes y elaborado originalmente por el Instituto de Nutrición de Centro América y Panamá (INCAP) en la década de los cincuenta. Una versión anterior de la Incaparina era la mezcla enriquecida, parecida a la crema de avena, que se les daba a las madres embarazadas y sus hijos pequeños en el estudio de INCAP en el este de Guatemala a principios de la década de los setenta; ahora, Primeros Pasos la distribuía a las mamás que participaban en las clases de nutrición.

"Sabemos que es importante beber leche para nuestros huesos, y que es especialmente importante para nuestros hijos", dijo Yolanda, sobrepasada por la frustración. Ella sabía que eso era lo mejor, estaba en sus notas y en su bol de cartón, pero con mucha frecuencia no se lo podía permitir. "Casi nunca compro leche o copos de maíz. Mi esposo no gana lo suficiente". Su esposo conducía un autobús recorriendo el valle cuatro días por semana, ganando unos 450 quetzales por semana.

Y a veces surgían otros gastos, erosionando el presupuesto para comida. "Los niños se enferman, necesitan medicinas, tenemos que comprar ropa", decía Yolanda. Un mes antes, su hijo Andy tuvo que sufrir una cirugía para corregir un problema urinario. La cirugía fue gratuita en el hospital del gobierno en Xela, pero el costo de los análisis llegó a los cien quetzales.

Incluso si sus casas estaban bien provistas de todos los artículos del bol alimentario de Susy, las mamás eran las últimas en la fila para comerlos, por detrás de sus esposos e hijos, como es la costumbre social. "A veces", observó Yolanda, "mi hija dice que quiere leche, de modo que compro un poco para ella".

Cuando terminó la lección, Yolanda envolvió a Andy sobre su espalda con una manta roja. Dio las gracias a Susy con un abrazo. Era divertido poner los alimentos en el bol. Ojalá ella pudiera hacer lo mismo en su casa con productos reales: verduras, carnes, frutas y productos lácteos. Guardó sus notas en su delantal y emprendió la caminata hasta su casa, encorvada por la carga de su conocimiento.

LOS LAMENTOS DE las mujeres del valle Palajunoj eran comunes en los 1000 días; su carga la compartían mujeres en todo el mundo.

"Estoy intentando comer más verduras y frutas, como estamos aprendiendo; pero son demasiado caras", me dijo Sushma cuando visité su casa en Rampur Khas una mañana. Ella se había levantado temprano, trabajando en los campos de menta antes de que el sol comenzara su reinado implacable a mediodía. Seguía trabajando en su casa de un solo cuarto, avivando un fuego en la estufa de barro justamente fuera de la veranda. Hervían frijoles y arroz. Entre las veces que los removía, hacía *chapati*, un pan sin levadura local y con harina de trigo. Esas eran las características principales de la mayoría de las comidas. Sushma cocinaba una vez al día, preparando al mismo tiempo el almuerzo y la cena. Este día no había verduras de hoja verde ni fruta. El día anterior había cocinado papas y hojas verdes de las ramas de calabacines que crecían al lado de su casa. Su hija Khushboo, de dos años de edad, comía lo mismo que comían Sushma, su esposo, y su hijo mayor. Sushma había dejado de amamantar a Khushboo después de quince meses, cuando volvió a quedarse embarazada. Khushboo ahora bebía agua sacada del pozo comunitario, como el resto de la familia. Ellos no tenían una vaca.

Al oír nuestra conversación, se acercó por allí Mohana, la vecina de la casa contigua. Se quejó de que el precio de las lentejas estaba subiendo. Las lentejas eran un ingrediente principal del *dal*, un plato común. Cualquier aumento en el precio de las lentejas sería una importante dificultad económica y nutricional; las lentejas eran ricas en proteínas, ácido fólico, hierro, magnesio, zinc y fibra.

Como las otras mujeres embarazadas y mamás primerizas, Sushma y Mohana recibían una ración semanal de un alimento en polvo enriquecido, *panjiri*, de la *anganwadi* local, una trabajadora sanitaria del gobierno. (La *anganwadi* también proporcionaba pastillas de hierro y ácido fólico para las mamás embarazadas). El *panjiri* era una mezcla de trigo (34%), azúcar (25%), soja (18%), arroz (12%), maíz (5%), aceite vegetal (5%), y varias vitaminas y minerales (1%). Las madres embarazadas y que daban el pecho debían consumir 150 gramos al día, que les proporcionaría 13 gramos de proteína y 400 calorías. Podían mezclarlo con leche o agua para obtener una bebida espesa, o añadirlo a la avena o el pudding de arroz; a veces, Sushma se comía directamente el polvo, que tenía un gusto dulce. El *panjiri* (proporcionado por el gobierno de Uttar Pradesh y el Programa Mundial de Alimentos) debían consumirlo las madres, para darles energía y nutrientes añadidos mientras estaban embarazadas y amamantando. Pero Sushma y Mohana, y todas las otras mamás que conocí, compartían su ración de *panjiri* con sus familias. A veces ni siquiera quedaba nada para ellas. Aunque compartían sus nutrientes, era raro para las mujeres de Rampur Khas comer al mismo tiempo que sus esposos e hijos. Con frecuencia vi a las madres comer solas, agachadas en un rincón solitario de la veranda, después de que hubiera terminado el resto de la familia. Reunían los restos de comida que hubiera. "Primero les dan al esposo y los hijos, y después comen ellas", dijo Gayatri, del Laboratorio de Empoderamiento Comunitario.

Gayatri había estado haciendo las rondas de las aldeas Saksham durante tres años, y había observado muchas barreras entre el conocimiento que ella impartía y la capacidad de las mamás para ponerlo en práctica. "La situación socioeconómica en nuestro país es un factor importante", decía con una pesadez poco usual en su voz juvenil. La mayoría de las familias en las aldeas de Shivgarh eran de las castas más bajas. Los hombres eran jornaleros que buscaban empleo donde pudieran, a veces lejos de sus casas, y que ganaban unas cien rupias al día (unos 1,60 dólares), si es que les pagaban. Eso significaba que incluso la nutrición básica era una compra de lujo. Afortunadamente, el clima en esta zona de Uttar Pradesh fomentaba tres cosechas al año: el arroz era seguido por el trigo, seguido después por la menta. Las familias que no tenían su propia tierra trabajaban para otros dueños y les pagaban con una parte de su cosecha. Por lo tanto, generalmente tenían algo de arroz o trigo en la casa, y la cosecha de menta les proporcionaba algunos ingresos más. Además, el sistema público del gobierno de distribución de alimentos proporcionaba raciones subvencionadas en su mayor parte a los ciudadanos más pobres. Pero lo que se distribuía era generalmente más arroz, trigo y maíz: energía y calorías pero pocos nutrientes. No había frutas ni verduras en la distribución pública porque aún tenía que desarrollarse un sistema adecuado de refrigeración y almacenaje que pudiera evitar que se echaran a perder. Y el sistema estaba lleno de ineficacia, favoritismo y corrupción, dejando a muchas familias pobres y marginadas excluidas de la distribución mientras otras familias más ricas y mejor relacionadas sí recibían raciones. Solamente algunas de las familias que conocí estaban recibiendo los alimentos subvencionados, aunque su pobreza sin ninguna duda les habría dado derecho a recibirlos.

Gayatri reconoció que ella estaba dando un mensaje discordante cuando hablaba a las mamás sobre diversificar sus dietas con más alimentos nutritivos. Era más una fantasía que realidad. Ella se apenó ante la frustración que expresaron Seema y Sanju cuando ella les chequeó en la aldea vecina de Barjor Khera. Ellas se habían casado con hermanos, vivían puerta con puerta, compartían una veranda, y ahora esperaban sus bebés al mismo tiempo. Para Seema, que tenía treinta años, sería su tercer hijo; para Sanju, de veinte, sería el primero. Se reunieron con nosotros en la escalera de entrada compartida entre sus casas.

"Ahora soy consciente de los alimentos nutritivos, gracias a Saksham, pero me resulta difícil comprarlos", dijo Seema.

"Sabemos que debemos tomar leche, frijoles, verduras, ser diversas en nuestra dieta. Eso es importante. Sabemos que deberíamos comer fruta, y quizá lo hacemos una vez por semana cuando están maduras. Banana, mango, uvas, naranjas. Pero de otro modo, no podemos permitirnos comprarlas en el mercado".

La única vaca de la familia se recostaba a poca distancia, masticando paja. Aún era demasiado joven para producir leche. También tenían un toro, bueno para el trabajo en el campo pero inútil a nivel nutritivo. Por lo tanto, la leche, que Seema sabía que era un ingrediente esencial, era una compra de lujo. El agua sacada directamente del pozo tendría que servir, pero a menudo era un riesgo beber esa agua, no tratada, al ser una importante fuente de bacterias y parásitos. Muy pocas familias en Shivgarh, o en toda Uttar Pradesh, purificaban el agua de alguna manera para hacer que fuera más segura. Nadie en Barjor Khera o en Rampur Khas, o en ninguna de las aldeas en la Shivgarh rural tenía inodoros dentro de casa; incluso los retretes exteriores eran escasos. India constituía aproximadamente el 60% de la incidencia de defecación al aire libre en el mundo. El estiércol humano se colaba en las aguas subterráneas, las cuales llegaban hasta los pozos. En las zonas rurales de Uttar Pradesh, más de tres cuartas partes de los hogares no tenían retretes. Eso daba como resultado un elevado predominio de enfermedades transmitidas por agua como la diarrea, que eliminaba cualquier micronutriente vital que pudiera llegar al cuerpo.

"Sé que la leche es beneficiosa para mí y mis hijos, pero no me la puedo permitir", dijo Seema. También ella estaba por partida doble en los 1000 días; su segundo hijo, un varón llamado Abhay, tenía dieciocho meses. Ella lo había destetado de la leche materna varios meses atrás cuando se dio cuenta de que estaba otra vez embarazada. Era una creencia local que el embarazo echaba a perder la leche materna. Abhay estaba comiendo arroz y agua en una taza diminuta. Seema deseaba poder darle fruta cada día. Recordaba una reunión de Saksham cuando las mujeres de Baujor Khera habían charlado de los beneficios de comer manzanas. Ahora Seema preguntó a Gayatri: "¿Sabe lo caras que son las manzanas?".

Sí, Gayatri lo sabía. No estaban en temporada, y el precio podía llegar hasta las 150 rupias por kilo (2,2 libras). El esposo de Seema hacía trabajos de labor manual por cien rupias al día. Un kilo de manzanas se comería un día y medio de salario.

Gayatri también sabía que incluso si las mamás pudieran permitirse comprar manzanas, era improbable que quedara un solo bocado para ellas después de que el esposo y los hijos las agarraran. "Los niños no entienden, son demandantes", me dijo Gayatri. "Así que queda muy poco para las madres".

Lo que nadie sabía aquí era que la brecha de accesibilidad nutricional se estaba ampliando por toda la India. Mientras Seema y Sanju hablaban en sus escaleras, el Instituto Internacional de Investigación sobre Políticas Alimentarias (IFPRI, por sus siglas en inglés) en Washington, D.C., estaba preparando su *Reporte Global sobre Políticas Alimentarias* del año 2013. Hacía una crónica de la rapidez con la que estaban subiendo los precios en India, "especialmente de los alimentos altos en nutrientes", confirmando lo que las mamás experimentaban allí. El índice de precios de los alimentos del IFPRI para India había estado aumentando constantemente, pasando de una base de 100 en 2007 hasta casi 160 a mitad de 2013. El índice de precios de las verduras en India alcanzó un máximo incluso más dramático en 2013, casi triplicándose en el curso de un año.

Precios más elevados de alimentos altos en nutrientes, profunda pobreza que hacía que esos alimentos fueran inalcanzables para muchas madres, saneamiento pésimo, jerarquías familiares que relegaban a niñas y mujeres hasta el último lugar, especialmente cuando se trataba de comer... todas ellas eran barreras para poner en práctica el conocimiento que habían obtenido sobre los 1000 días. No era extraño, entonces, que el 90% de las muchachas adolescentes indias tuvieran anemia, un indicador principal de desnutrición a medida que se acercaban a los años de poder tener hijos. Las mujeres embarazadas en India eran generalmente mucho menos saludables que las futuras mamás en África subsahariana. Un estudio dirigido por la economista de desarrollo de Princeton, Diane Coffey, descubrió que el 42% de las mujeres indias estaban por debajo del peso apropiado cuando comenzaron el embarazo, comparado con el 16% de las mujeres africanas. Coffey también observó que las mujeres indias terminan el embarazo pesando menos de lo que pesan las mujeres africanas al principio de sus embarazos.

Esta relación había llegado a conocerse como el enigma indio o sudasiático: las mujeres eran menos saludables y sus hijos eran mucho más pequeños de lo que se esperaría dada la relativa riqueza de India y África. Los indios presumían de estar en mejor condición, mucho mejor, que los africanos. El crecimiento económico global de India y su gran cantidad de graduados universitarios, avances de alta tecnología, y elevadas ambiciones sobre el escenario mundial fomentaban esta pretensión. Después de todo, India se estaba preparando para lanzar una misión a Marte.

No importaba que sus madres y niños estuvieran entre los más desnutridos del planeta.

EN GRAN PARTE de África, el peso y la salud de las mamás fluctuaban según las temporadas de cosecha, las cuales a su vez estaban gobernadas por las lluvias. Si las lluvias llegaban en el momento oportuno y plenamente, los cultivos crecían continuamente. Entonces, en el tiempo de cosecha, habría alimentos en abundancia en las casas y los mercados. Las mamás y sus hijos comerían bien. Pero si las lluvias eran pocas o no caían, estaba asegurado que llegarían tiempos difíciles.

El tamaño de la cosecha dictaba la duración de la temporada de hambre anual, que comienza cuando los alimentos de la cosecha anterior se acaban y termina cuando llega la siguiente cosecha. Casi todas las familias de agricultores en el norte de Uganda, y en la mayor parte de África subsahariana, experimentaban algún tipo de temporada de hambre; la única variable era cuánto tiempo duraría. Dependiendo de la abundancia de la cosecha anterior, la temporada de hambre podía extenderse desde un par de semanas hasta varios meses o más. En este periodo de profunda privación, las familias racionaban los alimentos, y las comidas disminuían de tres al día a dos, o quizá solo una, o incluso en algunos días, ninguna. Hombres, mujeres y niños se veían a sí mismos encogerse; la ropa les quedaba holgada sobre sus cuerpos, y podían apretarse el cinturón uno o dos agujeros más.

Para los bebés no nacidos aún, la temporada de hambre podía ser un periodo de cambio epigenético. Investigadores de la Facultad de Londres de Higiene y Medicina Tropical que estudiaban dietas en la Gambia rural compilaron evidencia de que la temporada en que nace un niño puede tener un efecto profundo en la salud a lo largo de su vida. Descubrieron que los niños de Gambia nacidos durante la temporada de hambre tenían hasta diez veces mayor probabilidad de morir prematuramente al principio de la edad adulta. La causa "muy plausible", según los investigadores: "La nutrición relacionaba la regulación epigenética en el embrión temprano".

En el norte de Uganda, la anemia corría desenfrenada a lo largo del año, al igual que la malaria; era un doble puñetazo debilitante, y a veces mortal. Ambos planteaban graves amenazas para las mujeres embarazadas y sus hijos no nacidos aún. La malaria explicaba casi una tercera parte de todas las muertes de niños menores de cinco años en Uganda. Pero estar embarazada durante la temporada de hambre, o estar dando el pecho, era particularmente precario.

Cuando conocí por primera vez a las mamás de Ongica y Barjwinya, se acercaba la temporada de hambre. Las provisiones de alimentos en las casas estaban menguando, los precios en los mercados aumentaban, los niveles de estrés eran mayores. Pero con las primeras lluvias había llegado también la esperanza de que la temporada de carencia podría no extenderse demasiado tiempo. El ritmo de trabajo en los campos se aceleraba mientras los labriegos, principalmente mujeres, se apresuraban a prepararse para plantar.

Susan había programado su reunión de nutrición en la clínica de Ongica para media mañana a pesar del calor; las mañanas, cuando las temperaturas eran más frescas, estaban reservadas para el trabajo en los campos. Cuando terminó la lección, Susan rogó a las mamás embarazadas que no trabajaran demasiado duro, que no se pasaran todo el día en los campos, y tomaran tiempo para ellas mismas y el bebé. "Para dar a luz a un futuro presidente, necesitan descansar", les dijo.

Las risas recorrieron la veranda. Susan sabía que ese momento no era bueno; este consejo era aún más difícil de seguir que su enseñanza para diversificar las dietas. El embarazo durante la temporada de plantar no era compatible con el descanso. Se abrió otro abismo inmenso entre el conocimiento de lo que era mejor hacer y lo que realmente era factible dada la realidad de sus vidas.

Con la llegada de las lluvias, la principal prioridad era tener los cultivos plantados en los campos. La escena más frecuente durante la temporada de crecimiento era una mujer agachada macheteando la tierra. Muchas de ellas llevaban sobre sus espaldas bebés envueltos en mantas.

La silueta embarazada de Esther era una figura que se veía solitaria en sus campos. Ella y su esposo, Tonny, vivían en la hacienda de su familia; habían construido una recia casa de ladrillo adosada justo al lado del camino de grava que conducía a la clínica de Susan. Tonny, que esperaba llegar a ser un hombre de negocios exitoso, estaba estudiando contabilidad en la Escuela Comercial de Uganda, de modo que, la mayoría de los días, Esther trabajaba sola, ocupándose de cacahuates, mijo, yuca, maíz, guisantes y col rizada. La tarea que tenía entre manos era plantar los frijoles ricos en hierro en el terreno, para que pudieran estar listos para comerlos cuando naciera el bebé. Eso implicaba estar agachada con una azada corta, removiendo el terreno, dejando caer las semillas y cubriéndolas con tierra. Ella plantaba los frijoles al lado de sus matas de yuca, y después plantaría un cuarto de acre de ramas de batata. Para eso tendría que estar de rodillas, formando pequeños montículos en la tierra para incrustar las ramas. Sus campos diversificados eran la lección de Susan en la práctica.

Harriet también hacía ella sola la mayor parte del trabajo agrícola. Su esposo, Moses, ascendía diariamente la ladera rocosa en el horizonte y picaba piedras para convertirlas en guijarros para empresas de construcción en Lira. Algunos días, especialmente durante la siembra, Moses bajaba de la colina temprano para ayudar; reconocía cuán importantes eran los frijoles y las batatas color naranja para la salud de su familia. Las batatas blancas tradicionales habían sido generalmente consideradas un cultivo marginal, la última línea de defensa contra la hambruna;

permanecían en la tierra hasta que fuera necesario. Pero durante el año anterior, desde la introducción de la variedad de batatas naranjas y ricas en vitamina A, junto con los frijoles altos en hierro, se habían convertido en un producto básico diario, presente en la mayoría de las comidas junto con frijoles de palo, maíz y yuca.

"Veo mejora en nuestros hijos. No están tantas veces en el hospital", decía Moses. "Y mi esposa se siente mejor en este embarazo. No se queda dormida tantas veces. Tiene más energía para trabajar en el campo".

El esposo de Brenda, Dennis, también agradecía la energía de su esposa durante este embarazo. Al haber perdido a su primer hijo eran más cautos, pero no había modo de pasar por alto la necesidad de cuidar los cultivos. Brenda y las otras mamás embarazadas estaban en una carrera con la naturaleza: las lluvias habían llegado, y los bebés estaban de camino.

A medida que pasaban las semanas y se acercaba el momento del parto, las lluvias se disiparon. El hechizo seco llegó en el peor momento posible, porque los frijoles necesitaban lluvia mientras florecían, y el maíz necesitaba lluvia continuada para desarrollarse. Sentados bajo un árbol fuera de su choza de ladrillo y barro de un solo cuarto, Brenda y Dennis escuchaban un transistor unido a la batería de un auto viejo. La música africana, vivaz y despreocupada, daba paso a las noticias. Y a las preocupaciones. Se cernía una posible sequía.

Brenda sabía lo que necesitaba comer, y lo estaba plantando en sus campos cerca de su casa, pero ¿cooperaría la meteorología para que ella pudiera hacerlo?

En Chicago, Jessica se unió también al estribillo global: "¿Ha visto el precio de las manzanas?", preguntó a Patricia.

Manzanas caras, otra vez. Shivgarh, el valle Palajunoj, Chicago. Las madres en los Estados Unidos eran tan sensibles a los precios de alimentos ricos en nutrientes como lo eran las mujeres en India y Guatemala. La pobreza superaba al conocimiento en el país más rico del mundo, también.

Patricia y sus compañeras matronas se solidarizaban con los suspiros y las cejas levantadas de las mamás a las que daban consejos sobre nutrición. Escuchaban la misma respuesta que Susy y Gayatri: gracias por la información, pero ¿cómo nos lo podemos permitir?

"Tienes razón", decía Patricia. Ella misma se había encogido al pagar dos dólares por naranjas.

Como era el caso en India, el costo de alimentos nutritivos había estado aumentando constantemente en los Estados Unidos. En la década anterior, el precio de frutas y verduras había aumentado cerca de un 16% según el Departamento de Agricultura estadounidense. A lo largo del mismo periodo, los precios del azúcar y los dulces habían disminuido más de un 7%. Una de las fuerzas que inclinaban estas tendencias era la naturaleza del sistema alimentario estadounidense, en particular los subsidios agrícolas pensados para fomentar la elevada producción de cultivos básicos. Con los años, cultivos como maíz, trigo y soja han recibido la mayor parte de los subsidios agrícolas, mientras que los productores de frutas y verduras han recibido una parte mucho más pequeña. Mayor producción de frutas y verduras normalmente significaría precios más bajos.

Un montón de contrapesos culturales también minaron el poder del conocimiento nutricional. Jessica y Quintana vivían cerca del corredor Pulaski, una autopista de comida rápida a ambos lados de la calle con un abanico de restaurantes de hamburguesas, pizzerías, emporios del chili, tiendas de sándwiches, puestos de helados, restaurantes de tacos, y puestos de pollos.

Hay un restaurante White Castle, de comida rápida, al otro lado de la calle directamente desde la escuela de Jessica.

"A menudo veo a mis mamás comiendo en McDonald's o Burger King", me dijo Patricia. "Les pregunto: '¿Eligen al menos las opciones saludables?'. La mamá dice, y lo oímos con frecuencia: 'Las ensaladas cuestan más de cinco dólares. La hamburguesa con queso cuesta uno. ¿Cuál es la opción?'". Si la nutrición no era práctica, tampoco estaba en la onda. El empuje de la cultura pop a menudo superaba sus consejos sobre nutrición. Las alitas cubiertas con aderezo de color rojo estaban en la onda; y eran señal segura de un adicto a los Flamin' Hot Cheetos. Un grupo de estudiantes de Minneapolis llamó a Y.N.RichKids, como parte del programa juvenil extraescolar de Beats & Rhymes, produjo un video de un rap elogiando las virtudes de los Flamin' Hots y un aperitivo de tortilla llamado Takis (recubierto de salsa y aderezos para varias intensidades de picante, como Fuego y Nitro), con letras como estas:

> Hot Cheetos y Takis
> Hot Cheetos y Takis
> No me canso de estos Hot Cheetos y Takis
> Me mancho los dedos de rojo y no puedo sacármelo
> Nos agarrarás a mí y a mis colegas comiendo Hot
>   Cheetos y Takis

El video se hizo viral, con más de once millones de visitas.

Patricia, cuyo rap iba de una mamá a otra, saboreaba pequeñas victorias. Como la vez en que una de sus mamás vio kiwis en una tienda WIC y los compró con sus cupones. Le dio las gracias a Patricia por haberle hablado de los kiwis. Patricia había llevado esa fruta rica en vitamina C a una de sus reuniones y alentó a la mamá a que la tocara y la probara. Al principio, a

ella le pareció tan extraña como una roca lunar; ahora conocía
sus ventajas, y nunca se cansaba de comer kiwis.

A UNAS POCAS manzanas del Centro para la Inversión en la
Familia Charles Hayes, en la escuela Educare del Fondo para la
Prevención, los momentos de victoria nutricional sobre los hábitos culturales se celebraban mucho. La escuela, que aceptaba a
niños tan jóvenes como de seis semanas, era un modelo de la
visión del alcalde de comenzar la educación lo antes posible
tras el nacimiento. También era parte de la llamada del alcalde a
agricultores urbanos. Sobre franjas verdes que bordeaban el esta-
cionamiento de la escuela, se cultivaban todo tipo de verduras:
tomates cherry, maíz, zanahorias, col rizada, calabazas, guisantes,
frijoles. Había un terreno para cada salón de clase. La producción
que se obtenía no se prepararía en las comidas de la escuela, sino
que se enviaba a los hogares con los alumnos. El tiempo de cosecha se convertía en un momento de enseñanza para los padres y
también para los niños.

"No tengan miedo a las verduras frescas", dijo Erika Waller,
de Educare, a un grupo de padres. "Sabemos que es mucho más
fácil abrir una lata o sacar unas papas del refrigerador que pelar
una papa fresca". Antes de los huertos, las mamás se congrega-
ban mientras iban a recoger a sus hijos y charlaban sobre preparar Twinkies fritos. Ahora, daban tragos de infusiones con hierbas
de los huertos mientras que se intercambiaban recetas de salsas
caseras hechas con cebollas y tomates frescos. Uno de los cultivos produjo una abundante cosecha de berenjenas. Los padres
no dejaban de preguntar: ¿Qué es una berenjena? ¿Qué hacemos con ella? De modo que Educare hizo un simposio sobre las
berenjenas. "Y después ellos pidieron más berenjenas", me dijo.

"Fue una revelación. También aprendieron que se puede cultivar este alimento prácticamente en cualquier lugar y en todas partes".

Crecía en uno de los lugares más inusuales de la parte norte de Chicago: lo que antes era la antigua cancha de baloncesto en el viejo proyecto de viviendas Cabrini Green, que había sido rival de las casas Robert Taylor en cuanto a notoriedad. En la esquina de la Avenida Chicago y North Hudson, anteriormente los niños jugaban a encestar día y noche, alimentando ambiciones de llegar a ser jugadores de baloncesto profesionales, tal como se describía en el documental *Hoop Dreams*. Ahora, con las viviendas en su mayor parte destrozadas, los niños deambulaban por la tierra que cubría las viejas canchas, ocupándose de coles rizadas, zanahorias, cebollas y calabacines, y aprendiendo a crecer de modo saludable. Tallos de maíz casi tocaban el cielo a la sombra de los icónicos rascacielos de Chicago. Los sueños con canastas habían dado paso a sueños con casas: invernaderos en miniatura para cultivar verduras todo el año.

La granja Chicago Lights Urban Farm, un esfuerzo de la iglesia Fourth Presbyterian cerca de la costa dorada de Chicago, tenía intención de desintegrar un desierto de alimentos saludables, introducir espacios verdes en un laberinto de asfalto, y enseñar nuevos hábitos alimentarios a los residentes a medida que campamentos sobre nutrición sustituían a los campamentos sobre baloncesto. La meta era cambiar conductas, como en India, Guatemala y Uganda. Cuando un niño en la granja escuela de verano, parte del programa Niños que Alcanzan su Máximo Potencial, celebraba su séptimo cumpleaños, no pedía un pastel sino col rizada.

Pero también aquí, la carga del conocimiento sobre nutrición recién hallado pesaba mucho sobre el barrio. Todo el mundo sabía que allí había verduras frescas, pero no todos podían acceder fácilmente a ellas. Aún existían fronteras territoriales invisibles de las pandillas que eran peligrosas de cruzar. Los organizadores de Chicago Lights pusieron señales en la cerca de alambre que rodeaba el huerto exhortando a los vecinos: "Planta". "Prospera". "Comparte". Pero las señales no detenían las viejas conductas. Un frío día de enero, se oyeron disparos tras la esquina con la señal "Comparte". Fue el primer asesinato de Chicago en 2013.

A mitad de febrero, unas semanas después de aquel tiroteo, el presidente Barack Obama regresó a su viejo barrio en la parte sur para denunciar la violencia de la ciudad, y una muerte en particular. Un grupo de estudiantes de la escuela secundaria local, miembros de un equipo de batonistas de la banda musical, acababa de actuar en las festividades por la segunda toma de posesión del Presidente. Al regresar a Chicago, una de las estudiantes, Hadiya Pendleton, que tenía aproximadamente la misma edad que Jessica, recibió un disparo por azar y resultó muerta en un parque que no estaba lejos de la casa familiar de los Obama. Ella estaba con unas amigas cuando una bala perdida le alcanzó en la espalda, convirtiéndose en una de las cuarenta y cuatro víctimas de homicidio en la ciudad ese mes.

Uganda tenía su temporada de hambre; Chicago tenía su temporada de violencia. Antes, normalmente estallaba en los meses de verano, cuando las temperaturas y los ánimos aumentaban; pero ahora la temporada de violencia se desarrollaba durante todo el año. El proyecto de rastreo de crímenes del *Chicago Tribune* seguía contando: en 2012, Chicago soportó más de 500 asesinatos, 443 con arma de fuego, y 65 de esas víctimas eran niños. Y el ritmo no había disminuido en 2013. El asesinato de Hadiya, aleatorio, sin sentido, asombroso, fútil, demandaba indignación.

"En demasiados barrios en la actualidad", dijo el presidente Obama, rebosando de enojo, "puede parecer que para muchos jóvenes el futuro solamente llega hasta la siguiente esquina de la calle o las afueras de la ciudad; que no importa cuán duro trabajen o cuánto lo intenten, su destino quedó determinado en el momento en que nacieron. Hay barrios enteros donde los jóvenes no ven un ejemplo de alguien que sea exitoso".

¿Grandeza? ¿Quién podría soñar aquí con la grandeza? El presidente mismo se preguntaba eso. Las madres necesitaban sentirse seguras para criar a sus hijos; los niños necesitaban tener un mejor comienzo en la vida. "En los Estados Unidos, su destino no debería estar determinado por el lugar donde viven, donde nacen", continuó. "Debería estar determinado por cuán dispuestos estén a soñar en grande, cuánto esfuerzo, sudor y lágrimas estén dispuestos a emplear para cumplir ese sueño…Esos padres que apoyen a los niños: eso es lo más importante. Amor incondicional por su hijo: eso marca la diferencia".

Dijo que era imperativo que la sociedad "dé a un niño el tipo de fundamento que le permita decir: 'Mi futuro, puedo hacer que sea lo que yo quiera'. Y tenemos que asegurarnos de que cada niño tenga eso".

Un par de meses después, Jessica se enteró de que estaba embarazada, habiendo concebido en la misma época en que el Presidente Obama hablaba sobre un buen comienzo en la vida. Ella quería desesperadamente soñar grandes cosas para su hijo; pero a medida que avanzaba el embarazo, también lo hacía la violencia en Chicago, principalmente en la parte sur. Peleas entre pandillas, balaceras aleatorias, más niños inocentes que morían en parques o en los porches de sus casas. Algunos fines de semana, el número de víctimas llegaba a dígitos de dos cifras. Jessica vivía en el límite occidental de la calle Treinta y Nueve. En el límite oriental, más cerca del lago Michigan, la violencia era tan grave que los periódicos de la ciudad comenzaron a referirse a la calle

Setenta y Nueve como "el Corredor de los Asesinos". Las cifras de homicidio de Chicago se fueron acumulando a medida que progresaba el verano: 47 en mayo, 46 en junio, 48 en julio, 49 en agosto, 44 en septiembre. Un viaje hasta el supermercado era una proposición arriesgada. Un paseo por el parque era una necedad.

La violencia se convirtió en una importante frontera para Jessica al intentar utilizar su conocimiento sobre los primeros 1000 días de la vida de su hijo.

"¿Estás haciendo ejercicio como hablamos?", le preguntó Patricia durante una de sus reuniones ese verano.

"Lo *hacía*", dijo Jessica.

Su madre había visto a algunos hombres con revólveres por las calles del barrio, que se veía bastante benigno, con aceras y árboles, y por eso interrumpió los paseos de Jessica. Limitada a la casa de ladrillo de su madre, Jessica deseaba un escape de ese desierto de oportunidad. Su conocimiento de lo que tenía que hacer se había convertido ahora en una carga. "Sé que debería hacer más", le dijo a Patricia.

Lo único que quería Jessica era darle a su bebé el mejor comienzo en la vida, recorrer con seguridad los 1000 días. En cambio, le preocupaba: ¿a qué tipo de mundo voy a traer a mi hijo?

Jessica abrió su diario y derramó su corazón para el bebé que llevaba en su vientre:

> *¿Estás cómodo en mi tripa? ¿Puedes sentir la calidad de mis manos ahí dentro? Estoy deseando verte, sostenerte en mis brazos y amarte para siempre.*

Jessica quería que su bebé estuviera siempre seguro. Pero ¿cómo?

No necesitas unirte a ninguna pandilla... ser importante o conocido. ¿Quieres ser conocido? ¿Quieres ser importante? Entonces termina la escuela, ve a la universidad. Haz actividades como los debates, o cualquier cosa que te interese que será estupendo en un reporte escolar. Haz deporte. Por favor, mantente alejado de las calles. Al obtener calificaciones excelentes, y permanecer implicado en la escuela, llegarás a ser conocido. ¿Cómo? El maestro hablará sobre tu conducta excelente y universidades querrán aceptarte, y desde ahí serás conocido como alguien que logra cosas, y no que las abandona. No renuncies a aquello en lo que crees. La pelea siempre estará ahí, pero es el logro lo que tú intentas conseguir.

Te quiere: Mamá
PD: Siempre serás mi bebé.

capítulo seis

ES...

JESSICA ESPERABA QUE FUERA NIÑA, Y TAMBIÉN LO esperaba Marco. Sin embargo, hasta que lo supieran con seguridad, aseguraron la jugada; pensaron en nombres para niño y niña y miraban ropa unisex en las tiendas de bebés en el centro comercial. Jessica también captaba el suspense en sus cartas a su hijo. Cuando estaba de quince semanas, al escuchar una canción titulada "Nudos en el estómago", de *Sleeping with Sirens*, Jessica comenzó su entrada en el diario con un genérico "Querido marinero".

Tú eres mi marinero, ¿cierto? ¿Por qué? Porque yo
soy la Marinero Jess. Y tu papá es el Capitán Marco.
Así que tú eres mi pequeño marinero... tu padre y yo

*hablamos de ti incesantemente. No conocemos tu género,
pero tu abuela cree que eres una niña y, desde luego, también lo cree tu padre. ¿Y qué piensas tú sobre eso? Mmm.
Tengo la sensación de que eres un niño, pero después
una niña. Creo que me quedaré con pensar que eres mi
pequeño marinero.*

En su siguiente revisión, durante el ultrasonido, Jessica preguntó al médico y le dijeron: "Es una niña". Estaba tan contenta que hizo un dibujo de la imagen del ultrasonido de su hija para la clase de arte en la secundaria. Y comenzó su siguiente entrada en el diario de modo más íntimo: "Mi pequeña Alitzel; Oh, cuánto te amo. Te amo más que a nada, mi pequeña".

Durante el embarazo le hicieron varios ultrasonidos a Jessica. El primero confirmó que estaba embarazada; el segundo reveló que estaba esperando una niña. Los otros le aseguraron que su embarazo iba bien. Ella atesoraba cada imagen:

*Vi tu carita, mi pastelito. Te pareces a tu papá, pero
cuando estés aquí veremos a quién te pareces.*

Tras el último ultrasonido, tres semanas antes de la fecha del parto, Jessica escribió:

*Hoy tenía una cita, y me enviaron a hacer un ultrasonido
para comprobar si estabas bien y, Ali, juro que nunca
olvidaré la claridad con que vi tu preciosa cara. Con las
mejillas más grandes y la diminuta nariz. Era demasiado
perfecto.*

La emoción y la maravilla de ver una imagen de su bebé en el vientre era singular para las mamás en las Américas. En Chicago,

Quintana también se alegró mucho al ver que iba a tener una niña. Su primer hijo y varón, Alex, estudió la imagen y declaró su emoción por tener una hermana. Quintana ya había decidido un nombre, ShaLawn, que ella utilizaba en su firma, su seudónimo. En Guatemala, los ultrasonidos eran menos frecuentes. La mayoría de las mujeres en el valle Palajunoj iban a Primeros Pasos cada dos meses para que les hicieran sus revisiones prenatales. Eso era más conveniente y menos caro que hacer un viaje hasta la ciudad, pero en ese momento no había ninguna máquina del ultrasonido en la clínica. Solamente cuando iban al hospital regional del gobierno en Quetzaltenango les hacían un ultrasonido, lo cual no sucedía con frecuencia, y algunas veces no hasta que estaban preparadas para dar a luz. En una ocasión durante su embarazo, Dianet Coyoy hizo el viaje de treinta minutos en autobús hasta la ciudad para hacerse un chequeo. Le hicieron un ultrasonido, que reveló que iba a tener una niña. Dianet se alegró, pero su celebración quedó atemperada cuando regresó a su casa y comprobó que su alegre noticia era recibida con escepticismo. "No, no, una niña no", sus familiares le dijeron más de una vez. "No, tienes el vientre bajo. Será un niño". El ultrasonido estaba equivocado, le decían.

NI EN ONGICA ni en Shivgarh había imágenes, y tampoco asombro, ni emoción ni ultrasonidos. "No hay electricidad, no hay electricidad". Esa era la frase constante que escuchaba Harriet en Uganda cuando fue al hospital regional en Lira para un chequeo varias semanas antes de la fecha del parto. De repente había comenzado a sentirse lánguida y mareada; una enfermera en la clínica de Ongica, donde no hay máquina de ultrasonidos, sospechó que tenía la presión arterial elevada y la envió al hospital para que le hicieran un escáner fetal rutinario para asegurarse de que el bebé estaba bien. Pero como Harriet sabía, la mera presencia de una máquina no le beneficiaba necesariamente. Las instalaciones necesitaban electricidad para realizar el ultrasonido y un técnico para arreglarla cuando se estropeaba, lo cual sucedía con frecuencia. Ninguna de esas dos cosas estaba disponible el día en que acudió Harriet. Regresó a casa sin saber nada más o estar más saludable.

El malestar de Harriet empeoró. Por mucho que lo intentara, no podía trabajar en los campos sin cansarse y necesitar un descanso, aunque acababa de comenzar la cosecha de batatas. Eso no era propio de ella; siempre era una dura trabajadora. Ahora estaba débil y había perdido el apetito; unos meses antes había batallado contra la malaria; le preocupaba que quizá estuviera teniendo una recaída. Se le hinchaban las piernas, y los dolores de cabeza eran más persistentes. Fue a la clínica y de nuevo la enviaron al hospital regional en Lira. Le dieron un aventón en la parte trasera de una motocicleta y fue montada a estilo amazona durante el viaje de veinte minutos. Allí, un médico le dijo que tenía anemia y también la presión arterial alta; observando un riesgo de preeclampsia, el médico la ingresó para que descansara en una cama. Faltaban tres semanas para el parto de Harriet. El médico y las enfermeras esperaban que tuviera un parto normal; aun así, le ofrecieron la oportunidad de realizar un ultrasonido. Esta vez había electricidad, pero había también otro problema. El costo era de 15 000 chelines ugandeses, o aproximadamente siete dólares. Serían necesarios varios días de trabajo picando piedra en la cantera para cubrir ese costo. Harriet y su esposo acordaron que era demasiado caro. Una vez más, la pobreza tenía la carta ganadora. Harriet le rogó a una enfermera, pero le dijeron que harían un escáner gratuito solamente si fuera una emergencia. "Si no hay dinero, no hay escáner", le dijeron. En cambio, la enfermera escuchó mediante un viejo estetoscopio y oyó el latido del corazón. Ella creía que ni Harriet ni el bebé corrían un peligro inminente.

EN LAS ZONAS rurales de India, era raro que alguna vez se ofreciera un ultrasonido. Cuando pregunté en una reunión de mamás y futuras mamás en Shivgarh si a alguna de ellas le habían hecho un ultrasonido, o esperaba que se lo hicieran, al principio hubo silencio, después unas risas ahogadas, y después una charla animada. Para ellas, era una pregunta necia. "Generalmente está prohibido", explicó fríamente una de las mujeres. La información, particularmente si mostraba que era una niña, podía utilizarse para un aborto, dijo. "No, no hay ultrasonidos". En lugar de producir la alegría que experimentaron Jessica, Quintana y Dianet, una imagen de una niña en el vientre podría conducir aquí a una gran tragedia. Las estadísticas oficiales situaban la cifra anual de abortos en la India en varios cientos de miles, pero los defensores de la salud materna e infantil creían que la cifra real era mucho más elevada, porque muchos de los abortos se realizaban en instalaciones no autorizadas. Las cifras del censo nacional habían revelado un declive constante con respecto a la década anterior en el número de niñas comparado con los niños hasta seis años de edad. Organizaciones domésticas e internacionales en defensa del acceso a los abortos seguros calculaban que cada dos horas moría una mujer debido a un aborto inseguro en la India.

MÁS ALLÁ DE la experiencia de ver una imagen del bebé, los ultrasonidos también son valiosos para evaluar la salud de bebés y madres. Quintana, ya en riesgo de preeclampsia debido a la alta presión arterial, estaba preocupada de que el estrés de su trabajo (durante su embarazo, ella era la única maestra en su oficina que visitaba clases en el lado sur de Chicago) estuviera afectando también a su bebé. Por lo tanto, Quintana visitaba a su médico casi cada semana, especialmente en el tercer trimestre, para asegurarse de que todo iba bien para ella y para el bebé. Jessica también acudía a visitar a su médico ante cualquier señal de preocupación. Se quejaba de que uno de sus maestros en su escuela no quiso concederle que llevara una botella de agua a la clase, de modo que lidiaba algunas veces con la deshidratación. En una ocasión tuvo miedo de que el bebé hubiera dejado de moverse; un ultrasonido alivió su preocupación.

En Uganda, India y Guatemala, las mujeres se preocupaban principalmente a solas, y sus malestares permanecían en el misterio. En India, el médico de Sanju le envió a un hospital en la ciudad a una hora de camino desde su casa para que le hicieran un ultrasonido, pero ella no entendía por qué era necesario. Regresó a casa preguntándose eso. Más adelante me dijo que nadie le había explicado si habían detectado alguna complicación; o si lo habían hecho, esta mujer que no tenía educación formal no había comprendido lo que le habían dicho. Sanju tenía dudas de que la máquina incluso funcionara. Y desde luego, no le entregaron ninguna imagen.

Pocas de las mamás en India y Uganda cumplían con la recomendación de la Organización Mundial de la Salud de realizar al menos cuatro visitas de cuidado prenatal con trabajadores del cuidado de la salud entrenados. Las distancias hasta una clínica o un hospital eran demasiado grandes, el viaje tomaba demasiado tiempo y era muy costoso, las medicinas eran demasiado caras, y había muy pocos trabajadores del cuidado de la salud. La OMS había determinado que cuatro visitas eran el mínimo necesario para recibir una vacuna contra el tétanos, una revisión adecuada y tratamiento para infecciones y otros potenciales problemas. Pero según la propia investigación de la OMS durante el periodo 2006-2013, apenas la mitad de todas las mujeres embarazadas en el mundo cumplían con el mínimo de cuatro visitas; en países de bajos ingresos, era ligeramente superior a una tercera parte. En Uttar Pradesh, uno de los estados más pobres de la India, solo una cuarta parte de las mujeres embarazadas iban a realizarse algún chequeo prenatal. En Uganda, un estudio del gobierno revelaba que aunque el 95% de las mujeres embarazadas acudían a su primera visita prenatal, para confirmar el embarazo, solamente el 48% completaba las cuatro visitas; y la mayoría de quienes lo hacían vivían en zonas urbanas. Eso significaba que también pasaban por alto la distribución de pastillas de hierro y ácido fólico y pastillas para la malaria. Solamente una de cada dos mujeres que visitaban una clínica era advertida sobre complicaciones en el embarazo. (Incluso en los Estados Unidos, no todas las mujeres embarazadas cumplían con los estándares de la OMS; un estudio revelaba que el 6% de las mujeres no recibían cuidado prenatal, o lo hacían tardíamente, y que la mayoría de las mujeres que encajaban en esta categoría eran afroamericanas o latinas).

Cuando podían visitar una clínica o un hospital para hacerse un chequeo prenatal, las madres en el mundo en vías de desarrollo con frecuencia encontraban a un equipo escaso y pésimas condiciones de infraestructura. Oficiales de la OMS y el Fondo de las Naciones Unidas para la Infancia se asombraron ante el lamentable estado general de las condiciones reveladas en su primera revisión en varios países de los servicios de agua, saneamiento e higiene en las instalaciones del cuidado de la salud. Catalogaron de "alarmantes" sus descubrimientos. Repasando datos de 54 países de renta baja y media que representaban a más de 66 000 instalaciones del cuidado de la salud, el reporte concluía que el 38% de las instalaciones carecían de acceso mejorado a una fuente de agua, el 19% no proporcionaba saneamiento, y el 35% no tenía jabón y agua para el lavado de manos. Apenas sorprende entonces que los equipos para ultrasonidos no estuvieran en los primeros puestos en muchas listas de prioridades.

Las consecuencias de estas deficiencias pueden ser fatales, ya que las infecciones pueden extenderse rápidamente en tales condiciones. El reporte decía que la sepsis y otras infecciones graves son importantes asesinos, una de las principales causas de muertes maternas e infantiles. Los riesgos relacionados con la sepsis son treinta y cuatro veces más elevados en ambientes de bajos recursos. El impacto es particularmente pronunciado para los recién nacidos. Una mala higiene durante y después del corte del cordón umbilical (manos sucias, un cuchillo sucio, ropa sucia) produce incontables números de infecciones de ombligo. En muchos lugares, las mamás deben llevar sus propios cuchillos, jabón y ropa, si es que pueden permitirse tenerlos o incluso el acceso a ellos, y algunas veces su propia agua. En instalaciones sin inodoros, las mujeres que están de parto tienen que caminar al exterior para hacer sus necesidades.

"Las consecuencias para la salud de los malos servicios de agua, saneamiento e higiene son enormes. No se me ocurre otro determinante medioambiental que cause una desgracia tan profunda, debilitante y deshumanizadora", dijo Margaret Chan, directora general de la OMS ante la publicación del condenatorio reporte.

Estas condiciones ponían en riesgo la capacidad de proporcionar servicios básicos y rutinarios como el parto del bebé y obstaculizaban el esfuerzo por prevenir y controlar las infecciones. También lo hacía la falta de personal: más de 50 países tenían menos del mínimo de 23 médicos, enfermeras o parteras por cada diez mil personas que la OMS y otras organizaciones internacionales consideraban necesario para alcanzar un 80% de tasa de cobertura de cuidado prenatal y partos por parte de ayudantes en el parto. Un reporte de Save the Children, *Surviving the First Day* (Cómo sobrevivir al primer día), observaba que África subsahariana tenía solamente once médicos, enfermeras o parteras por cada diez mil personas, y que el Sur de Asia tenía solamente unos catorce.

Todas estas deficiencias sumaban a una de las mayores desigualdades en el mundo. Según el Banco Mundial, la mortalidad infantil es unas quince veces mayor en países de bajos ingresos que en países ricos, y la mortalidad materna es casi treinta veces más elevada. Casi todas esas muertes pueden prevenirse.

En Uganda, esta desigualdad quedó revelada en el reporte con un inocente título pero notablemente franco, *Análisis de Situación de los Niños en Uganda* preparado por el gobierno y UNICEF. En él se confesaba: "Las principales limitaciones para la provisión de un servicio de salud de buena calidad incluyen poco personal y absentismo; distribución geográfica desigual de las instalaciones sanitarias; mala logística, que incluye frecuentes carencias de medicinas y otras provisiones esenciales". Reconocía "sistemas débiles de supervisión para prevenir el absentismo y la corrupción", al igual que limitaciones de presupuesto.

Después seguía una lista de lamentables estadísticas y admisiones:

"Menos de una cuarta parte de las instalaciones sanitarias en Uganda tenían todo el equipamiento y las provisiones necesarias para un cuidado prenatal básico. Aunque el porcentaje de partos asistidos por un ayudante cualificado habían aumentado hasta el

58%, solamente el 2% de las mujeres recibían un chequeo pos-natal en la primera hora después del parto, y solo una tercera parte en los primeros dos días; y esto es principalmente en zonas urbanas. Servicios de emergencia básicos de obstetricia y cuidado del recién nacido estaban disponibles solamente en el 15% de las instalaciones que proporcionaban cuidado pre-natal, mientras que la resucitación neonatal estaba disponible solamente en la mitad. Solo el 29% de los lugares con servicio prenatal proporcionaban servicio de eliminación de SIDA por transmisión de madre a hijo. Más del 80% de los médicos y el 60% de las enfermeras estaban en hospitales que daban servicio principalmente a poblaciones urbanas. Las clínicas comunitarias de mayor nivel en zonas rurales tenían como equipo de personal solamente a dos o tres matronas. Una tercera parte de los pacien-tes que necesitaban servicios de salud sexual y reproductiva y servicios familiares, o servicios de apoyo por VIH/SIDA, no podían tener acceso a ellos, principalmente porque más de la mitad de las instalaciones no tenía ninguna persona calificada para dar pautas de planificación familiar. Objetos para el control de infecciones estaban disponibles solo en una tercera parte de las instalaciones que ofrecían servicios prenatales. No se podían distribuir universalmente pastillas de hierro y ácido fólico".

Aunque el gobierno abolió los cargos al usuario en la mayoría de los servicios de salud en instalaciones públicas en 2001, a muchos pacientes les seguían cobrando y, debido a la escasez de medicinas, se veían forzados a acudir a farmacias privadas y pagar precios incluso mayores. El gasto en salud del gobierno como porcentaje del presupuesto total había disminuido hasta el 8,6% desde el 9,6% en 2003, considerablemente más bajo que el objetivo del 15% establecido por una cumbre de jefes de estado africanos. Como resultado, los ugandeses soportaban la mayoría de los costos por el cuidado de la salud materna e infantil, cubriendo unas dos terceras partes de los costos de sus propios bolsillos, que no eran muy profundos. El gasto público en salud materna e infantil era del 11% del total del presupuesto para salud, aunque los niños menores de cinco años constituían cerca del 20% de la población del país.

ESTAS ESTADÍSTICAS Y el lamentable estado del cuidado de la salud en zonas rurales en Uganda cobraron vida en la clínica de Ongica donde trabajaba la matrona Susan Ejang y donde acudían la mayoría de las mujeres en Baujwinya y Ongica para los chequeos prenatales y el parto. Daba miedo que la escasa infraestructura estaba en su mejor momento.

Susan me llevó a hacer un recorrido. El vestíbulo de entrada del pabellón de maternidad estaba adornado con pósteres de planificación familiar y consejos de salud: "Una generación planificada es una generación feliz", decía uno de ellos. "No darás a tus hijos la mitad de una comida. Entonces no les des la mitad de una dosis del tratamiento de la diarrea", decía otro. Cuando llegaba una mamá que estaba de parto, la admitían en una pequeña sala con una cama y una mesa. Había un aparato cónico de hojalata llamado estetoscopio fetal para escuchar el latido del corazón del bebé. Sin tener ningún ultrasonido, la matrona calculaba las semanas de embarazo midiendo el vientre de la mamá con la longitud de dos dedos, calculando la posición del bebé mediante el toque.

A medida que progresaba el parto, llevaban a la mamá atravesando una puerta gris donde estaba escrito con tiza blanca: "Sala de partos". Dentro había dos camas con marcos metálicos, una de ellas con una pata que se tambaleaba. El espacio que había entre las camas era lo suficientemente ancho para que se moviera una sola persona. Los colchones color café estaban envueltos en plástico transparente. Si resultaba que había una tercera o cuarta mujer a punto de dar a luz al mismo tiempo, y sucedía, entonces se sentaban en el piso hasta que se quedara libre una cama. Las paredes tenían un color blanco sucio, el piso era de color marrón con arañazos, y las cortinas de un azul desteñido. Las ventanas estaban abiertas para ventilar la sala con cualquier brisa que llegara. Las lagartijas entraban y salían por las ventanas, con frecuencia dirigiéndose al techo para darse un festín de arañas y otros insectos. Una avispa se había instalado en uno de los rincones. La puerta gris también se dejaba abierta para ayudar a que circulara el aire, y eso constituía el único modo de refrescar el edificio los días sofocantes y las noches pegajosas y húmedas.

Un barril de plástico azul estaba sobre un trípode de metal en uno de los rincones. Estaba lleno de agua, no purificada, sacada del pozo de perforación que estaba fuera; el personal de la clínica bombeaba el agua en cubos y los llevaba a la sala de partos. Sobre la pared por encima del barril, Susan había puesto una nota escrita a mano:

ATENCIÓN: Para advertir a todos aquellos que dirigen partos en esta sala que siempre supervisen el parto y mantengan limpios los instrumentos. ¡¡NUNCA JAMÁS!! intenten llevarse nada de aquí. Gracias.

No había mucho en la sala, para empezar: un par de guantes de látex, un estetoscopio, y otro estetoscopio fetal. Cualquier equipo que hubiera en la clínica tenía que quedarse allí; si faltaba algo, sería caro sustituirlo y tardaría mucho tiempo en llegar. Una noche, alguien tomó prestada la linterna y nunca regresó a su lugar. La máquina de tomar la presión sanguínea se había roto hacía ocho meses atrás y aún no había llegado otra nueva: Susan quitó el polvo a una vieja bomba manual y la arregló para que volviera a funcionar. El equipo de resucitación, en caso de que el bebé tuviera dificultades para respirar, consistía en una bolsa y una bomba de mano que introducía aire por la nariz.

Se alentaba a las mamás a que llevaran sus propias sábanas, toallas, papel higiénico y material para sutura, y una red anti-malaria si tenían una en buen estado. También, sería bueno si podían llevar un bidón lleno de agua (por si no funcionaba el pozo) y dos cuencos para poner agua para el lavado tras el parto. Ah, y jabón líquido para limpiar el piso; el gobierno proporcionaba un poco cada par de meses, pero nunca había suficiente.

El gobierno proporcionaba un "Kit para mamás" para cada parto. Dentro de los pequeños paquetes estaban los productos esenciales para el parto: algodón, gasa, guantes quirúrgicos, una barra de jabón, una sábana plástica, una hoja afilada para cortar el cordón umbilical, y un hilo para coserlo. Los kit para mamás estaban guardados en un armario de madera porque eran objetos valiosos. Como promedio, allí nacían unos veinticinco bebés cada mes, pero si el número aumentaba en cualquier mes, podrían quedarse sin kit para mamás. Entonces, alguien de la familia de la madre era enviado a una farmacia a comprar un kit; el costo era de unos siete dólares. Por seguridad, en caso de que no regresaran a tiempo o no hubiera dinero para comprar el kit, Susan decía a las mamás que era una buena idea llevar con ellas al menos una hoja limpia para el cordón umbilical. Enfatizaba la palabra "limpia" para minimizar el riesgo de infección, un peligro importante. Una futura mamá le había dado las gracias en una ocasión por ese consejo, porque en sus planes estaba llevar el cuchillo que ella utilizaba normalmente en el campo y para cortar verduras en casa; en cambio, había llevado un cuchillo nuevo.

Una sola bombilla colgaba del techo de la sala de partos. La electricidad la proporcionaban paneles solares en el tejado; pero incluso en un día soleado y brillante, la electricidad que proporcionaban esos paneles duraba solamente unas pocas horas tras el atardecer. A las diez o las once de la noche, la luz comenzaba a parpadear y después todo se quedaba a oscuras. Era entonces cuando Susan improvisaba. Al no tener linterna, el plan de respaldo para iluminar un parto sería un farol o velas. Pero con frecuencia, el farol tenía poco keroseno y el cajón de las velas estaba vacío; en cualquier caso, el aire que entraba por las ventanas apagaba la vela, haciendo que esa fuera una opción poco práctica. En esas noches oscuras, Susan acudía a la luz del último recurso: el tenue brillo de su teléfono celular. Cuando una futura mamá caminaba de un lado a otro por la veranda, esperando que su bebé llegara antes de que cayera la noche, Susan demostró cómo era el parto mediante luz de su celular:

Agachada a los pies de la cama de partos, sostenía el teléfono celular con sus dientes y tenía los brazos estirados en posición para recibir a un bebé. Todo el tiempo, dijo ella, estaba musitando una oración a Dios para que la batería no se agotara y siguiera vivo ese rayo de luz.

Justo cuando Susan estaba en posición agachada con el teléfono en su boca, la mamá embarazada que paseaba regresó a la sala de partos. Horrorizada por lo que vio, se dio media vuelta y siguió caminando fuera. Susan se rió y después me preguntó si yo sabía dónde podía conseguir celulares de segunda mano. Quería tener una reserva de teléfonos disponibles; los teléfonos se estropeaban fácilmente, me dijo, por la saliva, por caerse en charcos de sangre, o por caer al piso.

A continuación, Susan presumió de la sala pospartos. Había cuatro camas con colchones de plástico y sin sábanas. A veces, había más mamás que camas (tres para una cama), ya que esta sala de recuperación tras el parto se usaba también como sala para tratamiento de la malaria. Aquí, ponían a las mujeres embarazadas y con casos graves de malaria goteo intravenoso con quinina y dextrosa. La malaria era el asesino más común en Uganda.

"Nos falta de todo", me dijo Susan. "Espacio, camas, redes antimosquitos, equipamiento". Ciertamente, el único producto que había de sobra eran los mosquitos; zumbaban por toda la clínica, y no eran disuadidos por unas pocas redes viejas y desgastadas que colgaban al lado de las camas.

Si Susan y sus colegas de la clínica se encontraban con cualquier complicación en el parto que no pudieran tratar, o si creían que una mamá necesitaba más exámenes, como Harriet, derivaban a la paciente al hospital en Lira, que estaba a unos trece kilómetros (ocho millas) de distancia. El hospital tenía una pequeña flota de ambulancias disponibles para emergencias, pero el precio desde Ongica era de 35 000 chelines ugandeses, o unos catorce dólares. Antes de preguntar la ubicación donde había que ir, el conductor de la ambulancia preguntaba si el dinero estaba listo. Con frecuencia la respuesta era negativa, de modo que el conductor seguía con su siesta. Entonces, en lugar de la parte trasera de la ambulancia, la mamá que estaba de parto iba hasta el hospital en la parte trasera de una motocicleta, con gestos de dolor en cada bache.

LAS CONDICIONES NO eran menos difíciles, o escalofriantes, en el hospital de Shivgarh en India. Era un edificio bajo, de dos pisos, pintado de un color rosa asqueante; parecía como si alguien hubiera derramado sobre él una botella de Pepto-Bismol. No era precisamente relajante. En el pabellón de maternidad en la planta baja (girando bruscamente a la derecha tras la puerta frontal), un póster de la Misión Nacional para la Salud Rural manifestaba:

> No casen a sus hijas antes de los 18 años. Es un delito punible. Primero denles educación, y después entréguenlas en matrimonio.

Era un consejo sensato, pero curiosamente ubicado. De las mamás que entraban rápidamente para dar a luz a sus bebés, un alto porcentaje no tenía más de dieciocho años de edad. Para ellas, ese consejo llegaba demasiado tarde. Otro cartel, este en el patio de entrada justamente fuera del ala de maternidad, era igualmente ignorado:

> Adopte la esterilización masculina. Un corte, un punto. Sin dolor. Sin debilidad. Todos los servicios son gratuitos. Buena salud. Sin preocupación.

Una enfermera me dijo después que ella no sabía que se hubiera realizado jamás una vasectomía en el hospital.

Un tercer cartel era más positivo:

> Su aspiración es nuestro esfuerzo. Proporcionarle higiene, medicina y consejos para el cambio de conducta. Mantener seguros a la madre y el niño.

Debajo de ese cartel había en grandes cajas algunas de las medicinas para las madres: pastillas de ácido fólico. Una etiqueta decía: "Manténgase en lugar fresco, seco y oscuro. Protéjase de la luz solar y la humedad". La zona no era ni fresca, ni seca ni oscura. Entraba la luz del sol. La temperatura alcanzaba los 37° C (100° F). La humedad, en los días previos a los monzones, era pesada.

Era aquí donde las mujeres de Rampur Khas y Berjor Khera daban a luz. La electricidad la proporcionaban paneles solares y un generador de respaldo, pero había una falta de luces generalizada. El vestíbulo entre la sala de las madres y la sala de partos era oscuro y gris. La sala de las madres, donde las mujeres esperaban para dar a luz, y a la cual regresaban para la recuperación, tenía cuatro camas de metal con colchones delgados y sábanas desgastadas. Cuatro ni se acercaban a ser suficientes para suplir la demanda. Las mujeres a menudo esperaban en el vestíbulo o afuera.

La sala de partos tenía dos camas pequeñas y estrechas. Una estaba cubierta por una sábana de hule; una almohadilla de goma estaba situada en los pies del colchón. La iluminación la componía una luz de neón que colgaba del techo y una sola bombilla en una pared encima de un reloj, que se utilizaba para registrar la hora del nacimiento. En un rincón de la sala de partos había elementos para ocuparse del recién nacido: una mesita con mantas para dar calor, mascarillas de oxígeno y bombas para respirar, un suero salino. No había máquina de ultrasonidos; como en la clínica de Ongica, las enfermeras evaluaban la posición del bebé mediante el tacto. Las mujeres que tenían complicaciones, o necesidad de que les hicieran una cesárea, eran enviadas a un hospital más grande que estaba a unos ochenta kilómetros (cincuenta millas). Un par de ambulancias esperaban en el patio.

Una enfermera me dijo que traían al mundo a unos 1300 bebés al año. Con frecuencia, no había camas suficientes para manejar la demanda; no era inusual que los bebés nacieran en el vestíbulo o afuera. El gobierno indio había dado un gran impulso a que las mujeres dieran a luz en hospitales o clínicas; como incentivo, las mamás recibían 1400 rupias tras el parto. Pero a medida que aumentó el número de nacimientos en hospitales, no hubo ampliaciones de las instalaciones correspondientes, en especial en las zonas rurales, y por eso la saturación era un problema generalizado. Aun así, el hospital ofrecía más asistentes cualificados y equipo de emergencia de los que tendría una mamá que diera a luz en su casa.

Mientras hablábamos en la sala de partos, la enfermera detectó un ratón que corría a lo largo de la pared hasta el rincón. La enfermera retrocedió y se escabulló de allí saliendo por la puerta abierta de la sala. Me preguntaba qué sucedería si el ratón apareciera durante un parto. ¿Abandonarían sus puestos los asistentes?

La sala de recuperación servía como una breve escala, pues también estaba saturada por la demanda. En lugar de esperar a que una de las camas estuviera libre, las mamás a menudo se iban con su bebé una o dos horas después de dar a luz, absteniéndose de cualquier examen posnatal.

LA INFRAESTRUCTURA EN clínicas rurales más pequeñas era incluso más rudimentaria.

La aldea de Shyamkali de Pure Baishan estaba a varios kilómetros más lejos del hospital de Shivgarh, de modo que ella planeaba tener a su bebé en una clínica de maternidad más pequeña a unos quince minutos de distancia de su casa en bicicleta. También era un edificio rosado. Un generador que hacía un ruido sordo proporcionaba electricidad; las matronas lo habían llevado ellas mismas para no tener que trabajar a oscuras. Había dos camas, una para la espera y otra para el parto, separadas por una pared de bloqueta. Un ventilador de techo de tres aspas movía el aire con una cadencia lenta y tambaleante; colgaba del techo con un cable desprotegido y enchufado a un herrumbroso enchufe. Dos bombillas estaban encajadas en tomas de corriente en la pared. El extremo puntiagudo de un clavo sobresalía aleatoriamente de una de las paredes, desviando a cualquiera que se acercara demasiado. El techo no inspiraba confianza; tenía manchas de agua, y el yeso estaba agrietado y se caía por los extremos. Arañas de patas largas paseaban por las ruinas. Abajo, el piso de cemento estaba cubierto de mantas desgastadas y manchadas de sangre, pues era ahí donde se sentaban las mujeres mientras esperaban que hubiera espacio en una cama, y con frecuencia daban a luz allí cuando estaba demasiado saturado.

El único equipo de diagnóstico era una máquina para tomar la presión arterial que llevaba dos meses estropeada; estaba en un rincón mientras, como en la clínica en Ongica, se había puesto en funcionamiento de nuevo un aparato manejado a mano. Había una linterna roja de plástico sobre un estante al lado de la cama de partos, lista para la acción en caso de que fallara el generador. La cama en sí era un colchón plástico verde. Toallas sucias estaban enrolladas formando una almohada. Un tapete de goma color rojizo deambulaba a los pies del colchón, esperando recibir al siguiente bebé.

Si ALGUNA DE las mujeres de Shivgarh hacía la caminata de ochenta kilómetros (cincuenta millas) hasta la capital de Uttar Pradesh, Lucknow, se habría maravillado ante la imponente valla publicitaria en el centro de la ciudad. Presentaba a una mamá primeriza con una bata blanca acunando a su bebé recién nacido desnudo, y este asombroso párrafo:

El Hospital Sahara presenta un verdadero servicio de parto sin dolor

- Ofreciendo una experiencia de un parto normal sin dolor
- Ocupándose con destreza de todos los embarazos complicados las 24 horas al día apoyado por súper especialistas cualificados

¿Sin dolor? ¿De veras? La jactancia en sí era una indicación de la amplia desigualdad en el cuidado de la salud que había en India. El Hospital Sahara era un tipo de Taj Mahal dentro del mundo médico. Las pacientes que entraban al inmenso vestíbulo eran recibidas por una estatua imponente y elaborada de la Madre India, coronada de oro, con una de sus manos agarrando la bandera de India y la otra dirigiendo las riendas de un carromato tirado por cuatro leones rugientes. A su izquierda estaba el ala de radiología, la primera parada para las que llegaban para un chequeo prenatal o para dar a luz. Tres máquinas de ultrasonidos estaban funcionando para comprobar la posición y la salud del bebé. Lo primero que veían los padres al entrar en radiología era un cartel, en hindi:

> Ser examinada para descubrir el sexo del feto o dar información sobre ello es punible por ley.

Era una advertencia para padres y médicos, que podrían enfrentarse a pasar tiempo en la cárcel y una elevada multa por revelar el género de un bebé. No es que eso evitara que los padres lo descubrieran. Un administrador del hospital al que enviaron para enseñarme el Sahara dijo que un médico (ninguno de ese hospital, desde luego) puede usar palabras en código como "cancelen los dulces" si es niña. También dijo que los padres que recibían una copia del ultrasonido (por lo general es solo una imagen de la cabeza, a veces parte del cuerpo) podían enviarlo por fax o escaneado a radiólogos fuera de India para ver si podían determinar el género. Era la globalización médica a la inversa: mientras que algunos rayos X provenientes de los Estados Unidos y Europa eran enviados a India para su examen, imágenes por ultrasonido recorrían el camino contrario. Después de todo, explicó el administrador del Sahara, era solamente a los médicos *en India* a quienes no se les permitía identificar el sexo del bebé.

Desde radiología, tomamos un elevador hasta el pabellón de maternidad. Inmediatamente pudimos oír el latido del corazón fetal que provenía de una de las habitaciones; un monitor fetal lo ampliaba. Aquí había una máquina móvil de ultrasonidos que podía trasladarse de una habitación a otra, y un monitor de sufrimiento fetal. En la sala de partos había dos camas con colchones gruesos y sábanas limpias, oxígeno, un resucitador de respiración, calentador para el bebé, y todos los objetos esenciales para el nacimiento, entre los que se incluían hojas afiladas y limpias, abrazaderas, y material de sutura. No se requería a las mamás que llevaran nada con ellas; todo estaba allí. Había un médico de servicio constantemente, y la unidad de cuidado intensivo neonatal siempre tenía equipo de personal. Cerca de allí había un quirófano con una cama. Era para las cesáreas. Cada mes, los médicos atendían de cuarenta a cuarenta y cinco partos normales y de cincuenta a sesenta cesáreas. Las madres que tenían complicaciones en el parto llegaban aquí desde kilómetros de distancia. En el pabellón había diez camas, de modo que las madres podían quedarse tres días después del parto.

¿Y qué del alarde del parto sin dolor?

"Ponemos epidurales", dijo orgullosamente el administrador. "Bueno, quizá hay un noventa o noventicinco por ciento menos de dolor".

Él afirmaba que Sahara era el único hospital en la capital y los distritos circundantes que utilizaba epidurales. "Hay que tener disponibles anestesistas", dijo, "y nosotros somos el único pabellón de maternidad que los tiene".

EL HOSPITAL MÁS grande en las zonas montañosas occidentales de Guatemala era una instalación pública en el centro de Quetzaltenango. En las calles circundantes había farmacias, fabricantes de prótesis, y empresarios de funerarias. El hospital no hacía afirmaciones extravagantes de servicios sin dolor, pero sí ofrecía apacibles entornos de árboles y flores, un oasis de verdor en medio de la suciedad y el ruido urbanos. Fuera de las puertas frontales, montones de personas esperaban para conseguir una cita o para visitar las consultas. Las mujeres del valle Palajunoj se abrían camino entre las gentes cuando estaban de parto.

El vestíbulo era acogedor y estaba limpio, los pasillos brillantes y amplios. El pabellón de maternidad en el segundo piso era un lugar alegre. Las paredes eran blancas con rayas de color rojo y púrpura. Había dibujos de los Pitufos y Mickey Mouse, y personajes de los dibujos animados de *Monsters, Inc.* Winnie the Pooh, Eeyore, Tigger y Piglet miraban a los recién nacidos desde las cortinas de la sala de observación.

La mayoría de los servicios y tratamientos eran gratuitos, incluidos los ultrasonidos. Pero al ser un hospital público, dependiente del presupuesto del ministerio de salud, no todo iba bien. Había carencias esporádicas de medicinas y vacunas, y el equipo de enfermeras y médicos era pequeño; y el espacio era ajustado. Había cuarenta y seis camas en el ala de maternidad, pero a veces ni siquiera eso era suficiente. En los días más ocupados, cuando había presentes hasta cincuenta o sesenta mujeres, se producía una rotación constante de mamás que entraban y salían de las camas. A menos que hubiera necesidad de cuidados más prolongados, nadie se quedaba mucho tiempo.

Desgraciadamente, muchos de los bebés regresarían en algún otro momento en sus jóvenes vidas. Las especialidades del hospital eran los partos y el tratamiento infantil de la desnutrición y las infecciones por parásitos.

EL HOSPITAL HOLY CROSS en Chicago, donde nacían cada año unos cuatrocientos bebés y donde Jessica planeaba dar a luz, ofrecía toda la comodidad de un pabellón de maternidad moderno. Había siete habitaciones equipadas en el modelo PRP: el parto, la recuperación, y el cuidado posparto se realizaban todos ellos en la misma habitación. Las madres no se movían de una habitación a otra, ni tampoco los bebés; los recién nacidos estaban en la misma habitación con sus mamás. Cada habitación era casi más grande que la clínica entera donde Shyamkali planeaba tener a su bebé. Las habitaciones tenían una sola cama con un bonito colchón de espuma, sábanas blancas limpias y una manta verde; se podía reconfigurar rápidamente para hacer las veces de cama de parto. Un monitor de computadora permanecía como un centinela sobre una bandeja móvil, registrando los signos vitales de la mamá y el bebé. Todo lo necesario para administrar una epidural estaba a mano, al igual que una máquina de oxígeno, un sistema de parto asistido por extracción, y una manta para calentar. Una pila de cajones bajo la computadora tenía guantes, material de sutura, y hojas y abrazaderas para el cordón umbilical. Una de las paredes se deslizaba y se abría para revelar un armario que contenía todo lo que podría necesitar un médico, incluido un monitor fetal. Las luces eran brillantes, y había aire acondicionado. De la pared enfrente de la cama sobresalía un televisor. Un cómodo sofá daba la bienvenida a los visitantes en la noche. Las mamás en Shivgarh, Ongica y el valle Palajunoj ni siquiera podían comenzar a imaginar tales lujos.

Un contingente completo de enfermeras estaba de servicio las 24 horas, al igual que un especialista neonatal y un anestesista. La sala para partos por cesárea y de emergencia estaba más adelante en el pasillo; estaba preparada una máquina de ultrasonidos para detectar cualquier problema. Las paredes de la zona de enfermeras presentaban escritos filosóficos e inspiracionales: "Sé el cambio que deseas ver en el mundo", y "Todas las cosas crecen mejor con amor".

Abajo, en la sala de emergencias, el caos del barrio a menudo rugía al máximo; Holy Cross era uno de los hospitales más concurridos de Chicago por la llegada de ambulancias. Muchas llegaban de la escena de algún crimen.

A MEDIDA QUE se acercaba el momento de dar a luz, aumentaban las ansiedades.

A lo largo de sus embarazos, Esther, Brenda y Harriet se aferraban con fuerza a sus sueños de tener un bebé sano y un hijo exitoso incluso mientras veían cómo se hacían pedazos los sueños de otras madres. Aprendieron cuán peligrosos podían ser los 1000 días. Las noticias de tragedias viajaban rápidamente por las aldeas de diminutas chozas. El sistema de comunicaciones rurales, ahora mejorado con la proliferación de teléfonos celulares, estaba lleno de noticias desgarradoras. Los reportes de abortos espontáneos siempre estaban teñidos de cierto nivel de misterio: ¿era culpable la malaria, una enfermedad intestinal causada por la mala calidad del agua, o el abuso por parte de un esposo? Y los reportes de muertes fetales tenían a las mamás muertas de miedo hasta el momento del parto.

Grace Akullu, la nutricionista comunitaria para el proyecto alimentario de Visión Mundial-HarvestPlus, había trabajado al lado de las mujeres en sus campos y en sus casas, enseñándoles las maneras de plantar, cosechar, cocinar y comer las nuevas batatas y frijoles altos en hierro. Y compartía íntimamente su experiencia de los 1000 días, porque Grace también estaba embarazada de su tercer hijo. Ella era la viva imagen de la salud, llena de risas, energía y vida.

Les decía a todos que había sido un embarazo bueno. Incluso cuando llegó y pasó la fecha programada del parto, Grace se sentía bien, permanecía calmada, y creía que todo iba normal con el bebé. Dos semanas después de la fecha prevista, fue a realizarse un chequeo en un hospital privado más pequeño en Lira. Durante el examen con ultrasonido, oyó el latido del corazón; el bebé estaba bien. A la mañana siguiente temprano comenzaron las contracciones. Regresó al mismo hospital y le enviaron a realizar otro ultrasonido para prepararse para el nacimiento. La máquina no estaba funcionando; el radiólogo necesario para leer el ultrasonido no estaba en el edificio, pues también trabajaba en otras clínicas. Grace esperó; y esperó. Las contracciones se aceleraron. Finalmente, después de casi una hora apareció el radiólogo y realizó el ultrasonido. No había movimiento; movía frenéticamente el sensor de ultrasonido por el vientre de Grace, examinando, rogando encontrar algo, pero todo estaba en silencio. Escucharon en busca de un latido. Nada. Aún así, Grace tenía que dar a luz al bebé; estuvo con dolores de parto por varias horas. En todo ese tiempo, oraba: "Por favor, Dios, no me lleves a mí también. Guárdame para mis otros hijos". Después de la pérdida fetal, con su tristeza, Grace volvió a orar, esta vez en gratitud y alabanza por haber sobrevivido.

Y preguntó a los médicos y las enfermeras: "¿Cómo pudo suceder esto?". Grace estaba acostumbrada a llegar al fondo de las cosas en su trabajo, y siempre alentaba a otras mujeres a expresarse; pero las respuestas que escuchó ahora eran incompletas. Alguien mencionó que quizá el cordón umbilical se había enrollado en el cuello del bebé; nadie parecía saberlo con seguridad.

ESTHER SE HABÍA puesto cada vez más nerviosa desde que experimentó un brote de malaria a los cinco meses del embarazo; había aprendido sobre los mayores peligros que podrían provenir por la picadura de un mosquito. Las mujeres embarazadas eran particularmente susceptibles a la malaria, aumentando así el riesgo de enfermedad, anemia y muerte. En África, treinta millones de mujeres que viven en zonas endémicas de malaria se quedan embarazadas cada año, según la OMS. Para el niño no nacido, la malaria de la madre aumentaba el riesgo de aborto natural, muerte del feto, parto prematuro, y bajo peso al nacer, lo cual es una causa principal de mortalidad infantil. La OMS calculaba que hasta 200 000 muertes de recién nacidos cada año estaban relacionadas con la malaria en el embarazo. En Uganda, un reporte del gobierno decía que la malaria era un factor importante en el 36% de todas las muertes maternas y el 31% de muertes de niños menores de cinco años. Y esas cifras estaban aumentando, ya que la malaria era endémica, golpeando a lo largo de todo el año. Esther entró en la clínica y le dieron unos medicamentos antimalaria y unos analgésicos para el dolor. Se recuperó rápidamente, y el bebé, que era muy activo en su vientre, no parecía estar afectado. Sin duda, esa era su ferviente esperanza, pero la preocupación constante no desaparecía.

Esther se sentía fuerte y seguía trabajando en los campos; su esposo, Tonny, había regresado a casa de la universidad para trabajar a su lado y ayudar en la preparación para el parto. Pero con cada día que pasaba, la ansiedad de Esther aumentaba un poco. Llegó su fecha prevista, y pasó. ¿Iba todo bien?, se preguntaba. Sentía consuelo en que el bebé seguía activo. A Esther le encantaba sentir el movimiento de su bebé.

JESSICA TAMBIÉN ANHELABA el movimiento de su hija. A los seis meses, le escribió:

*Hola, bebé, ¿por qué no te mueves? Quiero sentir que te
mueves para saber que estás bien. Me preocupo mucho por
ti, por muchas cosas, si estás bien, si tienes algún defecto,
casi por todo, cariño. Pero ruego a San Judas y al Divino
Niño, y a nuestra Guadalupe y a Dios para que te bendi-
gan y te cuiden. Mi Alitzel, te amo.*

Seis semanas después, la preocupación de Jessica aumentó:

*¿Sabes que anoche fui al hospital? Pensé que había roto
aguas y casi lloré. Cuando hablaba con tu papá estaba
llorando, pues estaba muy nerviosa y muy asustada. Sinceramente, no estaba preparada para ti, para los dolores
del parto. Aún tenemos que comprarte tu carrito, calcetines,
biberones, etc. Pero incluso si no estaba preparada, estaba
lista para experimentar todo para tenerte en mis brazos.
Tu papá estaba en shock, pero al final no fue nada. Aún
te quedan otras diez semanas más, mi pequeña princesa.
Mamá te está esperando, y también tu papá. Todos te
queremos y estamos esperando tu llegada. ¡Quedan 67
días! Sigue moviéndote. A mamá le encanta eso.*

Jessica contaba los días, lo cual solamente le ponía más nerviosa. Cuando quedaban tres semanas, escribió:

*¡¡Ya quiero tenerte en mis brazos!! Tu papá está muy ner-
vioso, y yo también. Quedan otros 22 días.
Te amo.*

Más avanzada esa noche, Jessica estaba tumbada en la cama
enviando un mensaje de texto a Marco, que estaba en el ensayo
de su banda, cuando rompió aguas. Dos horas antes, había

llamado a Marco en tono de broma diciendo: "Creo que es el momento". Ahora lo decía en serio, hablando de contracciones y dolor de espalda. Marco podía notar la diferencia en su voz. Dejó a sus compañeros de la banda y se dirigió a Holy Cross. La madre de Jessica se la llevó al hospital, que estaba a unos diez minutos de su casa. Eran pasadas las diez de la noche cuando llegaron.

Entonces nada. La noche se convirtió en día, y la mañana en tarde. Las contracciones comenzaron otra vez, esta vez más intensamente. Mientras se acercaba una segunda noche, Jessica comenzó a sudar por la fiebre. No había dormido. Estaba cansada y débil. Una enfermera dijo que si no daba a luz sobre las diez de la noche, harían un parto por cesárea. Jessica no quería eso. Su matrona, Patricia, ayudaba con los ejercicios de respiración. Jessica empujaba, observando el reloj, con la manilla acercándose hacia el 10. Ahora hablaba directamente a su hija: "Vamos, Ali. Es el momento".

TAMBIÉN HACÍA TIEMPO que el sol se había puesto en el norte de Uganda, alrededor de las nueve de la noche, cuando Esther le dijo a Tonny que habían comenzado las contracciones. Tonny se apresuró a visitar a un vecino que tenía una motocicleta, y contrató al hombre para que llevara a Esther a la clínica. Ella iba dando botes en la parte trasera, sentada a estilo amazona durante el viaje apresurado de cinco minutos por la irregular carretera de tierra. Tonny salió corriendo, tomando un atajo por los campos hasta la clínica. Esther pasó allí una noche incómoda; era mitad del verano, y la puerta y las ventanas abiertas hacían poco para refrescar la sala de partos. Paseaba a un lado y otro de la veranda, el mismo lugar donde Susan le había dicho que su hijo podría lograr grandes cosas.

Los dolores de parto de Esther se prolongaron hasta el día siguiente. ¿Por qué estaba tomando tanto tiempo? ¿Estaba bien el bebé? Sin ultrasonido, la asistente puso un estetoscopio fetal sobre el vientre de Esther para escuchar el latido del corazón del bebé, y lo oyó. Le dijo que todo iba bien. El sol se había puesto, y la clínica estaba rodeada de oscuridad. Las luces comenzaron a parpadear.

EN EL VALLE Palajunoj, Dianet se despertó con dolores. Faltaba una semana para su fecha de parto, pero su esposo dijo que debería ir al hospital, pues creía que el bebé ya estaba listo para nacer. Dianet emprendió el camino bajando la colina desde la casa de sus padres, y en el camino principal se subió a un autobús para hacer el viaje hasta Quetzaltenango. Llevaba una bolsa con ropa para una bebé, creyendo aún que la imagen original del ultrasonido, y no sus familiares, era la correcta. Dianet llegó al hospital sobre las once de la mañana. Tras un rápido chequeo, una enfermera dijo que aún quedaba un largo rato para el parto, y alentó a Dianet a comer algo y dar paseos. Todos confiaban en que sería un parto rutinario. Dianet almorzó. Tras otro chequeo, el médico sugirió que se fuera a casa y esperara. Dianet dijo que no tenía auto y prefería esperar en el hospital. Volvió a caminar por los pasillos, pasando al lado de Mickey y los Pitufos. Más avanzada la tarde, como preparación para el parto enviaron a Dianet a que le hicieran un ultrasonido. De repente, la enfermera no parecía tan confiada. El examen detectó *meconio* (las primeras heces del bebé) en el líquido amniótico. Le dijeron a Dianet que era una señal de sufrimiento fetal y que era una situación peligrosa. Si el bebé inhalaba el meconio, podía bloquear parcialmente o por completo sus vías respiratorias, y había riesgo de lesión pulmonar. La espera había terminado. Prepararon a Dianet para una cesárea de emergencia.

ERA CERCA DE la medianoche en Pure Baishan cuando Shyamkali se levantó de su *charpoy* para ir a la clínica. Al haber dado a luz ya a cuatro hijas, no sentía pánico. Agarró tranquilamente una manta, una toalla y una hoja nueva para el cordón umbilical. Su esposo había viajado a Delhi para buscar trabajo, cualquier cosa que pudiera encontrar. Una vecina anciana se había quedado con Shyamkali, y también ella se puso en marcha. Agarró una carreta en bicicleta, que no era otra cosa sino una vagoneta abierta unida a la parte trasera de una bicicleta, Shyamkali y su vecina se subieron a la carreta y comenzaron su viaje de medianoche hacia la pequeña clínica color rosa. El conductor se puso de pie para hacer más palanca, y durante quince minutos pedaleó furiosamente por los baches y surcos del camino. En la clínica, Shyamkali se encontró con otras cuatro mujeres esperando para dar a luz. Tendió su manta y su toalla sobre el piso de cemento y se sentó con cautela, esperando y rogando para que fuera un niño.

| EL NACIMIENTO

capítulo siete

EL DÍA MÁS PELIGROSO

SHYAMKALI LLEGÓ A LA CLÍNICA JUSTO A TIEMPO. EL bebé ya llegaba. Aún no había ninguna cama libre, así que se quedó en el piso; y allí dio a luz.

Estudió las caras de quienes se movieron rápidamente para atender al bebé. Parecían tristes. "Lo sentimos", le dijeron.

El bebé estaba vivo y aparentemente bien. Shyamkali oyó los llantos, y se preguntaba: ¿por qué se están disculpando?

"Es una niña", le dijeron. Es una lástima, dijeron la partera y la enfermera entre ellas y a las otras mamás que esperaban para dar a luz; esta madre tenía ahora cinco niñas.

Shyamkali las ignoró. Inmediatamente amó a su quinta hija y se alegró por el nacimiento. Su nombre sería Anshika, que significa "ser parte de algo". Parte de una casa llena de muchachas, sin duda. Shyamkali acercó a su regazo a su hija para mantenerla caliente y darle de mamar la primera leche, rica en nutrientes y anticuerpos.

Shyamkali estuvo en el piso durante una hora con su bebé, pero su mente estaba acelerada por la preocupación. ¿Cómo recibiría la noticia su esposo? ¿Qué dirían sus vecinos en la aldea? Su amiga anciana que le había acompañado a la clínica ya decía con firmeza que debería intentarlo de nuevo para tener un varón; decía que su esposo insistiría en eso. Shyamkali estaba ansiosa por llegar a su casa con sus otras hijas; tampoco quería ocupar espacio que podría necesitar otra madre, así que se levantó del piso y envolvió a Anshika sobre su pecho. Entonces se subió al vagón de la bicicleta. El conductor comenzó el arduo pedaleo, ahora con un pasajero más a bordo. Fuera estaba muy oscuro y había mucha humedad. Shyamkali hacía un gesto de dolor con cada bache en el camino, agarrándose con fuerza a su bebé y al vagón para no venirse abajo. Solamente unas horas después de salir hacia la clínica, estaba de regreso en casa con Anshika.

En Quetzaltenango, llevaron a Dianet hacia el quirófano para una cesárea. El médico y las enfermeras trabajaron rápidamente, y poco después Dianet sostenía a su bebé, una niña llamada Keytlin. El ultrasonido había sido correcto. Lo que sorprendió a Dianet, al ser ella misma tan pequeña, era que su hija fuera tan robusta, pesaba más de tres kilos (siete libras). Dianet le dio el pecho inmediatamente y estableció vínculos con su hija mientras se recuperaba en el hospital. Antes de partir hacia su casa tres días después, le dijeron a Dianet que necesitaba descansar tras la cesárea y que no debía hacer ningún trabajo enérgico en los campos. Ella prometió tener cuidado, pero sabía que no podía estar mucho tiempo lejos de los campos porque era el negocio de su familia. En la casa de sus padres, la familia celebró la llegada de la primera nieta con mucha emoción. ¡La bebé estaba muy fuerte y saludable! Quizá, esperaban, esta siguiente generación sería más alta.

Las mismas esperanzas llegaron con el nacimiento del hijo de María Estella, Jorge, que pesó cerca de los cuatro kilos (ocho libras y media). María Estella había sido una buena alumna en las clases de Susy, y ahora su hijo era muy grande comparado con su hermana mayor, que ya mostraba señales de retraso en el crecimiento infantil. La mejora quizá no tendría que esperar a la siguiente generación; tal vez el cambio podría llegar con el siguiente hijo.

Gabriela, la más joven de las mamás embarazadas de Susy, no podía guardarse un pensamiento para el futuro; quedó asombrada cuando un médico en el hospital de Quetzaltenango le dijo que su bebé se estaba ahogando lentamente en el vientre. Un ultrasonido reveló que los pulmones no se estaban desarrollando adecuadamente, y el bebé estaba muy apretado en la parte alta del vientre. Ordenaron hacer una cesárea aunque el parto sería prematuro en un mes. José Geovani pesó solamente 1,8 kilos (cuatro libras), y lo pusieron en una incubadora durante cuatro días. Gabriela se fue a su casa desconsolada por no poder llevarlo con ella. Cuando sacaron a José de la incubadora, madre e hijo fueron inseparables: literalmente. José fue envuelto en una manta azul sobre el pecho de su madre, y permanecieron unidos todo el día, como un canguro con su cría en la bolsa. Era una práctica que se estaba extendiendo por el mundo en vías de desarrollo, el mismo cambio que Vishwajeet introdujo en Shivgarh: CMC (cuidado materno de canguro).

* * *

EN CHICAGO, JESSICA empujaba y seguía mirando el reloj. Dio a luz, finalmente, cinco minutos antes de la hora tope para la cesárea. Después de todas las cartas a su hija en su diario, estaba contenta de saludar a Alitzel en persona. Esa carita, las mejillas, igual que en las imágenes. Jessica había imaginado tener una bebé de casi cuatro kilos (ocho libras), pero debido a que Alitzel llegó con tres semanas de antelación, era más pequeña: 2,5 kilos (cinco libras) y 48 centímetros (19 pulgadas). Cualquier preocupación, sin embargo, quedó rápidamente superada por la alegría. "Tenerla en mis brazos tras nueve meses, mirando su carita…", le dijo ensoñada a Patricia. Pusieron a Alitzel sobre el pecho de Jessica; comenzaron la lactancia pero fue una lucha, pues Alitzel tenía dificultad para agarrarse. Hubo mucha conmoción en la habitación al celebrar el nacimiento. Jessica estaba agotada por la larga duración del parto, y cabeceó quedándose dormida.

Quintana también dio a luz quince días antes de tiempo. En el Hospital Mercy, con su avanzado pabellón de maternidad al oeste del lago Michigan, un examen reveló que tenía altos los niveles de proteína en su orina junto con la presión arterial un poco elevada, lo cual les ponía en riesgo a ella y al bebé. Los asistentes intentaron primero inducir el parto, pero entonces decidieron que era necesaria una cesárea. ShaLawn también nació pequeña, con 2,5 kilos (cinco libras) y 48 centímetros (19 pulgadas). La bebé no estaba en peligro, pero el estado de Quintana era alarmante. Su temperatura corporal se había desplomado. Las enfermeras se movieron rápidamente para cubrirla con mantas calientes, y poco a poco su temperatura regresó a la normalidad. Mientras Quintana se recuperaba, la separaron de ShaLawn. Después de dos días se reunieron otra vez, con ShaLawn sobre el pecho de Quintana, madre e hija fortaleciéndose juntas.

*   *   *

A MEDIDA QUE avanzaba la noche en el norte de Uganda, Esther rogaba para que finalmente llegara su bebé. Susan estaba a su lado con la luz de su teléfono celular. Eran aproximadamente las diez de la noche, con el tenue resplandor de la bombilla encima de la cama, cuando nació un varón: Rodgers Okello. Pesó unos saludables 3,8 kilos (siete libras). Esther comenzó a darle el pecho inmediatamente. Al día siguiente regresaron a su casa para unirse a una gran celebración familiar. Rodgers estaba junto a su bisabuela, sus abuelos paternos y sus padres: cuatro generaciones viviendo juntas en su grupo de pequeñas casas junto al camino de tierra.

Cuando le llegó el momento a Brenda para dar a luz, su bebé no se hizo esperar. Fuertes contracciones comenzaron tan rápidamente que le dijo a su esposo, Dennis, que quizá no llegaran a la clínica comunitaria en Ongica a tiempo para el parto. Dennis observó que la oscuridad de la noche progresaba rápidamente, lo cual haría que cualquier viaje fuera más lento; por lo tanto, los familiares reunidos se pusieron en acción para un parto en la casa. Uno de los niños de la aldea corrió por el monte para llamar a una habitual de la vida africana: una asistente para un parto tradicional; era una mujer mayor que había ayudado a nacer a incontables bebés a lo largo de los años antes de que se construyeran clínicas rurales. Estaba feliz por ser necesaria esa noche. Dennis extendió la esterilla sobre el piso de tierra y estiércol de su pequeña casa de un solo cuarto, con techo de paja, y ayudó a Brenda a tumbarse en el piso. Brenda estaba tranquila, porque siempre había sabido que un parto en la casa era una posibilidad. En realidad, pensaba que quizá sería mejor de ese modo. Tras la muerte de su primer hijo, su fe en los hospitales y las clínicas había sido probada severamente.

Llegó la ayudante para el parto y comenzó a desplegar algunos de los elementos del kit para mamás que Brenda había preparado. Abrió una lona plástica al lado de la esterilla mientras Dennis corría para traer agua y telas. Su madre sostenía la linterna familiar. No pasó mucho tiempo hasta que llegó un varón sano, llorando con fuerza. Era un muchachito grande; la ayudante solo podía calcular a ojo, pues no había báscula, y pensó que pesaría unos 3,6 kilos (ocho libras). Pusieron inmediatamente al bebé sobre el pecho de Brenda y ella comenzó a amamantarlo. Sus padres le pusieron de nombre Aron, sacado de la Biblia.

Harriet ya estaba en el hospital de Lira cuando comenzaron sus contracciones. La matrona esperaba que Harriet tuviera un parto rutinario, pero cuando llegó el momento, lo primero que vio fue los pies del bebé; era un nacimiento de nalgas. La actividad alrededor de la cama de Harriet rápidamente se puso seria. Apareció un médico. A Harriet le parecía que el parto estaba durando una eternidad, como si el bebé estuviera atascado en mitad del parto. El médico se las arregló para sacar al bebé, una niña, y después se la entregó a una enfermera. La bebé lloraba débilmente. Parecía muy pequeña. La enfermera la pesó: solamente dos kilos (cuatro libras y media).

Entonces, un anuncio sorprendente por parte del médico: "Hay otro".

¿Gemelos? Fue una sorpresa para todo el mundo. Harriet no lo sabía, ni tampoco lo sabían la matrona o las enfermeras. Desde luego que no. No había habido ningún ultrasonido. Habían escuchado el latido de un corazón mediante el estetoscopio fetal, pero supusieron que era solamente de un bebé.

Llegó el segundo bebé. Otra lucha para Harriet. Otra niña. Silencio.

Harriet se preguntaba por qué la bebé no lloraba. Escuchó en busca de un débil sonido, como el del primero. Pero solo había silencio.

El bebé estaba muerto.

¿Qué había sucedido? Nadie tenía una explicación. Le dijeron a Harriet que la bebé tenía úlceras cutáneas de la mitad del cuerpo para abajo, un estado que raras veces se veía en el hospital. No tenían ni idea de la causa, o si era eso lo que había conducido a que la bebé naciera muerta. Dejaron a solas a Harriet y su esposo, Moses, y solamente podían especular. Quizá la bebé ya había estado muerta en el vientre durante uno o más días, y la piel había comenzado a deteriorarse. Tal vez el brote de malaria de Harriet había tenido algo que ver. ¿Fue asfixia, con la bebé ahogada por su propio cordón umbilical? Lo que sí sabían es que esa segunda hija pesaba casi 2,7 kilos (seis libras). Era más grande y más fuerte que la primera, lo cual solamente se sumaba a la agonía y el misterio. Harriet y Moses le pusieron el nombre de Apio a su hija que sobrevivió, que significa la primera niña de dos. Era un nombre que se ponía comúnmente al primero de los gemelos. Habrían llamado a su hermana, la segunda, Acen.

Harriet estaba destrozada ante la pérdida, pero aún así se sentía bendecida de que hubiera sobrevivido una de las bebés, y ella también.

EL PRIMER DÍA es el día de vida más peligroso. Cada año, mueren más de un millón de bebés el día de su nacimiento. Es la nota más lamentable en la triste regresión estadística de muertes infantiles: tres cuartas partes de todas las muertes de niños menores de cinco años se producen en el primer año de vida (eso supone unos 4,5 millones de niños anualmente). Dos terceras partes de esas muertes infantiles ocurren en el primer mes (aproximadamente tres millones), y dos terceras partes de las muertes en el primer mes suceden en la primera semana (unos dos millones). De las muertes en la primera semana, la mitad de ellas ocurren en el primer día. También, más de 2,5 millones de bebés nacen muertos cada año, según un reporte de la organización humanitaria internacional Save the Children. Y casi 300 000 madres mueren cada año durante el embarazo o el parto. El que debería ser el día más feliz de la vida a menudo se convierte en el más triste para muchas familias.

Estas cifras son asombrosas, pero han mejorado de modo dramático a lo largo del último cuarto de siglo. En 1990, unos nueve millones de niños murieron en su primer año de vida, y casi cinco millones en el primer mes; las muertes maternas llegaron a las quinientas mil. Aún así, las pérdidas siguen siendo tercamente elevadas en países no desarrollados y en vías de desarrollo, donde la pobreza y la falta de infraestructura para el cuidado de la salud superan a las mejoras en otros frentes. El estudio de Save the Children, *Cómo sobrevivir al primer día*, observaba que la inmensa mayoría de las muertes en el primer día se producen en el mundo en vías de desarrollo y serían evitables en países más ricos mediante intervenciones previas, durante, e inmediatamente después del nacimiento. Las causas principales de muerte el primer día son complicaciones durante el parto (como la asfixia), nacimiento prematuro, e infecciones y sepsis debido a mala higiene o agua contaminada.

Las soluciones son sencillas y baratas: acceso rápido y confiable a agua y jabón, aparatos de resucitación para salvar a bebés que batallan para respirar cuando nacen, limpieza antiséptica del cordón umbilical para prevenir infecciones, inyecciones de esteroides para las mujeres que tienen dolores de parto prematuros para ayudar al desarrollo de los pulmones del bebé, antibióticos inyectables para tratar la sepsis y la neumonía del recién nacido. Save the Children calculaba el costo de estos productos comunes entre trece centavos y seis dólares cada uno. Pero en países pobres, donde los presupuestos de salud son minúsculos, estos tratamientos comunes a menudo no están disponibles fuera de grandes hospitales urbanos.

El porcentaje más elevado de muertes el primer día está en África subsahariana, donde la tasa de mortalidad el primer día es de 12 por cada 1000 nacimientos vivos. Eso supone un total de unos 400 000 bebés cada año. La tasa en el sur de Asia es de 11 por cada 1000 nacimientos vivos, lo cual, debido a la mayor población, supone una cifra mayor de muertes anuales, casi 425 000. Estas dos regiones suponen más del 80% de muertes el primer día en todo el mundo. Este es el día en que fallos en el sistema de la salud, incluidos mala nutrición, muy pocas visitas prenatales, ausencia de tecnología más avanzada, cortes de electricidad, falta de medicinas, personal poco cualificado, y un escaso cuidado posnatal inmediato, al igual que déficits sociales como bajos niveles de educación entre las madres y desigualdades de género, causan los mayores estragos. En Uganda, por ejemplo, Harriet había hecho todo lo que pudo, siguiendo lo que había aprendido sobre nutrición e higiene adecuadas, solamente para verlo minado por una lamentable infraestructura (máquinas estropeadas, falta de electricidad), pobreza (nada de dinero, ningún ultrasonido), y también ineficacia general (falta de cuidado especializado).

Solamente el uno por ciento de las muertes de recién nacidos en el mundo se producen en el mundo industrializado; pero incluso aquí, el primer día sigue siendo el más peligroso. Según el reporte de Save the Children, los Estados Unidos tenían con mucha diferencia el mayor número de muertes el primer día entre los países más ricos: 11 300 bebés en 2011, o aproximadamente un 50% más que todos los demás países industrializados en conjunto. Como principales causas, Save the Children citaba la mala nutrición entre las madres, complicaciones en madres que tenían sobrepeso o eran obesas, diabetes y elevada presión arterial en las madres, dificultades con las que se encontraban los bebés nacidos prematuros y con bajo peso al nacer, y el elevado número de mamás adolescentes. La tasa de nacimientos prematuros en los Estados Unidos era una de las más elevadas del mundo; la investigación de Save the Children descubrió que 130 países estaban mejor que los Estados Unidos en esta medida tan importante.

Los primeros días más peligrosos de todos estaban en India. Allí, más de 300 000 bebés morían cada año el día en que nacían, suponiendo casi el 30% del total global de muertes el primer día. Aproximadamente el 20% de todas las muertes infantiles en India se producían el día del nacimiento. También era un día peligroso para las mamás: India tenía más muertes maternas que cualquier otro país del mundo, unas 56 000 al año.

DE LAS MUJERES que conocí en mi primera visita a Rampur Khas, dos perdieron a sus bebés el primer día. Ambas tuvieron partos de fetos muertos. Eran las dos mamás más jóvenes del grupo, y las más menudas y bajas de estatura: Meera, que no llegaba a 1,52 metros (cinco pies); y Kiran, que comenzó muy delgada su embarazo. Meera estaba realizando sus tareas domésticas en la tarde cuando sintió dolor en su estómago. Fue al hospital, donde un médico le hizo un examen rápido y dijo que todo era normal; el bebé ya iba a llegar. A la mañana siguiente, Meera dio a luz y el bebé estaba muerto. ¿Cómo pudo suceder eso, ya que se sentía tan saludable?, se preguntaba. Meera recordaba que había tenido un brote de malaria durante su embarazo. ¿Podría haber causado eso que el bebé naciera muerto? Lo preguntó, pero no recibió una respuesta clara. "El destino" parecía ser el consenso. Meera se fue del hospital sola, y su bebé ya era parte de las tristes estadísticas de la India.

Kiran también se quedó sin nada más que preguntas. Comenzó con los dolores de parto en su casa, y su suegra y otras vecinas se ocuparon de ella. Vigilaban el momento de las contracciones, esperando que llegara el momento adecuado para ir al hospital. Esperaron y esperaron. Después de un par de días llevaron a Kiran al hospital. El cuarto día de dolores, su bebé nació muerto. De nuevo, no hubo ninguna explicación de la causa de la muerte, aunque era seguro que la madre y el bebé habían sufrido un estrés prolongado. Algunos en la familia de Kiran culparon al hospital por su incapacidad de detectar el problema, pero su suegra era más optimista, como si hubiera estado esperando todo el tiempo un resultado trágico: Kiran, me dijo, "era demasiado menuda" para dar a luz a un bebé.

Sushma y Mohana, las dos mamás experimentadas, dieron a luz a sus bebés sin incidentes, aunque los pesos al nacer eran bajos, lo cual era demasiado común en toda la India rural. Sushma tuvo un varón: Sunny; Mohana tuvo una hija: Sarita. Los dos bebés pesaron alrededor de 2,2 kilos (cinco libras). Las dos cuñadas, Seema y Sanju, dieron a luz con dos semanas de diferencia: Seema, a una niña llamada Priyanshi; Sanju, a un varón llamado Adarsh. Los dos bebés pesaron menos de 2,7 kilos (seis libras) cada uno. Los ayudantes en el parto limpiaron ligeramente a los bebés y se los entregaron a las madres para que comenzaran a amamantarlos; fue un gran paso desde la práctica anterior de frotar agresivamente a los bebés con aceite o barro y retirar a los bebés de sus madres hasta que las mamás desecharan su primera leche y el calostro. La nueva rutina posnatal del hospital estaba en consonancia con los principios de Saksham. Las mamás practicaban el cuidado de mamá canguro, con un contacto inmediato piel con piel, y amamantaban a sus bebés con la primera leche rica en nutrientes que antes consideraban un sucio desperdicio.

Ninguna de las madres permaneció en el hospital de Shivgarh por mucho tiempo después del parto; estaba lleno de gente y era incómodo, y estaban ansiosas por regresar a sus casas con sus bebés. Antes de irse, se detuvieron brevemente en la deslucida sala de recuperación para conocer a una mujer de su comunidad (la asistente de salud social acreditada, o ASHA), quien las ayudó a llenar los documentos para solicitar su incentivo de 1400 rupias que daba el gobierno indio por haber tenido a sus bebés en un hospital o clínica. La única nota de color en la sala, en la pared más alejada encima de una de las camas, captó su atención. Era un póster de la Misión de Salud Rural que presentaba a una mamá feliz que acunaba a su bebé, y este mensaje valiente y capacitador en hindi:

En la primera hora, una madre puede cambiar el destino de su hijo.

Cuatro dibujos sencillos en la parte de abajo del póster ilustraban cómo:

- Para prevenir infecciones, usa una hoja limpia para cortar el cordón umbilical
- Para proporcionar calor y evitar la hipotermia, limpia ligeramente al recién nacido y ponlo sobre el pecho de la madre
- Para mejorar el sistema inmunitario, amamanta inmediatamente, porque la primera leche y el calostro son ricos en anticuerpos
- Para evitar complicaciones, si el niño parece estar enfermo, acude rápidamente a un médico

Las mamás de Shivgarh reconocieron esos principios por sus reuniones con el Laboratorio de Empoderamiento Comunitario. Los consejos provenían directamente de las letras de los cantos que ellas habían cantado. Y ahora los estaban poniendo en práctica. Aquí, mientras transcurría la primera hora, estaba la confirmación de que estaban haciendo todo lo que podían por dar a sus hijos el mejor comienzo posible en la vida.

UN MODO DE hacer que el primer día sea menos peligroso es la iniciación temprana al amamantamiento. La Organización Mundial de la Salud y UNICEF han calculado que el amamantamiento subóptimo conduce a 800 000 muertes de recién nacidos cada año debido a un sistema inmunitario débil. Como explicaba UNICEF en el reporte *Progreso para los niños*: "Idealmente, los niños deberían ser amamantados dentro de una hora tras el nacimiento, exclusivamente durante los primeros seis meses de vida, y seguir tomando el pecho hasta los dos años de edad y después. Un niño que no sea amamantado exclusivamente corre un riesgo sustancialmente mayor de muerte debido a diarrea o neumonía que otro que sí lo es. El amamantamiento apoya el sistema inmunitario del niño".

Este sentimiento fue secundado por la Organización Mundial de la Salud, los Centros para el Control y Prevención de Enfermedades en los Estados Unidos, y la Academia Americana de Pediatría (AAP). La AAP afirmó en 2012 que "dadas las ventajas documentadas a corto y largo plazo, médicas y de neurodesarrollo que tiene el amamantamiento, la nutrición infantil debería considerarse un asunto de salud pública y no solo una elección de estilo de vida". El *Llamado a la acción del cirujano general a apoyar el amamantamiento* reconoció en 2011 que "la decisión de amamantar es personal", pero añadió: "Dada la importancia del amamantamiento para la salud y el bienestar de madres e hijos, es crítico que emprendamos la acción en todo el país para apoyar el amamantamiento".

La evidencia médica y científica demuestra que la leche materna proporciona toda la energía, nutrientes y líquido que necesita un niño para el crecimiento corporal y cerebral durante los seis primeros meses de vida. Diversos estudios han descubierto que la composición nutricional de la leche de una madre se adapta a las necesidades de su bebé según la etapa de desarrollo y las amenazas provenientes de bacterias e infecciones. La primera leche, el calostro, está llena de anticuerpos vitales y es esencialmente la primera vacuna del niño. Otro reporte de Save the Children, *Cómo vencer barreras para amamantar salvará vidas de niños*, lo denominaba "el refuerzo natural más potente del sistema inmunitario".

Y también hay elementos más prácticos del amamantamiento: es la comida infantil más barata y limpia disponible, que elimina los costos de las leches maternizadas y evita los riesgos del agua no potable y otros líquidos potencialmente impuros, y fomenta el vínculo entre madre e hijo. El amamantamiento, concluye el reporte de Save the Children, "es lo más cercano que hay a una 'bala de plata' en la lucha contra la desnutrición y las muertes de recién nacidos".

Sin embargo, a pesar de todo esto, menos de la mitad de todos los niños menores de seis meses de edad en todo el mundo son amamantados de modo exclusivo, con grandes disparidades entre regiones. Las tasas globales de amamantamiento exclusivo han permanecido por debajo del 40% durante las dos últimas décadas. Los porcentajes regionales más elevados estaban en África del este y del sur (56%) y Asia del Sur (47%). La tasa en Uganda era del 63%, la de India había sobrepasado el 60%, y la de Guatemala estaba en el 50%. La tasa en los Estados Unidos,

aunque aumentando, durante años ha estado por debajo del 20%
para el amamantamiento exclusivo en los seis meses. Aunque el
gobierno estadounidense y las agencias humanitarias de la nación
han estado al frente en la campaña internacional para el amamantamiento, el país mismo es la única nación industrializada
que no proporciona apoyo para las nuevas madres en forma de
permiso remunerado por maternidad y retención garantizada
del puesto de trabajo. También sigue siendo una excepción en el
ámbito laboral estadounidense que a las madres lactantes se les
proporcione el tiempo y espacio para sacarse la leche, aunque
cada vez más jefes están realizando esas provisiones bajo la Ley
de Cuidado de Salud Asequible.

El *Reporte sobre Amamantamiento* de los Centros para el
Control y Prevención de Enfermedades para 2013 revelaba que
aproximadamente el 77% de los niños en los Estados Unidos
eran amamantados en algún periodo (principalmente dentro de
la primera hora tras el nacimiento); a los seis meses, casi la mitad
seguían siendo amamantados hasta cierto grado, ya fuera exclusivamente (ligeramente por encima del 16%) o sumado a leches
de fórmula para lactantes u otros líquidos. Había amplias diferencias raciales y étnicas en las tasas de amamantamiento en los
Estados Unidos. Según un estudio del Centro para la Inclusión
Social, cerca del 45% de los niños de raza blanca, el 46% de
niños latinos, y el 28% de niños afroamericanos eran amamantados hasta cierto grado a los seis meses. Entre las madres latinas,
la tasa de amamantamiento a los seis meses caía hasta el 32%
para las madres nacidas en los Estados Unidos.

En todo el mundo, las razones para no amamantar, o dejar de
hacerlo exclusivamente, son muchas y diversas, y no carecen de
controversia. El amamantamiento puede ser a veces frustrante y
doloroso. Quizá haya razones médicas por las que una madre o
un bebé no pueden hacerlo. Quizá a las mamás les preocupe que

su leche materna no sea suficiente para su bebé, y recurren a un suplemento maternizado. Y también existen barreras sociales. Save the Children destacó cuatro de las barreras sociales en su reporte *Súper alimento para los bebés*.

Presiones comunitarias y culturales, como la práctica en Uttar Pradesh rural de descartar el calostro, estaban en lo más alto de la lista de Save the Children. Escuché de madres en India y Uganda sobre las tradiciones locales de alimentar a los recién nacidos con todo tipo de líquidos: agua azucarada, leche animal, un poco de cerveza casera o licor casero, una gota de miel, todo lo cual es difícil de digerir para el bebé, y conlleva el riesgo de enfermedad. Algunas madres me dijeron que la costumbre local dictaba que dejaran de amamantar cuando se quedaran otra vez embarazadas. "Muchas mujeres no son libres para tomar sus propias decisiones acerca de si quieren amamantar, o durante cuánto tiempo", concluía Save the Children. Por ejemplo, una encuesta de Save the Children en Pakistán reveló que "solamente el 44% de las madres se consideraban el principal tomador de decisiones sobre cómo eran alimentados sus hijos"; los esposos o las suegras a menudo eran quienes decidían. Por el contrario, en los Estados Unidos, Patricia y sus compañeras matronas observaban que las madres que decidían *no* seguir dando el pecho, por cualquier motivo, con frecuencia recibían la sensación de ser juzgadas como malas mamás, particularmente en los acalorados debates que se producen en las plataformas de redes sociales.

Save the Children citaba la falta de trabajadores de la salud como una segunda barrera social. Los problemas crónicos de falta de equipo de personal significaban que una tercera parte de los niños en todo el mundo "nacían sin estar presente un ayudante cualificado en el parto", lo cual significaba que las nuevas mamás no recibían instrucciones y apoyo con respecto al amamantamiento durante las importantes primeras horas después del nacimiento. Save the Children analizó datos en cuarenta y cuatro países y descubrió que las mujeres que tenían presente en el parto a un ayudante cualificado tenían "dos veces más probabilidades" que las mujeres sin tal ayuda de "iniciar el amamantamiento dentro de la primera hora".

La falta de legislación sobre maternidad estaba en tercer lugar en la lista. Muchas madres dejan el amamantamiento exclusivo cuando regresan al trabajo o la escuela. Una mayoría de países pobres (y los Estados Unidos) no han cumplido con el estándar internacional de un permiso maternal remunerado recomendado por la Organización Internacional del Trabajo: al menos catorce semanas con una paga de dos terceras partes como mínimo, lo cual daría a las mamás trabajadoras la oportunidad de pasar más tiempo con sus bebés. También faltan en todo el mundo políticas nacionales que requieran que los jefes proporcionen descansos remunerados y lugares privados donde las madres puedan dar el pecho o sacarse la leche.

En cuarto lugar, Save the Children describía la barrera de los grandes negocios: aunque existe una necesidad reconocida de que ciertos niños sean alimentados con leches maternizadas, por mucho tiempo ha existido la preocupación de que las actividades de mercadeo de algunos fabricantes hayan conducido a que se utilice la leche infantil maternizada innecesariamente y de manera inadecuada, poniendo, en última instancia, a los niños en riesgo". En 1981 la Asamblea Mundial de la Salud adoptó un conjunto de medidas conocidas como Código Internacional de Mercadeo de Sustitutos de la Leche Materna que intentaba regular el mercadeo que pudiera minar el amamantamiento, incluyendo publicidad, distribución de muestras gratuitas, y afirmaciones saludables en los paquetes. Aunque casi todos los fabricantes de sustitutos de leche materna reconocen que la leche materna es mejor, se producen en todo el mundo violaciones del código promoviendo las leches infantiles. El negocio de las leches infantiles maternizadas se ha estado desarrollando globalmente, con casi cuarenta y cinco mil millones de dólares en ventas en juego y una feroz competencia por la cuota de mercado. Nuevos mercados lucrativos están emergiendo en países con una clase media creciente, donde más mujeres se están uniendo a la fuerza laboral. En estos países, la alimentación con leches maternizadas se ha retratado como moderna y una señal de prosperidad (como fue en los Estados Unidos en los años posteriores a la Segunda Guerra Mundial). La oficina en China de UNICEF ha advertido de un "empuje muy agresivo para hacer que el mercado emergente se enganche a las fórmulas maternizadas". Como respuesta a la publicidad generalizada, el gobierno de China estaba considerando prohibir eficazmente la promoción de fórmulas maternizadas a la vez que buscaba aumentar la tasa de amamantamiento exclusivo del país, para llegar desde una tercera parte hasta la mitad. Save the Children entrevistó a madres en China y descubrió que el 40% de ellas habían sido contactadas directamente por representantes de empresas de comidas infantiles mientras estaban en el hospital o poco después de regresar a su casa; el 40% de las entrevistadas también dijeron que habían recibido muestras gratuitas de representantes de la empresa o trabajadores de la salud, todo ello en aparente contradicción del código de mercadeo de la Asamblea Mundial de la Salud.

Claramente, de modo contrario a la aseveración del cartel en el pabellón de maternidad en el hospital de Shivgarh, muchas fuerzas están al acecho que pueden arrebatar la decisión de amamantar de las manos de una nueva mamá.

* * *

JESSICA SE DESPERTÓ de su siesta para encontrar a Alitzel durmiendo a su lado, y pensó que era el momento de alimentar a su hija. Pulsó el botón para llamar a una enfermera y que le ayudara con el amamantamiento, pero no llegó ninguna. Volvió a pulsar el botón; ninguna respuesta. Entonces observó que había un biberón con agua y un pequeño paquete de leche en polvo maternizada Enfamil sobre la mesita al lado de su cama. Jessica intentó otra vez amamantar, sosteniendo a Alitzel en diferentes posiciones, pero de nuevo, sin tener guía alguna, batallaba para hacer que su bebé se enganchara. Frustrada, Jessica agarró el biberón y mezcló la fórmula. Alitzel tomó del biberón. Jessica se enteró más adelante de que una enfermera había dado el biberón a Alitzel mientras ella estaba dormida. Y parecía que ahora ella prefería eso.

"Quedé decepcionada. Yo no quería una leche maternizada", me dijo Jessica varios días después del parto.

Pero leche maternizada es lo que obtuvo. Cuando se fue del hospital, Jessica recibió una bolsa llena de regalos para mamá y bebé: pañales, champú, un chupete, biberones, muestras de Enfamil para varios días, y cupones para futuras compras. Enfamil, un producto de la empresa Mead Johnson Nutrition, una marca líder de leches maternizadas, también distribuía un folleto a las mamás titulado *Hitos de nutrición: tu manual esencial de alimentación*. Comienza diciendo: "El amamantamiento es una manera maravillosa de nutrir a tu bebé mientras creas un vínculo de amor". Y sigue una descripción de los nutrientes que contiene la leche materna, algunos consejos sobre la frecuencia, y los puntos básicos de sacarse y almacenar la leche. Entonces llega un párrafo sobre cómo destetar al bebé de la leche materna, y finalmente una sección sobre que todo ello es decisión de la madre: "Si estás pensando en alimento con leche maternizada, es bueno aprender sobre tus opciones para poder tomar una decisión que te satisfaga, especialmente si has estado amamantando. Y cuando descubras más sobre Enfamil, verás por qué es una opción excelente si decides alimentar con leche maternizada". Las fórmulas Enfamil "están más cerca que nunca de la leche materna", afirma, y es "la marca número uno recomendada por pediatras".

Jessica sintió que se había tomado la decisión en su lugar cuando se despertó en el hospital. Patricia, su matrona, estaba estudiando para ser consultora certificada en lactancia, y había alentado a Jessica a lo largo de su embarazo a dar el pecho a su bebé. En un principio, Jessica era ambivalente, pero entonces llegó a creer que amamantar sería parte de hacer lo que era mejor para su hija. Escuchó que Holy Cross no tenía un historial particularmente bueno cuando se trataba de amamantamiento. Además, dos años antes, la estación de radio pública de Chicago, la WBEZ, había emitido un reporte observando que Holy Cross tenía la tasa más baja de la ciudad en amamantamiento de recién nacidos, solo un 10%. Jessica pensó en cambiarse a un hospital que tuviera una mejor reputación en amamantamiento; pero entonces rompió aguas y se dirigió a Holy Cross.

En su cuarto en casa, Marco estaba sentado en una silla mientras le daba el biberón a Alitzel, de seis días. Se les habían acabado las muestras que les dieron en el hospital, de modo que Marco compró una lata nueva de leche maternizada Enfamil Newborn, "con nutrientes clave según el patrón de la leche materna", como decía la etiqueta. Había costado más de veinte dólares en la tienda; Marco lo pagó con la tarjeta de cupones de su familia. Calculó que necesitarían varias latas al mes, pero él solo ganaba 9,25 dólares por hora en una pizzería en el barrio.

Jessica también había comenzado a extraerse la leche materna, de modo que durante el día ella y Marco alimentaban a Alitzel con sesenta centilitros (dos onzas) en cada toma, alternando entre la leche materna y la fórmula maternizada. Jessica había esperado que el hospital le proporcionara un extractor de leche; no fue así, y su mamá compró uno en una farmacia.

"Podemos intentar darle de mamar otra vez", sugirió Patricia.

"No, quiero extraerme la leche", dijo Jessica con cierto tono de cansada resignación.

Patricia dio un suspiro. Era decisión de Jessica. "Necesitamos más hospitales amigables con el bebé", dijo Patricia tristemente.

Holy Cross no era parte aún de la Iniciativa Internacional Hospitales Amigables con el Bebé, que fue lanzada por la Organización Mundial de la Salud y UNICEF en 1991 para reconocer a los hospitales y centros de maternidad que situaran el amamantamiento en el núcleo de sus actividades. Para recibir la designación de Amigable con el Bebé, la instalación tenía que implementar los "Diez pasos para amamantar exitosamente" de la iniciativa y cumplir con el Código internacional de mercadeo de sustitutos de la leche materna. Casi veinte mil instalaciones de maternidad en 150 países habían recibido la designación, pero en ese momento había menos de doscientas en los Estados Unidos, y ninguno de ellas en la ciudad de Chicago.

Los "Diez pasos" son:

1. Tener redactada una política de amamantamiento que se comunique por rutina a todo el personal del cuidado de la salud.

2. Dar formación a todo el personal en las habilidades necesarias para implementar esta política.

3. Informar a todas las mujeres embarazadas sobre los beneficios y la administración de dar el pecho.

4. Ayudar a las madres a iniciar el amamantamiento dentro de una hora después del parto.

5. Mostrar a las madres cómo dar el pecho y cómo mantener la lactancia, incluso si están separadas de sus hijos.

6. No dar a los niños comida ni bebida alguna aparte de la leche, a menos que lo indique un médico.

7. Practicar la cercanía: permitir a madres y niños que permanezcan juntos 24 horas al día.

8. Fomentar la lactancia según la demanda.

9. No dar chupetes ni tetinas artificiales para dar de mamar a los niños.

10. Fomentar el establecimiento de grupos de apoyo de amamantamiento y derivar a las madres a esos grupos al salir del hospital o del centro de salud.

Además, para cumplir con el código de mercadeo, los hospitales amigables con el bebé no podían aceptar ninguna fórmula de leche maternizada gratuita de las empresas. Es aquí donde batallaban muchos hospitales. Comprar estos productos sería caro; necesitaban tener cierta provisión para las madres que no podían dar el pecho o que decidían no hacerlo. Además, la formación del personal era un gasto importante, en tiempo y dinero, para los hospitales que tenían presupuestos muy ajustados.

Holy Cross, después del reporte de la WBEZ, había comenzado el proceso para llegar a obtener la certificación bajo la iniciativa Hospital Amigable con el Bebé, pero ese esfuerzo quedó interrumpido por un cambio de dueño del hospital. Una administradora con quien hablé me dijo que le gustaría volver a comenzar el proceso de certificación. "Es algo asombroso", me dijo. Muchas de las mamás que llegan para dar a luz en Holy Cross son "externas", observó, queriendo decir que no realizaban el programa prenatal del hospital y no tenían ningún conocimiento sobre dar el pecho. Y algunas enfermeras, añadió, acudían al biberón demasiado temprano. Ella dijo que el éxito dependería del cambio de conducta para las mamás y la plantilla de personal. "¿Deberían ser más proactivas las enfermeras?", preguntó. "Sí. Eso es parte de la iniciativa".

En el Hospital Mercy, Quintana comenzó a dar el pecho lo antes posible tras recuperarse del parto. Durante los primeros dos días, ShaLawn había ingerido leche maternizada y también leche materna que Quintana pudo extraerse. Quintana tenía experiencia en dar el pecho con su hijo, y ahora tenía ayuda de las consultoras de lactancia de Mercy. Mercy, uno de los centros de maternidad más ajetreados de Chicago con unos 2400 nacimientos al año, esperaba llegar a ser el primer hospital de la ciudad con certificación Amigable con el Bebé; el esfuerzo municipal estaba siendo encabezado por el Consorcio para una menor obesidad en los niños de Chicago. El personal de maternidad de Mercy estaba recibiendo formación sobre amamantamiento y cuidados a estilo canguro, y mamás y bebés estaban juntos después del parto. Y Mercy había dejado de enviar a las casas leches maternizadas junto con las mamás. Administradoras de Mercy dijeron que era importante cambiar viejos hábitos. "Las enfermeras del turno de noche solían pensar: 'la mamá está durmiendo, así que le daré un biberón al bebé'". Ahora, eso no se hace, me dijo una de ellas. "Cuando hago rondas y veo un biberón junto a la cama, me dan ganas de gritar".

EN EL DORMITORIO de su casa, decorado con una pegatina de Campanilla y letras que formaban el nombre "ALITZEL", Marco terminó de alimentar a su hija y le dio unos golpecitos en la espalda. No eructaba.

"Acércala a tu hombro, para que suban las burbujas", sugirió Patricia. Marco movió a Alitzel hasta su hombro y siguió dándole golpecitos sobre su manta color rosa.

Jessica dijo a Marco que la estaba agarrando mal, y después se disculpó. "Soy una hipócrita, pues yo también la agarro de ese modo", dijo riéndose. Alitzel eructó, y siguió un rato de hipo. "Eso es normal", dijo Patricia. "Lo están haciendo estupendamente".

Marco entregó a Alitzel a Jessica. Examinó la lata de Enfamil y el material publicitario. Leyó sobre crecimiento, desarrollo cerebral, y los nutrientes que eran una réplica de la leche materna. Parecía atractivo; pero Jessica estaba decidida a proporcionar toda la leche materna que pudiera.

Se extrajo la leche durante varias semanas, pero cuando regresó a la escuela para reanudar su penúltimo año, a principios de 2014, dejó de tener leche. Alitzel se alimentaría todo el tiempo de leche maternizada. Jessica me dijo que le gustaría haberle dado el pecho; pensó que eso podría haber ayudado a Alitzel a crecer y subir de peso con más rapidez, y también haberle ayudado a ella a perder peso después del parto.

Cuando Jessica regresó a la escuela a principios de 2014, ejecutivos de Mead Johnson Nutrition hablaron en una conferencia de analistas de inversión en la ciudad de Nueva York y bosquejaron el modo en que el crecimiento en su negocio de la leche maternizada Enfamil dependía de menores índices de amamantamiento, mayores tasas de nacimientos, y que hubiera más mujeres en todo el mundo incorporándose al mercado laboral, donde las mamás que trabajaban a jornada completa en empleos que no tenían acomodación para dar el pecho, o un permiso remunerado para quedarse en casa con el bebé, podrían inclinarse más a utilizar la leche maternizada.

"Nuestra trayectoria de crecimiento se construye sobre la premisa de que el crecimiento económico en los mercados emergentes impulsa la creación de empleo, atrae a las mujeres hacia el mercado laboral, creando así familias de ingresos duales que tienen una capacidad cada vez mayor de gastar en productos de nutrición de calidad. Es una historia muy sencilla", dijo Kasper Jakobsen, presidente y director general de Mead Johnson, según transcripciones de la conferencia proporcionadas por Thomson Reuters StreetEvents. El movimiento de su leche maternizada infantil hacia mercados emergentes como Brasil y China era para compensar un crecimiento más lento en los Estados Unidos debido a tasas cada vez mayores de amamantamiento y mujeres que salieron del mercado laboral durante la recesión (lo cual daría potencialmente a las nuevas mamás más tiempo para dar el pecho). Por ejemplo, acerca de las perspectivas de negocios en Brasil, Jakobsen observó con tono optimista: "La participación femenina en el mercado de trabajo recientemente ha sobrepasado el 50%, lo cual habla del potencial para el país".

(En la misma conferencia el año siguiente, Jakobsen se lamentó de tasas crecientes de amamantamiento en los Estados Unidos mientras explicaba el factor que arrastraba el crecimiento en el mercado estadounidense de 4000 millones de dólares: "Seguimos viendo que las tasas de amamantamiento en los Estados Unidos ascendieron a lo largo de 2014. Ahora estaremos observando muy de cerca en 2015 para ver si la mejora en las tendencias de desempleo hará que esta tendencia se reduzca en cierto modo. Es nuestra esperanza y nuestra expectativa que ese sea el caso. Pero a lo largo de 2014 siguió en aumento").

En Guatemala, las tasas de amamantamiento aumentaban a medida que los hospitales siguieron la Iniciativa Amigable con el Bebé. "Dar el pecho, dar el pecho, dar el pecho. Eso es lo que enseñamos", me dijo Yesica Bethancourt, directora de nutrición y servicios alimentarios y del Comité para la Lactancia Materna en el hospital público en Quetzaltenango. Ella y otras dos nutricionistas compartían una pequeña y estrecha oficina en el sótano, al lado de la cocina del hospital.

El hospital estaba pasando por las etapas para obtener la certificación Amigable con el Bebé, pero a Yesica le preocupaba que el equipo de personal fuera demasiado reducido y el presupuesto demasiado bajo para completar el proceso. Aún así, me dijo con orgullo que el 90% de las madres estaban dando el pecho cuando salían del hospital con sus bebés, y ninguna de ellas se iba a su casa con muestras gratuitas de leche maternizada. Ella creía que conseguir que cada madre y recién nacido comenzaran a practicar el cuidado al estilo canguro en la sala de partos justo después del nacimiento aumentaba la tasa de amamantamiento. "Las madres que se preocupan por dar el pecho y tienen dificultades son quienes están separadas de sus bebés justo después del parto. Quienes practican el cuidado estilo canguro tiene menos dificultad; son más entusiastas", me dijo. "En general, las mujeres en Guatemala quieren dar el pecho, especialmente quienes están en las zonas rurales. Para ellas, la leche maternizada es demasiado cara".

El personal del hospital tenía un aliado poco común en su campaña a favor del amamantamiento: la banda de marimba más popular del país: Internacionales Conejos. Trabajando en la letra con la oficina de Save the Children en Guatemala, los Conejos crearon una alegre banda sonora para los 1000 días con su éxito "Dale Pecho". Era una oda a las virtudes de dar el pecho, y un himno a la potencial grandeza de los niños de la nación:

> Para todas las madres,
> un consejo de los Internacionales Conejos...

Para que sus hijos crezcan sanos
Dale, dale, pecho al niño
Solo la leche materna es buena
Dale, dale, pecho al niño
Si quieres que sea un ingeniero
Dale, dale, su comidita

Si quieres que sea un buen maestro
Dale, dale, su comidita
Para que abunde la cosecha
Dale pecho, y comidita
Porque desde que el niño nace
Leche materna le debes de dar

Oye, mamá, de cero a seis meses
Solo leche materna debes de dar

En el pabellón de maternidad en Quetzaltenango, a medida que todas las enfermeras iban de habitación en habitación alentando a las mamás a dar el pecho, tenían otra arma secreta de su lado. Estaba ubicada tranquilamente en el pasillo, dentro de una olla de té grande y plateada. No era un té verde o negro común y corriente. Era una infusión herbal especial, mezclada con *ixbut*, una planta por mucho tiempo preciada por las poblaciones indígenas por tener una cualidad especial: se decía que estimulaba el flujo de leche materna. Dondequiera que yo miraba, había una fila de nuevas mamás ante la tetera esperando para tomar una taza.

capítulo ocho

LA LOTERÍA DEL NACIMIENTO

S HYAMKALI ESTABA OTRA VEZ SOBRE EL PISO, ESTA VEZ sobre el piso duro y con barro y estiércol de su pequeña casa. Estaba sentada en la entrada abierta del único cuarto, que daba a un patio interior que se suponía que era el segundo cuarto de la casa pero que aún no estaba terminado. Las paredes estaban incompletas, y también lo estaba el techo. Ardían dos fogatas de estiércol mezclado con incienso, una a la entrada de la casa y la otra al lado de la puerta del cuarto interior. Allí, en medio de una neblina de humo, encontré a Shyamkali el día después de dar a luz, sentada con las piernas cruzadas, y con un aspecto más pequeño que nunca. Anshika dormía sobre un tapete a su lado.

Al regresar de la clínica, madre e hija habían pasado al aislamiento de acuerdo con el antiguo ritual de purificación que tenía intención de proteger de espíritus malos al recién nacido. Durante las dos primeras semanas de su vida, Anshika estaría sola en ese cuarto con su madre. La bebé tomaría el pecho, y Shyamkali bebería agua y comería arroz y también cualquier otra cosa que pudieran llevarle vecinas y también hijas mayores. Nadie más podía entrar en el cuarto, aparte de la trabajadora local de salud. El resto de la familia dormiría en el exterior. Los hombres de la comunidad habían tapado todos los agujeros que había en las paredes del cuarto, de ladrillo y barro, con bolsas de plástico verdes para que no pudiera colarse ningún mal, sin mencionar el aire. Sin ventilación, el cuarto era sofocante y con un olor penetrante, pues la temperatura exterior alcanzaba los 37° C (100° F). El humo proveniente de las fogatas de estiércol era para purificar todo y a todos (personas, gatos, roedores) que pasaran al lado de la casa o del cuarto aislado, pero también causaba picor en ojos, nariz y garganta, incluidos también los míos mientras permanecía fuera del cuarto de aislamiento, en la parte abierta e inacabada de la casa, para hablar con Shyamkali. Ese era el único aire que respiraría Anshika por dos semanas, aunque el humo interior era un importante culpable de problemas respiratorios, enfermedades pulmonares, y muerte temprana en todo el mundo en vías de desarrollo donde se utilizaban fogatas dentro de las estancias para cocinar, calentarse y dar luz.

Shyamkali no parecía preocupada por el aislamiento, ni tampoco molesta por el humo. Su principal preocupación era la reacción de su esposo, Rajender, al nacimiento de Anshika. Aún no había hablado con él, ya que estaba fuera en Delhi buscando trabajo, aunque sabía que él había escuchado la noticia de la vecina que la había acompañado al hospital, y tenía temor a que estuviera enojado por haber tenido otra hija. Él había cancelado los planes para regresar a casa y celebrar el nacimiento; esos planes dependían de la llegada de un varón. Shyamkali también tenía miedo por cuál sería su respuesta a su deseo de que éste fuera su último hijo.

La pequeña Anshika, concebida para ser un varón, nació en un mundo de discriminación y también de desigualdad e injusticia. La discriminación es particularmente virulenta en India, donde comienza en los 1000 días basada en el género, lugar de nacimiento, casta, y circunstancias económicas de la familia. Las diferencias en la ubicación de recursos como comida y cuidado de la salud no solo dentro de la sociedad india sino también dentro de las familias, ha conducido a que las muchachas tengan mayores tasas de retraso en el crecimiento infantil y menores niveles de educación que los varones. Murieron más niñas antes de los cinco años de edad (73 por cada 1000 niños comparado con 64 por cada 1000 varones), aunque había considerablemente menos niñas, para empezar. Eran comunes los titulares en los periódicos hablando de violación y abuso de mujeres, y la respuesta insensible de algunos hombres. Cuando nació Anshika, todavía estaban agitadas las conciencias debido a la horrible violación que se había producido en un autobús en Nueva Delhi varios meses atrás. Una joven había ido a ver una película con un amigo varón. Después de salir del cine, su amigo y ella llamaron a un autobús privado, donde se encontraron con un grupo de hombres que se abalanzaron sobre la mujer. El amigo varón peleó, pero fue inútil. Los hombres violaron y golpearon a la mujer, y la lanzaron desde el autobús. Sus heridas fueron tan graves, que murió semanas después. Surgió un clamor en algunos sectores para que se realizara un ajuste de cuentas dentro de la cultura del país, pero no en todos los frentes. Los abogados de los hombres culparon a la mujer, diciendo que no debería haber salido en la noche.

*   *   *

TAN SOLO UNAS horas después del nacimiento de Anshika, Poonam Muttreja se subió a un escenario en Kuala Lumpur, Malasia. Poonam, directora ejecutiva de la Fundación para la Población de India y defensora por mucho tiempo de la igualdad de género en su país, se unió a un panel de discusión en la Conferencia para la Liberación de las Mujeres, una inmensa reunión internacional de defensores de la salud materna e infantil. Comenzó su charla con una historia sobre una familia de clase media que tenía dos hijas en Nueva Delhi.

"La madre está embarazada por tercera vez, y todo el mundo está rogando para que nazca un varón", comenzó a decir. "Pero por la composición de los cromosomas, resulta que el tercer hijo es una niña. La misma madre maravillosa y amorosa que fue felicitada en el nacimiento de sus dos primeros hijos es ahora despreciada. Y los dulces indios tradicionales que distribuyen las tías para marcar el nacimiento de un hijo son devueltos. '¿Qué hay que celebrar en el nacimiento de una tercera hija?', dicen".

Pasa el tiempo, la tercera niña cumple seis años de edad y comienza la escuela. Poonam continuó: "Tristemente, sus padres no tienen los recursos para darles educación igualmente a ella y a sus hermanas, de modo que sus hermanas estudian en una escuela privada y van en un autobús escolar privado, mientras que la tercera hija va a una escuela pública en un autobús público muy lleno. A los seis años de edad, ella podría haber interiorizado que su género le sitúa en desventaja, y que no se merece nada mejor. Déjenme decirles que ella decidió que no solo ella, sino todas las niñas, todas las mujeres, merecen algo mejor".

La madre en su historia, explicó Poonam, fue "conducida a creer que debía producir al menos un varón, si no más de uno, un heredero para la familia". Y sin duda, dijo, "la madre tiene un cuarto embarazo y produce un varón. Con la esperanza de tener varones, las mujeres siguen teniendo hijos a los que pueden sostener de mala manera. No solo se trata del acceso a la planificación familiar y los anticonceptivos, sino más bien se trata del empoderamiento de las mujeres. Necesitamos vigilar más de cerca la razón por la que la gente selecciona el sexo, por qué hay una fuerte preferencia por los varones. A mujeres y hombres, sí, hombres, también se les roba la libertad de tomar la decisión sobre el tamaño y la composición de sus familias… Esta era una familia de clase media. Pensemos en una niña que nace en una familia pobre, y que es la primera, segunda o tercera hija. Es probable que sea analfabeta, que esté desnutrida, que tenga múltiples embarazos, y corra el riesgo de morir dando a luz".

Poonam hizo una pausa, detuvo la historia, y propuso un importante cambio cultural, mediante el vehículo de lo que ella denominó una "Campaña de Cromosoma Y". "La mayoría de las mujeres y los hombres no saben que es el cromosoma Y del hombre lo que determina el sexo del hijo", dijo. "Necesitamos… un creciente movimiento de hombres que reconozcan esto, que asuman la responsabilidad, y se sitúen al lado de las mujeres que hablan en contra de la selección de sexo, que condenan la discriminación de las madres que tienen hijas". Los hombres, insistió, necesitaban ser parte del discurso. "Es igualmente un asunto de los hombres; es un asunto de la sociedad, es un problema moral, es un problema ético. Se trata de justicia social y dignidad humana… Sí, reclutar hombres que hablen contra la violencia y cualquier forma de discriminación. Sí, diseñar programas que incluyan a varones y mujeres para eliminar la violencia. Y sí, conseguir que hombres y mujeres sean parejas y padres y madres responsables".

Poonam miró a la audiencia, y de forma poderosa pronunció la conclusión de su historia:

"Cincuenta años después, la niña de seis años les está pidiendo que se unan a la Campaña de Cromosoma Y".

Lo pedía por ella misma, por Anshika, y por todas las hijas de la India.

NIÑA O NIÑO, rico o pobre, urbano o rural: todos ellos eran billetes en la lotería del nacimiento.

A pesar de décadas de progreso en la reducción de las tasas de mortalidad infantil global y la prevalencia de enfermedades, permanecía una constante: los bebés provenientes de familias con menores ingresos y en las zonas más remotas seguían siendo quienes tenían más probabilidades de morir o luchar para desarrollarse. La desnutrición y el hambre eran peores en los países con las mayores brechas entre ricos y pobres, y donde las minorías étnicas o religiosas se habían enfrentado a generaciones de discriminación.

En 2013 seguía teniendo mucha importancia dónde y cuándo, y en qué circunstancias nacía una persona. Factoides del reporte *Cómo sobrevivir al primer día*, de Save the Children, incluyen lo siguiente:

AUNQUE DECENAS DE países, la mayoría de los países de ingresos medios en Europa del Este y Latinoamérica, han reducido a la mitad la mortalidad del recién nacido en la última década, países en África subsahariana, como promedio, no han visto un cambio estadístico significativo. Sin un cambio dramático en la trayectoria para África, se calcula que serán necesarios más de 150 años para que un recién nacido africano tenga la misma probabilidad de supervivencia que alguien que nace en Europa o Norteamérica. El progreso en el sur de Asia, aunque es significativo, también ha quedado rezagado con respecto al resto del mundo.

EN GENERAL, EL mundo desarrollado ha visto un 2,7% de reducción anual en mortalidad del recién nacido. Es el doble de la reducción vista en África subsahariana... y un 50% más elevada que la vista en el sur de Asia... desde 1990 hasta 2011.

UNA MADRE EN África subsahariana... tiene 30 veces más probabilidad que una madre en un país industrializado de perder a un bebé recién nacido en algún momento en su vida. Como promedio, 1 de cada 6 madres africanas es probable que pierda a un bebé recién nacido; un relato de sufrimiento común pero que no se cuenta.

UN ANÁLISIS DE cincuenta países en vías de desarrollo descubrió que los bebés nacidos de madres en la quinta parte más pobre de la población tenían un promedio del 40% más de morir en la infancia, comparado con los que nacen en la quinta parte más rica. Un análisis similar de 38 países en África y Asia descubrió que los bebés nacidos en zonas rurales tenían un 20% más de probabilidad de morir comparado con los que nacen en zonas urbanas.

LOS BEBÉS NACIDOS de las madres más pobres (en India y varios otros países) mueren a una tasa el doble de alta que los bebés nacidos de las madres más ricas.

En la India rural, participaba otro factor en la lotería: la temporada en la cual nacía un niño. El *Reporte sobre Nutrición Global* destacaba un estudio que mostraba que los niños indios nacidos en la temporada más fría y más seca tras la cosecha (de octubre a febrero) tenían menos probabilidad de sufrir retraso en el crecimiento infantil que los nacidos en otras épocas del año. Tras la cosecha, había más alimento en la casa y menos enfermedades. Las tasas de retraso en el crecimiento infantil eran más elevadas de abril hasta agosto, cuando las temperaturas aumentaban, caían lluvias, reinaba la malaria, arrasaban enfermedades transmitidas por el agua, y las demandas agrícolas sobre las mujeres aumentaban. Otros estudios en Asia y África han vinculado las temporadas calurosas y de intenso trabajo en el campo con menor masa corporal entre las mujeres embarazadas y lactantes, y un menor peso al nacer entre los bebés.

QUIZÁ EL HIJO de Sushma, Sunny, había dado entrada a cierto cambio de fortuna en la lotería del nacimiento, ya que él nació el día de la primera Cumbre de Nutrición para el Crecimiento, realizada entre mucha fanfarria en Londres. Gobiernos, filántropos, ejecutivos de negocios, y especialistas en desarrollo de todo el mundo se comprometieron a mayores inversiones, en particular en los 1000 días, para cerrar todas esas brechas de desigualdad. ¿Podría eso cambiar la vida de Sunny y el destino de otros niños en todo el mundo?

Y quizá el hijo de Sanju, Adarsh, y la hija de Seema, Priyanshi, también tenían buenos billetes de la lotería; porque ellos nacieron precisamente cuando India esperaba poner en acción su nueva Ley Nacional para la Seguridad Alimentaria. La ley, que acababa de ser aprobada por el parlamento, tenía intención de reducir el inmenso abismo de pobreza y hambre en la India ampliando de modo significativo el Sistema Público de Distribución ya existente, uno de los mayores programas de red de seguridad social de todo el mundo. Bajo la ley, más de 800 millones de personas (dos terceras partes de la población de India) tendrían derecho a cinco kilos de arroz, trigo o cereales por persona y mes al precio muy subvencionado de una a tres rupias por kilo: el equivalente de solo un par de centavos en los Estados Unidos. La legislación, a la que con frecuencia se hace referencia como un "derecho a la ley de alimentación", fue debatida muy acaloradamente en el parlamento, en páginas editoriales, y en batallas verbales nocturnas en televisión.

La aprobación de la ley debería haber sido una muy buena noticia para las familias de Shivgarh, pero ninguna con la que hablé había escuchado nada de eso, a pesar de todo el clamor público. Muy pocas personas aquí tenían televisores, y por eso no habían visto los agitados debates. Y como la mayoría eran analfabetos, o tenían una educación académica mínima, no habían leído los kilómetros de editoriales en los periódicos. Aun así, ellos eran precisamente las personas a las que la ley tenía intención de ayudar. Cuando se lo expliqué, todos ellos pensaron que parecía una idea muy buena.

Siempre había habido una gran desconexión entre las bonitas palabras sobre poner fin al hambre, y hacerlo realmente en las aldeas desesperadamente pobres. Incluso antes de la ley, solamente unas pocas de las familias que conocí estaban recibiendo las raciones subvencionadas de trigo, arroz, maíz y aceite para cocinar que estaban disponibles bajo el plan público existente de distribución de alimentos. Solamente la familia de Mohana recibía un paquete completo mensual de dos kilos de azúcar, quince kilos de arroz, veinte kilos de trigo, y dos litros y medio de aceite para cocinar, por lo cual pagaban menos de tres dólares. Entre sus dos familias, las cuñadas Sanju y Seema recibían solamente el aceite para cocinar, aunque sin duda eran lo bastante pobres para tener derecho a una ración completa. La cantidad que recibía cada familia lo decidían los consejeros de las aldeas, y particularmente los líderes electos; el favoritismo y la corrupción influían a menudo en esas decisiones, y también la discriminación de las castas más bajas. En cada aldea que visité oí quejas de que algunas familias más ricas recibían raciones completas mientras que algunas de las más pobres no recibían nada. Decían a las mamás que solamente podían solicitar la ayuda cuando fuera elegido un nuevo líder de la aldea; a otras se les daban las ridículas instrucciones de acudir ellas mismas a las familias más ricas y preguntar si podían darles sus raciones, aunque hacerlo sería arriesgarse al ridículo, la humillación, y una golpiza.

La nueva ley tenía intención de corregir eso: llegar a quienes estaban en lo más bajo de la brecha del hambre y la pobreza. ¿Podrían Sanju y Seema recibir pronto más igualdad en los alimentos, y un mejor comienzo en la vida, para sus nuevos bebés? Ellas se encogieron de hombros. "Eso espero", dijo Sanju. "¿Qué otra cosa podemos hacer?".

ERA UNA GRAN ironía que las mujeres de Shivgarh compartieron pocos de los beneficios de la ayuda de emergencia de India como una potencia alimentaria y económica en décadas recientes porque vivían en el distrito de Rae Bareli, la base política por mucho tiempo de la dinastía de la familia Nehru-Gandhi. Indira Gandhi era la representante de distrito en la década de 1960 cuando se convirtió en la primera mujer primer ministro de India y un símbolo internacional del empoderamiento de las mujeres. Y sin embargo, había habido escasas mejoras desde entonces en el estatus cotidiano de mujeres y niños.

A pesar de las innovaciones de alta tecnología en el país, la mano de obra manual de las mujeres indias seguía siendo medieval. Aún labraban la tierra a la vieja usanza, iban a recoger leña y agua, cocinaban sobre fogatas al aire libre, limpiaban ollas y sartenes con cenizas del fuego en lugar de jabón, y untaban abundantemente pisos y paredes con capas nuevas de estiércol de vaca. Durante la cosecha de arroz de 2013 encontré a las nuevas mamás de Shivgarh haciendo una tarea doble, llevando con ellas a sus bebés a los campos para poder seguir cuidando de ellos y darles el pecho. Cuando una mamá llegaba al campo, extendía una manta sobre el suelo para el bebé. Entonces reunía algunas vainas de tallos de arroz y las colocaba en fila en forma de media luna para dar sombra al bebé y proporcionarle un cortavientos. No se demoraba mucho con el niño, pues tenía que unirse a los otros trabajadores, que movían manojos de arroz por encima de sus cabezas y los golpeaban con fuerza sobre una mesa de madera para que se soltaran los granos. *Zumbido, golpe*. El trabajo continuaba por horas. Si el bebé lloraba, la mamá detenía su trabajo para sentarse con el niño y darle el pecho. Después regresaba a la cosecha. Los descansos eran breves, ya que su salario (un octavo de la cantidad de arroz que cosechara) dependía de su productividad. Mientras más tiempo pasara una madre con su hijo, menos arroz se llevaría a su casa para alimentar a su familia.

La cosecha del arroz coincidía con Diwali, el festival anual de las luces. Una cosa que iluminaba Diwali además de las casas, los negocios y los espacios públicos de India eran las divisiones en la sociedad india. El primer día del festival, llamado Dhanteras, los indios honraban a Lakshmi, la diosa hindú de la riqueza. Las joyerías hacían mucho negocio, ya que los pudientes compraban oro y plata. Quienes tenían medios más modestos compraban utensilios, como cubiertos o sartenes y ollas. Los pobres compraban unos dulces o galletas, si es que compraban algo. "No creo que compremos nada", me dijo Sushma. "No nos lo podemos permitir", dijo igualmente Mohana.

Shyamkali sonrió débilmente y meneó negativamente la cabeza. "Nada".

El día principal del Diwali sonaban petardos e iluminaban el cielo nocturno, particularmente sobre las ciudades. Lámparas y velas iluminaban calles, aceras y casas para mostrar el camino para Lakshmi, que se creía que visitaba y otorgaba prosperidad y bienestar para el año entrante. Pero las aldeas pobres de Shivgarh permanecían bastante silenciosas y oscuras. Las familias que podían permitirse comprar velas las encendían en el umbral de sus puertas. Shyamkali no tenía ninguna. ¿Cómo sabría incluso Lakshmi, y la riqueza y la buena salud, dónde vivía ella?

Para ella y su comunidad, el Diwali no sería muy diferente al resto del año. Las mamás vestían los mismos saris, coloridos pero sencillos, sin detalles elaborados como los saris que vestían las mujeres en las ciudades y la alta sociedad. Ellas llevaban brazaletes, aretes, anillos en la nariz y también en los dedos de las manos y de los pies, pero había mucho más plástico y metal que oro o plata. El sacrificio de las madres por sus familias se ampliaba de la comida y los nutrientes a cada faceta de la vida.

EN EL NORTE de Uganda, Harriet Ogwal estaba en lo alto de las colinas, picando rocas para partirlas. Cuando se acercaba el mediodía, divisé que iba caminando por los arbustos y las parcelas de verduras. Iba descalza, vestía una sucia falda azul y una camiseta harapienta, y llevaba un martillo. Era una herramienta casera y tosca: una piedra redonda atada a un palo grueso. La había utilizado para golpear las piedras grandes en la cantera donde su esposo, Moses, trabajaba la mayoría de los días. Ahora iba de regreso a su pequeña hacienda para comenzar a cocinar antes de volver a ascender la colina.

Solo habían pasado unos pocos meses desde que nació Apio. Harriet decía que a menudo se sentía mareada y necesitaba descanso con frecuencia. Confesó que no era la mejor trabajadora. En la clínica comunitaria le dijeron que persistía la presión arterial alta, y le aconsejaron insistentemente que dejara de trabajar. Harriet se rió. ¿Cómo podría hacer eso? Por un día de picar piedras podía ganar unos dos dólares. Eso, a su vez, pagaría sus compras de frijoles altos en hierro en el mercado, que costaban unos veinticinco centavos por vaso. Su familia podía consumir unos veinte vasos de frijoles cada semana. Habían comenzado las lluvias, así que Harriet dijo que mañana estaría de regreso en el campo para plantar los frijoles.

Las privaciones de las madres en Uganda, y en toda África, estaban impulsando un "círculo vicioso de pobreza" que pasaba de una generación a otra, según el reporte *Análisis de la situación de los niños en Uganda*. El gobierno y UNICEF observaban en el estudio que "de todas las desigualdades, la de género preocupa específicamente". Los investigadores descubrieron que cerca del 35% de las niñas dejaban la escuela debido al matrimonio precoz, y el 23% debido al embarazo. Más del 15% de las mujeres casadas de Uganda se habían casado a los quince años, y casi la mitad a los dieciocho. Las tasas de embarazo de adolescentes variaba según la lotería del nacimiento: el 34% de las adolescentes de las casas más pobres y el 24% de las niñas del campo se convertían en madres, comparado con el 16% de niñas de casas más pudientes y el 21% de adolescentes urbanas. Los servicios de planificación familiar y salud sexual y reproductiva estaban limitados, en particular en las zonas rurales. La violencia de género, decía el reporte, era un problema generalizado, "aproximadamente con 6 de cada 10 mujeres que están de acuerdo en que golpear a la esposa está justificado si la mujer no cumple los roles de género culturalmente esperados". Un oficial de una organización que trabaja por los derechos de las mujeres en el norte de Uganda me habló de un caso en el que un esposo puso a su esposa como aval para un préstamo. Y cuando el esposo no pudo pagar, el prestamista se quedó con la esposa, a la que devolvió solo después de que la comunidad protestó.

GUATEMALA HA TENIDO la mayor tasa de violencia de género en Latinoamérica en años recientes. Según la Iniciativa para la Justicia de las Mujeres, que trabaja para empoderar a mujeres para vencer las desigualdades, casi la mitad de las mujeres guatemaltecas son víctimas de violencia durante sus vidas. La violencia es física y económica; en la mayoría de las familias, las mujeres no tienen ningún control sobre las finanzas, y frecuentemente sus esposos no les dan dinero suficiente para alimentar adecuadamente a sus hijos o a sí mismas. Las mujeres también tienen poco que decir sobre el tamaño de la familia. Concebir un varón se considera con frecuencia una máxima prioridad. El matrimonio infantil es común, y el 20% de los bebés que nacen en Guatemala son de madres menores de veintiún años.

En los Estados Unidos, Alitzel y ShaLawn nacieron en una desigualdad particularmente firme: en 2013, una mujer que trabajaba a jornada completa ganaba, como promedio, 78 centavos por cada dólar que ganaba un hombre. El presidente de la Asamblea de Consejeros Económicos observó que esta brecha de salario había disminuido entre la década de 1970 y 1990, pero había permanecido entre 76 y 78 centavos desde 2001. Además, la brecha salarial se extendió más allá de los salarios cuando se tuvieron en cuenta los paquetes de compensación de los trabajadores. Las mujeres tenían menos probabilidad de que su jefe les proporcionara un seguro de salud, planes de pensiones, o acceso a permisos retribuidos. Y como subrayó el

Presidente Obama en su Discurso sobre el Estado de la Unión en 2015: "Hoy día, somos el único país avanzado de la tierra que no garantiza a nuestros trabajadores un permiso de enfermedad o de maternidad retribuidos. Cuarenta y tres millones de trabajadores no tienen permiso de enfermedad retribuido. Cuarenta y tres millones. Pensemos en eso".

Y pensemos en esto: el único país (de los 185 sondeados por la Organización Internacional del Trabajo) que no tiene ninguna ley para proporcionar algún tipo de permiso de maternidad remunerado era Papúa Nueva Guinea.

MIENTRAS LAS MAMÁS en cada uno de los países cargaban a sus recién nacidos, les pregunté sobre sus aspiraciones para sus hijos. La educación era el deseo unánime. Cada mamá, y también los papás, esperaba que a su hijo le fuera bien en la escuela. En la parte sur de Chicago, en el norte de Uganda, en el valle Palajunoj, y en las aldeas de Shivgarh, la educación se consideraba la mejor carta en la lotería del nacimiento. Para muchas de las mamás, esta era una aspiración de que sus hijos lograran algo que ellas no habían tenido la posibilidad de lograr.

Para Jessica en Chicago, la educación era su meta máxima para Alitzel y para ella misma. Marco había dejado la secundaria para trabajar y aportar para el sostén de su hija y, por unos momentos, también Jessica habían pensado en dejar la escuela. Pero ¿qué tipo de ejemplo establecería eso? ¿Cómo podía ella alentar a Alitzel a seguir adelante, "a ser conocida como alguien que logra y no que abandona", como escribió en su diario, si ella misma abandonaba? Con Alitzel en sus brazos, Jessica decidió terminar la secundaria y también puso su mirada en la universidad: para ella misma y para su hija. "Tengo toda esperanza de volver a la escuela. No solo para darle un ejemplo a mi hija, sino también por mí misma", me dijo. "No quiero tener cuarenta años y lamentar no haberlo hecho".

Harriet en Uganda, para Apio: "Espero que tenga educación para que así pueda llegar a ser enfermera o médico. Entonces habrá alguien en el hospital para ayudarme a mí y a los demás, de modo que ninguna otra madre pierda a su hija, y ninguna otra niña pierda a su hermana".

Dianet en Guatemala, para Keytlin: "Quiero que ella tenga una buena educación, que tenga una carrera, cualquier carrera que ella elija. Y así, cuando crezca y tenga hijos, no le faltará de nada. Podrá comprar comida y ropa para sus hijos, pagar su educación, tener una buena vida, tener un empleo que le permita viajar y vivir en otro país con más oportunidades".

Shyamkali en Shivgarh, para Anshika: "Deseo para ella una buena educación y un buen matrimonio. No estoy esperando un hombre rico, sino un hombre bueno que cuide de ella. Si ella tiene educación, conseguirá a un hombre bueno".

Mohana, para Sarita: "La escuela es algo bueno. Espero que ella tenga educación. Pero eso está en manos del destino".

"No, no", dijo su esposo. "No es solo el destino. Quiero que la bebé tenga una buena educación y consiga un empleo en el gobierno". Dibujó una gran sonrisa, con orgullo. "¡Entonces su padre será famoso por tener una hija con educación formal!".

La matrona Susan Ejang dirige una clase sobre nutrición en la veranda de la clínica de Ongica en el norte de Uganda. Con nutrición y cuidado adecuados en los primeros 1000 días, les dijo a las mamás: "Su hijo puede lograr grandes cosas".

Harriet da el pecho a Apio, de un mes, cuyo nombre significa "primera de dos gemelas". Su hermana nació muerta.

Harriet jugando con Apio, que acababa de cumplir un año y comenzaba a caminar.

Brenda con Aron, de dos meses de edad. Su sonrisa es una señal de que está comenzando a recuperarse de la tristeza que tenía tras haber perdido a su primer hijo.

Brenda cocinando un nutritivo almuerzo de batatas, frijoles ricos en hierro, y verduras del lugar.

A Aron, de quince meses de edad, le encantan las batatas.

Esther y Rodgers en los campos de verduras en su segundo cumpleaños. Él es uno de la nueva generación de bebés bioenriquecidos en África.

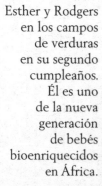

Jessica, embarazada de cinco meses, con su novio Marco, tras reunirse con su matrona en el Centro de Prevención en la parte sur de Chicago.

Jessica con su hija Alitzel, de diez meses, en su hogar en Chicago.

Quintana leyendo el cuento *Con mi hermano*, con la pequeña ShaLawn de un año de edad en su casa en Chicago. Durante sus visitas al Centro de Prevención, Quintana aprendió que las palabras son nutrientes para el cerebro de su bebé.

Quintana con ShaLawn, que tiene unos dieciocho meses de edad, en una fiesta para madres y niños en el Centro de Prevención.

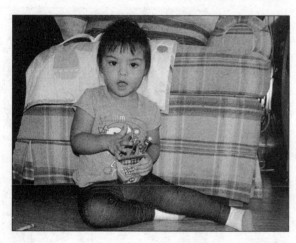

Alitzel con sus crayones, poco antes de cumplir los dos años.

Jessica, Marco y Alitzel en la fiesta del segundo cumpleaños de Alitzel, una reunión con temática de La Sirenita, con familiares y amigos.

María Estella (derecha), embarazada de nueve meses, y Yolanda se divierten llenando el bol de comida en una clase sobre nutrición de Primeros Pasos, pero las mujeres se preocupaban porque, más allá del salón de clase, no pudieran permitirse poner en acción su conocimiento.

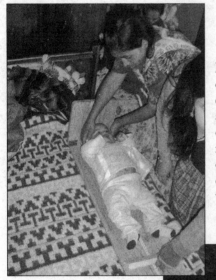

María Estella mide a su hijo de cinco meses, Jorge. Con un peso de más de tres kilos (ocho libras) al nacer, Jorge continuó su robusto crecimiento, dando esperanza a su madre de que él podía superar las expectativas de la Guatemala rural, donde la mayoría de los niños tienen retraso en el crecimiento.

Los valles de Guatemala, a los pies de los volcanes dormidos, producen abundancia de vegetales ricos en nutrientes. Pero en el periodo de cosecha llegan las camionetas y se llevan la mayor parte de esa abundancia para los mercados de exportación, incluidos los Estados Unidos.

Griselda y su hija de dieciséis meses, Sucely. Nacida con pie zambo, Sucely no caminaba aún, y en cambio gateaba por el suelo que compartía con las gallinas de la familia, ovejas, perros y caballos. Constantemente batallaba con enfermedades intestinales.

Dianet con Keytlin en una reunión de Primeros Pasos. Un mes antes de su segundo cumpleaños, Keytlin era más activa y mentalmente más aguda que la mayoría de los otros niños de su edad, aunque estaba un poco retrasada en el esquema internacional de crecimiento.

Jorge y su hermana, Yesica Marisol. Aunque parecen tener el mismo tamaño, Jorge acaba de cumplir los dos años y Yesica tiene casi cuatro.

Durante la cosecha del arroz en India, las mamás tienen un trabajo doble en los campos. Con frecuencia llevan con ellas a sus bebés y utilizan manojos de tallos de arroz para construir un refugio protector del sol y del viento para ellos.

Seema y Priyanshi, con Sanju y Adarsh. Los niños tienen veintiún meses de edad.

Shyamkali y Anshika, de cinco meses. Shyamkali había esperado tener al menos un varón, pero declaró que Anshika, su quinta hija, sería su última hija.

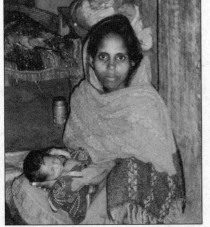

Shyamkali y su hija Anshika en "reclusión" un día después del nacimiento de Anshika. Durante dos semanas, madre e hija estuvieron solas en este cuarto de su casa, rodeadas de humo de fogatas de estiércol e incienso, una práctica tradicional para alejar a los malos espíritus.

El día en que su hija Anshika cumplió dos años, su padre, Rajender, cargaba carbón para echar en el fuego de la fábrica local de ladrillos, con temperaturas de más de 37° C (100° F). Cada yugo de carga completa pesaba unos 45 kilos (100 libras).

Shyamkali y Rajender con sus hijas en el segundo cumpleaños de Anshika, que se ríe en los brazos de su padre.

Sushma y su hijo, Sunny, que acababa de cumplir los dos años.

Todas las fotografías por Anne Thurow.
Para ver más fotografías del viaje de *Los primeros 1000 días*, visite www.outrageandinspire.org.

TERCERA PARTE | EL PRIMER AÑO

capítulo nueve

"LA BEBÉ YA NO ESTÁ AQUÍ"

Toda Shivgarh estaba ajetreada con la cosecha del trigo a principios de 2014. Mohana acababa de regresar de los campos y estaba sentada en el piso de su veranda, separando la paja de un montón de trigo. Vestía un apagado sari verde; una de las puntas le cubría parcialmente la cara. En el *charpoy* que estaba a su lado dormía un niño, cubierto por un pañuelo color café. La figura parecía demasiado grande para ser Sarita, que tendría unos seis meses de edad. Y pensé que parecía demasiado pequeña para ser la siguiente niña: Lakshmi, de tres años.

"¿Cómo está la bebé?", le pregunté a Mohana por medio de un intérprete del Laboratorio de Empoderamiento Comunitario. Mohana no respondió.

Lo intentamos de nuevo. "¿Dónde está la pequeña?".

Mohana levantó la vista del trigo. En hindi, dijo: "La bebé ya no está aquí".

"La niña terminó", dijo Krishan, su esposo, que había aparecido cargando otro manojo de trigo.

Era su manera de explicar una tragedia indecible. Sarita había muerto.

Krishan se puso al lado de su esposa en la veranda; se sentó en el borde de un segundo *charpoy*, con una pierna colgando por uno de los lados. Alrededor de ellos, todo el mundo estaba en movimiento. Cierto optimismo llenaba las aldeas de Shivgarh: los almacenes estarían llenos pronto. Pero en esta veranda prevalecía una profunda tristeza. Juntos, Mohana y Krishan describieron lo que le había sucedido a su hija menos de dos meses atrás, cada uno de ellos recordando partes de la dura experiencia. Hablaban de modo objetivo; no había llantos ni histeria.

Mohana dijo que Sarita había estado bien. Tenía cuatro meses, y estaba sana y creciendo. Siempre tenía hambre, demandando más de la leche materna de su madre. A Mohana le preocupaba que quizá no estuviera satisfaciendo a su hija, de modo que también comenzó a darle un poco de leche de vaca en un biberón. Durante dos semanas continuó esa alimentación turbo. Sus padres pensaban que Sarita debía estar creciendo muy bien.

De repente, las cosas fueron marcha atrás. Sarita comenzó a vomitar toda la leche; no podía retener nada. También desarrolló diarrea, y respiraba pesadamente y con dificultad. Tenía tos pero no podía expulsar las flemas. Temblaba, y ningún número de mantas podía detenerlo. Eso era peor que lo que había afligido a Lakshmi dos años atrás. Tras varios días, a medida que la enfermedad aumentó en gravedad, Mohana y Krishan llevaron a Sarita a una clínica privada. Reconocieron que en el hospital regional público tendrían que esperar en la fila solamente para que le hicieran un chequeo rutinario; y cualquier medicina que le recetaran probablemente no estaría disponible. El médico que había tratado a Lakshmi estaba demasiado lejos. En la clínica privada cercana, al menos Sarita recibiría atención. Sería cara, unas 500 o 600 rupias por cada visita y la medicina. Eludiendo los tratamientos modernos, también acudieron al curandero local con sus curas tradicionales. Y todo el tiempo les preocupaba: ¿habían esperado demasiado tiempo para buscar ayuda?

En la clínica no les dieron un diagnóstico claro. El médico recetó medicinas para bajar la fiebre y para luchar contra la tos. El curandero tradicional recorrió el cuerpo de Sarita con unas plumas y aplicó un tratamiento con hierbas. Ambos les dijeron a los padres que la enfermedad del estómago seguiría su curso.

Mohana y Krishan llevaron a su casa a Sarita y le dieron la medicina que el médico les había recetado. Los temblores continuaron; sus labios comenzaron a ponerse azulados, y también sus ojos. Sarita nunca se recuperó.

"El médico dijo que cuando su estómago estuviera vacío de la enfermedad, entonces terminaría y la niña se pondría bien", dijo Krishan. "En cambio, la bebé terminó".

Dos meses después, los padres no recordaban la fecha exacta de la muerte de su hija. "Era un lunes", dijo Krishan. Todo lo que quedaba eran los botes de medicinas vacíos. Seguían estando donde los había puesto Mohana cuando Sarita estaba enferma, en un pequeño hueco cincelado en la pared del lado de la puerta frontal, como si fuera un altar a su hija. Krishan agarró la medicina y me la entregó. Las etiquetas eran macabras. Un bebé blanco envuelto en una manta verde miraba desde la etiqueta de uno de los botes; un osito de peluche estaba dibujado en el segundo. Dentro del primero había habido sesenta mililitros de una suspensión de paracetamol; dentro del segundo, la misma cantidad de Tedykoff.

Un analgésico y un jarabe para la tos. Para todos los horribles síntomas de Sarita, eso era lo único que le habían recetado para curarla; o al menos, era todo lo que sus padres podían permitirse.

Sus padres creían que ella había muerto de "fiebre fría", hipotermia, el mal multifunción al que se culpaba casi de todas las muertes infantiles sin explicación que se producían en las comunidades rurales de Shivgarh. Era la época más fría del año en el norte de India, y los bebés eran los más vulnerables. No parecía ser un virus, ya que nadie más en la familia se enfermó. La niña que estaba debajo del pañuelo en el *charpoy* era Lakshmi, que no se había enfermado junto con su hermana. Era pequeña para su edad, pero estaba llena de grandes sonrisas. Y los hijos de Sushma al otro lado de la pared seguían siendo sanos. La realidad era que Sarita podría haber muerto debido a cualquiera de los diversos asesinos infantiles en India: diarrea por el agua contaminada y el mal saneamiento, infección intestinal debido a leche en mal estado, neumonía, incluso hipotermia; o una combinación de esas enfermedades. Aún así, en los estrechos pasajes que había entre las casas de ladrillo y paja de Rampur Khas, se rumoreaba, particularmente entre los hombres, que Mohana era una mala madre; que había esperado demasiado tiempo para buscar tratamiento para su hija. Tonterías, decían sus amigas, otras mujeres que intentaban apagar esas palabras con una dosis de fatalismo: esas cosas sencillamente suceden; así son las cosas. "*Dehat*", decían, utilizando una expresión hindi para "rural, atrasado". Normalmente iba acompañado de encoger los hombros, como para decir: "Miren dónde estamos. ¿Qué esperan?".

La muerte de Sarita fue una tragedia, pero no una rareza en las aldeas rurales de Shivgarh. Mencioné su fallecimiento a Vishwajeet en el Laboratorio de Empoderamiento Comunitario, y él hizo un gesto de dolor. "Desgraciadamente, siguen muriendo niños", dijo. "Estamos intentando disminuir las probabilidades de que mueran".

APROXIMADAMENTE AL MISMO tiempo, en la zona rural del norte de Uganda, Brenda estaba aterrada por poder perder a su hijo Aron. Acababa de cumplir los seis meses de edad, y comenzaba a comer alimentos sólidos, incluidos puré de maíz, puré de patatas y frijoles, y a beber leche de vaca, agua y té además de la leche de su madre. Era grande, pesaba unos 8 kilos (18 libras), y era activo, iba gateando por todo el lugar. Brenda había estado tan orgullosa y deseosa de que otros vieran el desarrollo de su hijo, que recientemente lo había llevado a la hacienda de su familia, que estaba a unos 20 kilómetros (diez millas) de distancia. Había habido una gran celebración por el niño tan saludable.

Mientras estaban de visita, su familia se enteró de que una vecina anciana había caído enferma con disentería. Todos sabían que un incidente de una enfermedad transmitida por el agua podría convertirse rápidamente en una epidemia. Y así sucedió. Poco después, gran parte de la comunidad estaba muy enferma. La hermana de Brenda fue la primera en su familia en enfermarse, poco después de haberse enterado del brote. Al día siguiente eran Brenda y Aron. Brenda se temía que algo iba mal cuando su niño tan enérgico de repente se volvió apático. Poco después, Aron temblaba de fiebre y tenía los ojos hinchados. La diarrea fue seguida por la deshidratación. Brenda misma sufría los mismos síntomas, y no era la primera vez en su vida. Ella entendía cuán peligroso podía ser eso, especialmente para un niño.

La preocupación inicial de Brenda se convirtió rápidamente en pánico. ¿Podría estar sucediendo otra vez? ¿Iba a morir su segundo hijo también? Su padre, Sylvester, fue rápidamente hacia la bicicleta familiar; su esposa, cargando a Aron, se subió detrás. Sylvester pedaleaba frenéticamente por los duros caminos de tierra para llegar a la clínica más cercana. Los abuelos pasaron la noche vigilando a Aron.

Cuando Brenda me relataba la dura situación, ya en su casa ahora con la familia de su esposo, comenzó a llorar. Habían pasado dos meses, pero el temor seguía estando a flor de piel. Brenda se tapó la cara con sus manos y se alejó. Lloraba con fuerza, moviendo los hombros.

Se sentó en la escalera de entrada a la cocina, debajo del saliente del tejado de paja. Su esposo, Dennis, estaba recostado a poca distancia en una silla fuera de su casa de un solo cuarto. Parecía preocupado con arreglar un zapato, o quizá era sencillamente algo que hacer al estar perdido en sus pensamientos mientras hablaba su esposa. Dennis no dijo ni una sola palabra, ni tampoco se movió para consolar a su esposa.

En la clínica, las enfermeras trataron rápidamente la diarrea de Aron con pastillas de zinc y lo rehidrataron con líquidos. Tenían mucha experiencia en tratar la disentería y la diarrea. Recetaron unos antibióticos que costaban unos 2,5 dólares, que el abuelo de Aron compró en un almacén privado, ya que la crítica no tenía la medicina. La medicina funcionó. Unos días después, Aron volvía a ser él mismo.

Mientras Brenda hablaba de la recuperación de Aron, regresó la calma. Ella hablaba suavemente pero analíticamente, enfocándose en la culpabilidad. Brenda creía que el brote de disentería comenzó en el pozo de la comunidad que estaba a un kilómetro de la casa de sus padres. Era un viejo pozo excavado a mano llamado *Olorogweng*, que significa "piedras rodadas", una descripción de cómo lo habían construido los residentes locales: rodando piedras para destapar la corriente de un arroyo subterráneo. El agua se acumulaba en un agujero sucio. Estaba en medio de un campo rodeado por pastos altos, espesos matorrales y árboles, y lo utilizaban los seres humanos y los animales para beber. Los animales pastaban en la zona y también orinaban y hacían sus necesidades; también lo hacían las personas que llegaban para sacar agua. Los desechos se filtraban hasta el agua subterránea y también llegaban hasta el agua del agujero. Cuando vi el pozo por primera vez, el agua tenía un color verdoso. Mujeres y niños llegaban cargando jarras vacías sobre sus cabezas y en sus manos. Sacaban el agua del pozo en un recipiente, y entonces, utilizando un embudo formado por una botella de plástico de refrescos, derramaban el agua del recipiente a las jarras. De regreso en sus casas, el método común de purificación era filtrar el agua derramándola sobre un pedazo de tela fina. La tela se quedaba con las partículas de tierra más grandes; el agua que había atravesado la tela se mantenía en una vasija y se consideraba lista para beber y lavarse. Realmente no era segura para beber, pero era marginalmente más limpia que cuando salía del suelo. Algunas familias también hervían el agua antes de beberla. Otras la bebían directamente de la fuente, sin filtrarla de ninguna manera.

El pozo había sido una fuente de enfermedades transmitidas por el agua a lo largo de los años. La diarrea era una enfermedad demasiado común en la zona. Un brote de diarrea simplemente preparaba la escena para otro, ya que una persona enferma sacaba agua del pozo y potencialmente la ensuciaba para los demás.

Varios años atrás, una organización internacional de ayuda había construido un pozo de perforación a otro kilómetro de distancia, al lado del camino de tierra principal. Habían utilizado una tubería para canalizar el agua hasta la superficie, y habían puesto cemento para formar un perímetro más limpio. Este pozo servía a un par de aldeas, y con frecuencia tenían una fila de espera, ya que había personas que llegaban desde kilómetros de distancia para conseguir el agua. Debido a que *Olorogweng* estaba más cerca y su uso era más conveniente, seguía siendo una fuente principal de agua para la familia de Brenda y sus vecinos, a pesar del mayor riesgo para la salud.

Mientras la salud física de Aron mejoraba constantemente después de haber recibido el tratamiento, el estado mental de Brenda empeoraba. Se culpaba a sí misma de la enfermedad de Aron; sentía que debería haber tenido más cuidado con lo que él comía y bebía; y cuando regresó a su casa, la familia de Dennis cargó otro montón de culpabilidad. Ellos ya le habían reñido por la muerte de su primer hijo. Ahora esto, el pequeño Aron había escapado por poco. Su suegra no cedía; dos meses después, seguía hablando de ello. Mientras Brenda hablaba sobre el pozo *Olorog-weng*, su suegra, que escuchaba de cerca nuestra conversación, interrumpió. "Esto es lo que sucede cuando te llevas a tu hijo a tu lado", le recriminó. "El bebé estaba bien cuando te fuiste".

Una vez más, Brenda rompió a llorar. La culpabilidad era enorme. Sentía que ya estaba decidido el veredicto: ella era una mala madre.

No es que la familia de Dennis mantuviera un hogar muy limpio. En medio de este drama familiar, Aron, que solo llevaba puesta una camiseta color rojo y azul y no llevaba pantalones, estaba sentado sobre una bolsa de plástico de almacenar grano, que estaba extendida sobre la tierra debajo de un árbol. Un ternero color marrón estaba atado a los arbustos a poca distancia, y un ternero gris y una vaca marrón pastaban en los matorrales un poco más allá. Había huellas de vaca por todas partes, y también gallinas y gallos arañaban, picoteaban y defecaban en la tierra alrededor de Aron.

Una semana antes, Aron había tenido un sarpullido y fiebre. Brenda lo había llevado a la clínica en Ongica. Las enfermeras dijeron que no era necesario ningún análisis; solo con mirarlo podían saber que tenía malaria. Le recetaron el tratamiento estándar: la medicación antimalaria Coartem; y recomendaron que durmiera bajo las redes para camas tratadas con insecticida.

¿Por qué no tenían ellos redes para la malaria?, pregunté.

Ahora fue Dennis quien habló. Dijo que eran demasiado caras; cada red costaba unos 10 000 peniques. El programa de distribución gratuita de redes para camas del gobierno no había llegado aún a la zona, y él tenía dudas de que lo hiciera. Dennis explicó que los escasos ingresos de la familia provenían de la venta del excedente de las cosechas y de la cerveza que ellos mismos fabricaban. Con gran detalle describió cómo mezclaban yuca y sorgo con melaza sobrante de la fábrica local de azúcar. Lo hervían en un barril de metal y después lo dejaban fermentar durante dos semanas en un agujero en la tierra alineado con hojas de banana. Dennis hizo un gesto en la dirección de una pequeña arboleda de bananos; allí, estaba una nueva tanda.

¿Cuánto costaba la medicina para la malaria?, me preguntaba

"Doce mil chelines", dijo Dennis.

El tratamiento era más caro que la prevención.

AGUA SUCIA, MAL saneamiento y una higiene pobre, y la carga de las enfermedades que resultan, se combinan con la mala nutrición como las causas principales de mortalidad y retraso en el crecimiento infantil en los 1000 días. La diarrea mató aproximadamente a 600 000 niños en 2013, según UNICEF y la OMS. Otras enfermedades intestinales, como la enteropatía medioambiental, causada por la exposición crónica a bacterias fecales, contribuyen al retraso en el crecimiento al desviar la energía hacia la lucha contra la infección y lejos del crecimiento. Al igual que lo hacen parásitos y gusanos intestinales, que se extienden mediante condiciones poco sanitarias. También sucede lo mismo con las aflatoxinas, que surgen cuando diversos alimentos, incluidos el maíz y los cacahuates, se echan a perder por un hongo, ya sea debido al clima, malas técnicas de cosecha, o métodos erróneos de almacenaje.

Ha habido un progreso considerable en el frente del agua, el saneamiento y la higiene (ASH) en décadas recientes. Globalmente, unos dos mil seiscientos millones de personas han obtenido acceso a una fuente mejorada de agua para beber desde 1990, y aproximadamente dos mil millones de personas han comenzado a utilizar instalaciones sanitarias mejoradas durante ese periodo. Pero detrás de estas mejoras globales (reportadas en un estudio en 2015 de UNICEF y la Organización Mundial de la Salud titulado *25 años de progreso en saneamiento y agua potable*), sigue habiendo inmensas disparidades. El acceso al agua limpia y al saneamiento mejorado varía ampliamente en el mundo en vías de desarrollo. El reporte calculaba que más de 660 millones de personas en todo el mundo siguen utilizando fuentes de agua potable no mejoradas, incluidos pozos no protegidos y arroyos parecidos a *Olorogweng* o agua en superficie de ríos y lagos. Y más de dos mil millones de personas seguían utilizando instalaciones de saneamiento no mejoradas, como letrinas descubiertas, o defecaban al aire libre. La mayoría de estos casos de agua no potable y mal saneamiento estaban en África subsahariana y el sur de Asia.

En Uganda, el 30% de los niños estaban sin acceso a agua segura en 2013, según el *Análisis de la situación de los niños en Uganda* preparado por el gobierno ugandés y UNICEF. Pero "acceso" no significaba abrir un grifo cercano. Casi dos terceras partes tenían que caminar al menos durante treinta minutos de ida y vuelta a una fuente de agua segura, y más de una tercera parte estaban a sesenta minutos de distancia. Las mayores distancias estaban en la región norteña, con tres cuartas partes de los niños como mínimo a treinta minutos de distancia del agua potable. Aproximadamente el 70% de la población rural de Uganda utilizaba algún tipo de letrina, pero había grandes disparidades en el país. La proporción de niños que no tenían inodoro en casa en la región norteña era varias veces mayor que en la región central. La estadística más inquietante era que solamente el 8% de la población de Uganda tenía una instalación para lavarse las manos en casa con agua y jabón disponibles fácilmente. Estos datos encajaban con mis observaciones: las mamás meramente derramaban agua sobre las manos de sus hijos antes de las comidas, si es que utilizaban agua.

Un resultado de este mal acceso al agua segura y al saneamiento mejorado era que una cuarta parte de los niños de Uganda sufrían diarrea o disentería grave. La diarrea eliminaba micronutrientes vitales del cuerpo y dejaba a los niños más débiles y más vulnerables a otras enfermedades e infecciones, particularmente la malaria. Diarrea y malaria formaban la combinación más mortal contra los niños en Uganda.

El gobierno había declarado sus ambiciones por mejorar las condiciones para sus niños. El ministerio de salud en la capital, Kampala, está lleno de pósteres y eslóganes que manifiestan buenas intenciones. "¡Apúrese! Dos mil seiscientos millones de personas quieren utilizar el inodoro", proclamaba un cartel sobre la puerta de un baño en el ministerio, refiriéndose a todas las personas en el mundo sin instalaciones mejoradas. "Las manos lavadas con agua y jabón son manos de las que estar orgullosos", proclamaba otro. En una sala de conferencias del ministerio, dos pósteres en la pared declaraban inversiones en programas ASH como importantes no solo para la buena salud sino también para el crecimiento económico. Eran parte del PIB para la campaña PIB: Buenas prácticas domésticas para el Producto Interior

Bruto. "Invierta en Desechos", indicaba uno de los pósteres, que pasaba a decir que la construcción de letrinas y las innovaciones en saneamiento, convirtiendo los desechos en combustible o fertilizante, por ejemplo, era bueno para el empleo, la productividad, la educación, el turismo, la salud y la dignidad humana. El otro póster preguntaba claramente: "¿Ayudarás a convertir mierda en oro?".

Fue bajo esas recomendaciones en la sala de conferencia cuando conocí a Sarah Opendi, la ministra de estado para la salud. Ella reconoció su frustración con el modesto progreso del país en el frente del ASH; había demasiadas iniciativas dispersas que no habían dado mucho resultado. Dijo que la membresía de Uganda en Fomento de la Nutrición finalmente impulsó al gobierno a hacer participar a todos sus ministerios en iniciativas relacionadas con los 1000 días.

"Durante bastante tiempo, los problemas de nutrición han estado en manos del ministerio de salud", me dijo. "Decíamos: 'estos son los alimentos nutritivos para comer', pero nosotros no éramos el ministerio que producía los alimentos". Ese era el ministerio de agricultura.

"Decíamos: 'beban agua segura', pero nosotros no cavábamos pozos". Eso lo hacía el ministerio de obras públicas.

"Decíamos: 'las nuevas mamás deberían tener seis meses de permiso de maternidad', pero nosotros no teníamos el mandato para autorizar eso". Eso lo hacía el ministerio de género.

"Nosotros teníamos los mensajes, pero no teníamos los medios para implementarlos", se lamentaba la ministra. "La voluntad política está ahí, pero no sido transformada en más recursos".

Ciertamente, el reporte del gobierno *Análisis de la situación de los niños* observaba que los fondos insuficientes "siguen siendo un obstáculo importante para el desarrollo de programas sanitarios a gran escala".

TRAS EL BROTE de disentería, los vecinos de Brenda se quejaron a los oficiales locales del gobierno, desesperados ante la inacción, y entonces se hicieron cargo ellos mismos del asunto. "Hemos protestado ante los trabajadores de salud desde antes", me dijo Sylvester, el padre de Brenda. "Ellos dicen: 'sí, iremos. Iremos'. Pero nunca llegaron". Mientras él hablaba, el grupo Dire Straits cantaba desde una radio que estaba en el suelo en el centro de la casa familiar. "Especialmente durante las elecciones, prometen poner cemento en el pozo, poner una tubería para el agua", se quejaba Sylvester. "No dejan de mentir y mentir".

La comunidad misma formó un grupo de trabajo que cortó el pasto y los matorrales que rodeaban el pozo. Hicieron un agujero más profundo para el agua del arroyo. Difundieron la noticia de que las familias deberían mantener alejadas sus vacas y cabras del agua, y que la gente no debería defecar en la zona. En el tiempo intermedio, el pozo mejorado al lado del camino (con una tubería sellada con cemento) estaba inoperativo. Se había roto la tubería, y el agua dejó de discurrir. La comunidad recogió donativos para reparar el pozo, pero no fue suficiente.

Varios meses después se acercaban otras elecciones. "Intentaremos hablar de nuevo con los políticos sobre nuestro pozo. Diré que mi nieto se enfermó debido al mal estado del agua", dijo Sylvester. "Quizá esta vez escucharán". Se encogió de hombros y sonrió por la aparente necedad de sus intenciones. Parecía un hombre que había tirado la toalla.

En el ministerio de salud, una funcionaria veterana de nutrición, Agnes Chandia, se lamentaba del hecho de que solamente un 60% de los ugandeses utilizaban inodoros, a pesar de las exhortaciones del ministerio a que lo hicieran. "Hablamos sobre el uso del inodoro todo el tiempo", dijo ella. Pero incluso en lugares donde el gobierno había construido inodoros, la gente no los utilizaba. Había supersticiones en contra de que las mujeres embarazadas utilizaran los inodoros (el bebé podría caerse dentro) y en contra de utilizar el mismo inodoro que la familia política: un gran tabú. Y las personas se quejaban de que las pequeñas construcciones en el exterior eran demasiado pequeñas y olían mucho en comparación con el gran espacio abierto, demasiado obvio: "Ha habido hombres que me han dicho: 'Si tengo que caminar hasta el inodoro, todo el mundo sabrá lo que estoy haciendo'", dijo Chandia.

Se rió. "La gente tiene todo tipo de razones".

LA GENTE TAMBIÉN tiene sus razones para evitar los inodoros en India, donde más del 50% de la población defeca al aire libre, lo cual representa aproximadamente el 60% de la incidencia global de defecación al aire libre. La fontanería interior es muy rara en la India rural. Una encuesta realizada por el Instituto de Investigación para la Economía Compasiva (el reporte se llamaba *Calidad, uso, acceso y tendencias del saneamiento*, o SQUAT por sus siglas en inglés) a más de veinte mil personas sobre la conducta sanitaria en la parte norte de la India rural, incluida Uttar Pradesh, descubrió que "la defecación al aire libre no solo es socialmente aceptable en zonas norteñas de la India rural, también se considera una actividad sana que promueve la salud física. Cuando se realiza en conjunto con otros rituales diarios, se considera que fomenta la pureza del cuerpo".

Esta actitud estaba reflejada en elevadas tasas de defecación al aire libre a pesar de poseer letrinas; SQUAT reveló que incluso entre los hogares que tenían una letrina, el 40% de ellos tenía al menos uno de sus miembros que defecaba regularmente al aire libre.

Un anciano de setenta y dos años, oficial del ejército retirado de una casta baja que poseía una letrina, les dijo a investigadores de SQUAT: "No quiero entrar en la letrina... Un beneficio de salir al aire libre es que uno puede hacer ejercicio, y el segundo es que todas las impurezas del aliento salen fuera. Pero si alguien come y bebe y después va a la letrina en la casa, no viviría mucho tiempo".

Un hombre de veintidós años, de una casta alta hindú, también elogió la defecación al aire libre: "Uno puede estirar el cuerpo, puede salir a dar un paseo. También puedes evitarte a ti mismo contraer enfermedades. Si hay una letrina en la casa, saldrán malos olores y crecerán gérmenes. Las letrinas en las casas son como... el infierno. El ambiente se vuelve totalmente contaminado".

La encuesta de SQUAT observaba que "las letrinas se consideran un artículo de lujo que solamente las personas débiles utilizan: los ancianos, enfermos, mujeres jóvenes y niños. Quienes toman las decisiones, que son saludables y fuertes, normalmente prefieren la defecación al aire libre".

Todo esto debería ser un consejo de precaución para la Misión Swachh Bharat (India Limpia) del primer ministro Narendra Modi, quien estableció la meta de construir un inodoro para cada casa en India para el año 2019, poniendo fin así, en teoría, a la defecación al aire libre.

Por años, el gobierno indio había seguido una filosofía de la película *Campo de sueños* de construir inodoros para la población rural: si nosotros los construimos, ellos irán. De hecho, SQUAT descubrió precisamente lo contrario: las personas que vivían en casas con una letrina construida con apoyo del gobierno tenían más del doble de probabilidades de defecar al aire libre que las personas que vivían en casas con una letrina que habían construido ellos mismos. Quienes construyeron sus propias letrinas generalmente tenían una mayor conciencia de los beneficios para la salud, y estaban más motivados para utilizarla. Además, las casas que construían sus propias letrinas escogían a menudo las que eran más caras, que costaban por encima de 300 dólares, con un agujero más grande que podría perdurar durante una generación en la familia. Los agujeros del inodoro construidos por el gobierno por la mitad de ese costo tendrían aproximadamente una quinta parte del tamaño; esos agujeros más pequeños habría que limpiarlos manualmente cada tres o cinco años. Y esa, observaba SQUAT, sería una tarea considerada sucia y degradante, y relacionada con ser intocables. Esta era una importante razón por la cual décadas de gasto en programas de saneamiento rural en India no habían progresado mucho comparados con proyectos en otros países en desarrollo, como en la vecina Bangladesh, donde la construcción de inodoros sencillos y baratos ha descendido mucho las tasas de defecación al aire libre. Este cambio ha coincidido con un declive bastante rápido del retraso en el crecimiento infantil en Bangladesh.

La conclusión de SQUAT: lanzar un programa a gran escala para construir letrinas sin tener a la vez una campaña igualmente a gran escala para fomentar el uso de la letrina y educar a la población sobre los beneficios para la salud que tienen las letrinas probablemente crearía mucho desperdicio en sí mismo. El índice de rechazo de los inodoros construidos por el gobierno sería elevado.

A PRINCIPIOS DE 2014 apareció en India un nuevo defensor de los inodoros, alguien que podía ser una punta de lanza en una campaña de cambio de conducta. Esa persona tenía seis años de edad. Se llamaba Raya. Ella era el personaje más nuevo de los Muppet, que debutó en la campaña Más limpio, Más sano, Más feliz de *Barrio Sésamo* en India, Bangladesh y Nigeria. Fue presentada en la feria Reinventemos el Inodoro en Delhi con este mensaje: Mantente limpio cuando uses el inodoro. Con su compinche Elmo, Raya hablaba sobre lavarse las manos y llevar sandalias puestas cuando se visitaba la letrina.

Sushma no había oído de Raya, ni de *Barrio Sésamo*. Las casas sin inodoro por lo general no tenían televisor. Sunny, que llevaba puesta solamente una camiseta negra, dormía en un moisés de junco colgando bajo desde el tejado de su veranda. Aunque aún no caminaba, estaba formando el hábito de la defecación al aire libre. El moisés estaba bordeado por una barrera larga de vinilo, que antes había sido un anuncio de un salón de belleza en Lucknow. Había estado colgando en algún lugar en una calle, con la cara de un modelo varón ondeando al viento, cuando una tormenta lo arrastró hasta la tierra. El esposo de Sushma se cruzó con ello y lo llevó a su casa, y Sushma pensó en darle un uso ideal. Sunny no llevaba pañal; tampoco lo llevaba ninguno de los bebés en la Shivgarh rural, porque eran demasiado caros. En cambio, él comenzaba el día llevando pantalones cortos hasta que se orinaba en ellos. Sushma entonces se los quitaba, los frotaba un poco, y después los tendía a secar. Sunny quedaba desnudo de cintura para abajo hasta que se secaban sus pantalones, y entonces el ciclo volvía a repetirse. Mientras sus pantalones se estaban secando, Sunny se orinaba en la barrera de plástico, llegando hasta el peinado estilo hípster del modelo. Sushma se reía: "Es fácil de limpiar", decía.

Yo miré por su pequeña casa buscando un inodoro. Sin duda no había uno en la casa; era demasiado pequeña, y nadie tenía fontanería interior; tampoco había una letrina al lado de la casa o detrás de alguno de los matojos. Le pregunté a Sushma si ella utilizaba una letrina. Ella meneó negativamente la cabeza y señaló hacia el campo que estaba detrás de su casa. Había una fila de árboles en la parte más lejana; era allí donde iban ella y su familia. Le pregunté si era seguro. ¿Tenía ella miedo alguna vez, especialmente en la noche?

"Estamos acostumbrados", dijo. "Es lo que hacemos todos".

MIENTRAS SEEMA Y Sanju estaban sentadas en la escalera de entrada que había entre sus casas, miraban al otro lado de una estrecha callejuela a la parte inacabada de una letrina. Tenía solamente tres lados hechos de ladrillo. No había tejado, ni ninguna puerta en el frente. Yo pude ver una pequeña muesca en el suelo de tierra, pero no había ningún agujero. Algunos albañiles pagados por el gobierno habían llegado y habían comenzado la construcción, pero nunca regresaron. Así, la posible letrina se quedó allí como un monumento a la futilidad.

La hija de Seema y el hijo de Sanju tenían los dos unos siete meses. "Nuestros niños han estado enfermos", me dijo Seema. "Tienen fiebre con frecuencia. Agarran resfriados. Se orinan en la ropa y después están tumbados con la ropa mojada y se quedan fríos".

"Mi hijo a veces tiene dolor de estómago", dijo Sanju. "Le doy medicinas. Y diarrea. A veces tarda dos o tres días en curarse; a veces vomita". El médico le dijo que su hijo había estado expuesto a vientos fríos, que causaban su mala salud.

"No es nada preocupante", dijo Seema. "Solamente que no deja de suceder".

La medicina que les recetaron a los dos niños era paracetamol y un medicamento para la tos llamado RidCold. "Es la medicina que nos dan para todo", dijo Seema.

Yo medí a ambos niños. Sus frecuentes enfermedades ya les habían dejado por detrás de los estándares internacionales de crecimiento para su edad. La hija de Seema, Priyanshi, medía 63 centímetros (25 pulgadas), lo cual le dejaba un par de pulgadas por detrás de la tasa para las niñas. El hijo de Sanju, Adarsh, medía media pulgada menos que su prima. Con siete meses, tenía la longitud de un varón de cuatro meses según la tabla internacional de crecimiento.

Una vaca y su ternero estaban en un pesebre al aire libre justo al lado de donde nosotros estábamos sentados. Por allí merodeaban avispas y abejas, y también había moscas; muchas, muchas moscas. Se posaban en el estiércol de vaca y después volaban hasta donde estaban los niños. Sanju estaba otra vez embarazada, de modo que dejó de dar el pecho a Adarsh, como era la costumbre local. En cambio, Adash pedía su biberón. Sanju lo llenó de leche de búfala rebajada con agua, y enroscó una tapa amarilla y una tetina. Adarsh lo sostenía mientras bebía, y después se le cayó a la tierra. Fue rodando por el suelo. El hijo mayor de Seema agarró el biberón por la tetina y después se le volvió a caer a la tierra. Fue rodando hasta Priyanshi, quien lo agarró y se lo llevó a la boca. Seema estaba comenzando a destetar a Priyanshi del amamantamiento exclusivo. Las dos madres les dieron galletas a sus hijos, de la marca Parle G, "G de genio", después de mojarlas en agua sacada directamente del pozo que había enfrente de la casa. El biberón de leche al final regresó hasta Sanju, quien se lo dio a Adarsh sin lavarlo.

Las mamás también les daban a sus hijos amuletos, bolsitas de cuero llenas de las especias cardamomo, clavo y hing, que llevaban alrededor del cuello. Y habían untado carbón alrededor de los ojos de los niños para evitar la infección ocular y los espíritus malos.

Se había hecho una hoguera con la paja del trigo. El humo era para espantar a los mosquitos, y la malaria; pero no tenía ningún efecto sobre los roedores. Un ratón pasó al lado de los niños y se metió por debajo de la puerta de la casa.

Anil, el esposo de Sanju, salió de la casa para unirse a nosotros en el grupo. Realizaba empleos en la construcción, en cualquier lugar y cualquier momento que pudiera conseguir uno.

Le pregunté si alguna vez terminaría la letrina. "Podría hacerlo", dijo, "pero antes necesitaremos algo de dinero".

¿La utilizaría él cuando estuviera terminada?

"Supongo que parece una buena idea", respondió sin convicción. "Pero probablemente tendría un mejor uso para los niños, las mujeres y los ancianos".

EN GUATEMALA, SUSY proclamaba que la limpieza iba de la mano con la piedad, o al menos de la mano con la buena nutrición en los 1000 días. Cuando visitó a las mamás en sus hogares, puso en el lugar más destacado de la casa una lista de comprobación de diez puntos de ASH, que con frecuencia era debajo de una fotografía de Jesús:

- Lava siempre los alimentos crudos como frutas y verduras con agua y Cloro (fórmula ligera de lejía Clorox).
- Hierve el agua para beber y el agua utilizada para preparar comida.
- Lava tus manos antes de comer, mientras preparas la comida, después de usar la letrina, y después de cambiar los pañales al niño.
- Asegúrate de que los alimentos están bien cocinados. Pollo, carne y marisco pueden estar contaminados con gérmenes y deben estar muy cocinados.
- Separa los alimentos crudos de los ya cocinados.
- Come de inmediato la comida cuando esté cocinada.

- Refrigera la comida sobrante o guárdala en un lugar seguro.
- Recalienta la comida sobrante antes de comerla.
- La comida debe estar bien tapada y lejos del alcance de moscas, cucarachas, ratas y otros animales.
- Lava todos los utensilios de la cocina y desinfecta todas las superficies con Cloro.

Griselda Mendoza puso la lista en el frente de un armario en su cuarto, que compartía con su esposo y su bebé: Sucely. Era un cuarto de una casa común ocupada por la familia de su esposo. Griselda también guardaba un diploma del proyecto de nutrición de Primeros Pasos dentro del marco de un espejo. Certificaba a Griselda como una "madre saludable" y elogiaba su "destacada participación en el desarrollo de hábitos de salud adecuados para mejorar la salud de la familia y de la comunidad". Era el único diploma que había recibido jamás; había dejado la escuela primaria tras varios años.

El cuarto de Griselda estaba ordenado, pero más allá de eso había una pesadilla de los 1000 días. El patio común, que era principalmente terreno baldío, era el hogar de diversos animales: gallinas, perros, ovejas, cabras y caballos. Había estiércol por todo el lugar. Ninguno de los animales parecía sano. Los perros estaban sarnosos, delgados y llenos de moscas. Esos perros, junto con las gallinas y las ovejas, entraban ocasionalmente en la casa. Era en este corral sucio donde Sucely comenzaba a gatear.

Susy elogió a Griselda por mantener condiciones limpias en su cuarto, pero le regañó por permitir que Susy jugara en un ambiente tan sucio fuera. La cara y la ropa de Sucely, incluso su gorro rosa, bordado con un gatito y la palabra "Salud", estaban llenos de suciedad. Susy entendía que el cuidado del hogar no estaba totalmente bajo el control de Griselda, de modo que también habló con la familia política de Griselda y les imploró que mantuvieran a los animales separados de la zona donde se hacía vida, diciendo que la salud de sus hijos dependía de ellos. Análisis en la clínica mostraron que Sucely ya tenía parásitos cuando tenía solamente dos meses de edad; por lo tanto, no resultó sorprendente cuando Griselda dijo que Sucely había estado lidiando con diarrea y problemas estomacales. Susy midió y pesó a la bebé. Las cifras indicaban que Sucely estaba por debajo de las normas estándar e iba de camino a sufrir retraso en el crecimiento. Una niña más mayor, también sucia de la cabeza a los pies, se acercó tambaleante y agarraba el vestido de Susy. Era diminuta, con rasgos delicados, y quería que también la midieran a ella. Era la prima de Sucely, Darlyn, de la que se ocupaba la familia. Griselda dijo que Darlyn nació con síndrome de alcoholismo fetal; su madre había bebido mucho y había muerto cuando Darlyn era bebé. Darlyn sonreía, y se mantuvo de pie y erguida ante Susy durante las medidas; tenía un grave retraso en el crecimiento, y medía solamente 75 centímetros (treinta pulgadas) con tres años de edad. Susy meneó negativamente la cabeza; era imposible que cualquier niño se recuperara y progresara en condiciones tan poco higiénicas.

"Deben limpiar. Barrer el patio, lavar la ropa, utilizar jabón en la cara y las manos", dijo Susy a Griselda y a los otros adultos. "Pueden ver lo que les está sucediendo a sus hijos".

AL MISMO TIEMPO, investigadores de universidades e instituciones en los Estados Unidos, Reino Unido y Zimbabue estaban lanzando un estudio novelado titulado "Conductas de higiene, geofagia y bacteria fetal", conocido también como el documento de caca de pollo. La geofagia es la práctica de comer tierra y otros componentes del suelo como tiza o barro.

Los investigadores observaron a niños y cuidadores en la Zimbabue rural y grabaron lo que los niños se llevaban a la boca. Varios de los niños, mientras gateaban sobre pisos manchados de estiércol o terrenos baldíos y sobre heces de pollo en el patio, ingerían activamente la tierra y las heces, o chupaban piedras del suelo, lo cual daba como resultado contaminación con la bacteria *Escherichia coli*. Los investigadores descubrieron que aproximadamente la mitad de los cuidadores tenían *E. coli* en sus manos. No era común lavar las manos con jabón a los niños o los adultos.

Los grupos de discusión confirmaron que los bebés comían tierra y heces de pollo frescas o secas. Algunas madres dijeron a los investigadores que su familia política o los ancianos de la aldea aconsejaban comer tierra, creyendo que era buena para los intestinos del bebé y que trataba la enfermedad del estómago, a pesar de lo que mostraba el estudio: "La ingestión exploratoria activa de tierra y heces de gallina conllevaba el mayor riesgo de exposición a bacterias fecales en términos de elevada carga microbiana. Gatear sobre terrenos muy contaminados y pisos de gallinas expone a los bebés y los niños pequeños a dosis bajas pero frecuentes de bacterias fecales durante la mayor pate de su etapa activa de desarrollo... La ingestión de bacterias fecales puede causar enteropatía medioambiental, el camino más importante relacionado con un mal crecimiento en las primeras etapas de la vida".

La enteropatía medioambiental, que se encontraba por todo el mundo en vías de desarrollo, es una enfermedad inflamatoria crónica del intestino delgado causada más probablemente por mal saneamiento y recurrente ingestión fecal. Cuando las personas desarrollan esta enfermedad, la absorción y las funciones inmunológicas de sus intestinos se ven perjudicadas, lo cual conduce a una incapacidad de absorber adecuadamente micronutrientes y vacunas orales. En esencia, mina las intervenciones nutricionales, conduciendo a una ausencia de nutrientes, incluido el zinc, que son críticos para el crecimiento del cuerpo y el desarrollo cerebral. Este estudio y otros señalaban la enteropatía medioambiental como un importante culpable en el retraso en el crecimiento infantil, y este descubrimiento, a su vez, ha impulsado nuevas intervenciones para los primeros 1000 días.

Los autores del estudio en Zimbabue notaron que proyectos ASH existentes, como los que implicaban lavado de manos, tratamiento del agua y saneamiento mejorado, necesitaban ampliarse hacia intervenciones diseñadas para mantener alejados a los animales de las zonas donde vive la familia y prevenir la contaminación por bacterias fecales. "Las intervenciones existentes de ASH no están protegiendo a bebés y niños pequeños de ingerir tierra y heces en un estado crítico de crecimiento y desarrollo", dijeron los investigadores.

Una creciente conciencia de que las bacterias y los parásitos podían minar la nutrición ya estaba conduciendo a algunos cambios en las prácticas del cuidado de la salud de la comunidad. En varios lugares vi medicinas para desparasitar distribuidas en conjunto con el tratamiento para deficiencias de micronutrientes. En la región de Karamoja en Uganda oriental, en clínicas móviles dirigidas por el gobierno y la agencia humanitaria irlandesa Concern Worldwide, los niños hacían fila para recibir su dosis bianual de vitamina A. Después de abrir sus bocas y echar hacia atrás sus cabezas para que los trabajadores sanitarios pudieran depositar unas cuantas gotas del valioso líquido que salía de una diminuta cápsula roja, los niños eran dirigidos a otra fila para recibir su dosis bianual de pastillas para desparasitación. Las organizaciones que distribuían las medicinas, como Vitamin Angels y Micronutrient Initiative, crearon esta combinación doble cuando se dieron cuenta de que la vitamina A que habían estado proporcionando no estaba siendo absorbida adecuadamente por cuerpos que estaban infestados de bacterias o parásitos.

Trabajadores de Primeros Pasos hicieron lo mismo cuando llegaban los niños a su clínica. "Las personas aquí viven y mueren con parásitos", me dijo la técnico de laboratorio Irma Yolanda Mezariegos. "Es una de las razones por las que Guatemala tiene tal problema de desnutrición y retraso en el crecimiento infantil. Los niños simplemente se quedan bajitos y pequeños". Ella lo sabía. Durante horas cada día miraba a través de un microscopio, examinando muestras de heces de los niños del valle Palajunoj. Me invitó a echar un vistazo y señaló a los sinuosos parásitos. "Tan diminutos pero tan peligrosos", dijo.

Aquella mañana, niños de kínder de la escuela primaria Tierra Colorada Baja llegaron para sus chequeos anuales como parte del programa de la clínica Healthy Schools (Escuelas saludables), en el que participaban diez escuelas en el valle. Dieciséis niños, principalmente de cinco y seis años de edad, llevaron muestras de heces para que las analizaran. Irma recogió las muestras y se fue a su microscopio. Mientras tanto, pesaban y medían a los niños, y después los llevaban a un salón de clases en la parte trasera de la clínica para darles una dosis de educación sobre nutrición e higiene. Lucy Alvarado, que era entonces la directora del programa de educación para la salud infantil de Primeros Pasos, estaba de pie delante de una pared cubierta de pósteres. Uno se titulaba "Comidas buenas" y otro, "Comidas malas".

Ella señaló a los dibujos de alimentos procesados como papas fritas, caramelos, y productos edulcorados artificialmente en el póster de "Comidas malas". "Si comen demasiadas de estas cosas, se quedarán bajitos", dijo. "Ustedes no quieren quedarse bajitos, ¿verdad?".

"No", respondieron en coro.

"¿Todos quieren ser grandes y fuertes?".

"¡Sí!".

"Entonces tienen que comer estos alimentos", dijo Lucy, señalando al póster de "Comidas buenas" que presentaba fotografías de frutas, verduras, carnes y productos lácteos. "Ustedes han visto autos en la carretera. ¿Qué necesitan para andar?", preguntó.

"Ruedas", dijo un muchacho.

"Bueno, sí", dijo Lucy. "¿Qué más?".

Los niños pensaron. "Gasolina", dijo otro finalmente.

"¡Sí! Combustible. ¿Y si el auto se queda sin combustible?".

"Se detiene", gritó una niña.

Lucy sonrió ante la conexión. "Los alimentos buenos son la energía, el combustible, para nosotros. ¿Y si no tenemos energía?".

"Nos caemos", fue la respuesta unánime.

Lucy abrió un sencillo libro ilustrado y contó una historia sobre una muchacha llamada Marequita, que siempre jugaba en la tierra y no se lavaba después. Bebía agua sucia directamente del río; comía zanahorias directamente de la tierra sin lavarlas primero. No llevaba zapatos, no se cepillaba los dientes ni utilizaba un inodoro. Sus amigos se burlaban de ella, y le llamaban "la sucia". Pero peor aún, Marequita tenía gusanos en su estómago.

Lucy fue a una página que tenía dibujos parecidos a cómics de gusanos y otros parásitos. Uno de ellos se llama Valentín. (Antes de la clase, había hablado con los maestros para asegurarse de que ninguno de los niños se llamara Marequita ni Valentín, para evitar que después se burlaran de ellos). "Marequita comía pan con las manos sucias, y Valentín llegó a su estómago", dijo Lucy. "Valentín se come la comida que ustedes necesitan. Puede que estén comiendo alimentos buenos, pero Valentín se los come cuando se mete en su estómago. Valentín obtiene los beneficios de las vitaminas y los nutrientes, y ustedes no. Valentín crece, y ustedes no crecen".

Marequita tiene dolor de estómago. Tiene fiebre, y está enferma en la cama.

"¿Han tenido alguna vez dolor de estómago, fiebre, han estado enfermos en la cama?", preguntó Lucy.

"Sí. Sí. Sí", respondieron los niños.

Marequita visita al médico, quien encuentra sus parásitos. Le dan la medicina para luchar contra los gusanos.

"¿Quién ha tomado pastillas?", preguntó Lucy.

Todos levantaron sus manos.

Marequita aprende a lavarse las manos y también que debe hervir el agua antes de beberla. Promete ponerse zapatos y utilizar el inodoro. Y ahora la conocen como "la limpia".

"Entonces, ¿qué tienen que hacer ustedes?", preguntó Lucy.

"Lavarnos las manos. Usar jabón".

"¿Cuándo?".

"Antes de comer. Después de utilizar el inodoro".

La clase salió al exterior donde había un grifo de agua. Los alumnos practicaron lavarse las manos con jabón, y también las muñecas y los brazos.

Con las manos limpias, disfrutaron de un aperitivo: un bolillo de pan; ahí no había ningún Valentín. Y agarraron las cosas que se llevarían ese día: un cepillo de dientes y jabón. Aquellos cuyas muestras indicaban que lo necesitaban, recibirían medicina.

Mientras los niños se ponían en fila en la veranda para regresar a la escuela, Irma, la técnico de laboratorio, anunció los resultados de su análisis. "¡Un gran éxito!", dijo con grandiosidad. "Solamente catorce tienen parásitos".

¿Solamente catorce? ¿Eso es éxito?

"Sin ninguna duda", dijo Irma. "La mayoría de los días, serían quince de dieciséis, o dieciséis de dieciséis".

capítulo diez

"ESTE NIÑO ES BRILLANTE"

Era la hora del almuerzo en Uganda. Brenda había estado pensando en el menú mientras barría el patio de tierra de la casa familiar. No fue a una despensa ni tampoco abrió un armario o un refrigerador, ni fue apresuradamente a una tienda o un restaurante de comida rápida. Agarró una sartén y caminó cinco minutos hasta su campo. Fue pisando con cuidado entre unas ramas verdes y llenas de hojas y se arrodilló. Tocando la tierra, rápidamente notó algo: una batata, de color óxido, alargada, casi del doble de tamaño de su mano. La sacó del agujero con cuidado, le quitó la tierra y la puso en la sartén. Entonces se dirigió hacia otro grupo de ramas, cavó en la tierra y sacó otra batata. Después otra, y otra, hasta que tuvo la sartén llena. Se puso de pie, sostuvo la sartén en equilibrio sobre su cabeza, y regresó a su casa.

En la choza de cocinar, Brenda sacó un bol de agua de un barril más grande. Lavó la tierra de las batatas y las metió en otra olla llena de agua. Ya estaba preparada una fogata. Hizo espacio entre las cenizas para la olla de batatas. Una hora después, Aron estaba comiendo su almuerzo: batatas de piel naranja hervidas, rebosantes de vitamina A. Brenda hizo puré con una de las batatas y cortó en pedazos otra. Aron acercó su mano derecha, agarró uno de los pedazos más grandes y dio un gran bocado.

Los encuentros que Aron había tenido con la disentería y la malaria habían interrumpido su crecimiento, dijo Brenda. Pero ahora volvía a desarrollarse, y comía con ganas. Se acercaba a los nueve meses de edad y medía casi 70 centímetros (28 pulgadas) de altura, que se acercaba a lo programado según el esquema internacional de crecimiento. Su madre dijo que le gustaban especialmente las batatas. "No se cansa de comerlas", dijo Brenda. Y les dio el mérito de las rápidas recuperaciones de Aron y de su crecimiento, porque había comenzado a alimentarlo con las batatas poco antes de su enfermedad. Y ella misma las había comido durante su embarazo y mientras daba el pecho.

No era una coincidencia en absoluto, ni tampoco la ilusión de una madre. El programa HarvestPlus que había llevado las batatas y los frijoles altos en hierro a Uganda, Mozambique y otros países había estado evaluando el impacto de los cultivos. Sus descubrimientos, y la investigación realizada por otros, estaban en línea con las observaciones de Brenda: las batatas reducían la incidencia y la duración de la diarrea en los niños. Para niños menores de tres años, la probabilidad de desarrollar diarrea quedaba reducida en más de un 50%, y la duración de la diarrea se acortaba en más del 25%.

Esas eran buenas noticias para Brenda y Howarth "Howdy" Bouis, el director de HarvestPlus, que durante décadas había tenido una visión enfocada de mejorar la nutrición mediante cultivos con niveles más elevados de vitaminas y minerales clave. En el caso de Aron, las batatas no podían prevenir las enfermedades transmitidas por el agua que barrían toda una comunidad, pero parecían ayudar en su recuperación. "Nos gustaría decir que el resultado estadístico encaja con las historias que cuentan las madres sobre que sus hijos parecen más saludables al cambiar a las batatas", me dijo Howdy. "Se podría ser escéptico, pero cuando uno escucha las historias de una mejor salud de los niños, embarazos más saludables, y las escucha con bastante frecuencia y entonces ve la ciencia que hay detrás, comienza a creer".

LOS CAMPOS DUROS y sin duda de poca tecnología en los cuales Brenda, Esther y miles de otros granjeros en Uganda desarrollaban sus cultivos estaban a la vanguardia de la nueva cooperación entre agricultura y nutrición que avanzaba en los 1000 días. Había llegado a conocerse como "biofortificación": el proceso de cultivo de resaltar ciertos nutrientes en alimentos básicos que se consumen diariamente: vitamina A en las batatas de piel naranja, yuca y maíz; hierro en frijoles y granos de mijo; zinc en arroz y trigo. Los plantadores en institutos internacionales y laboratorios en diversos países en el mundo en vías de desarrollo monitorean miles de diferentes tipos de semillas para el cultivo almacenadas en bancos de semillas globales para descubrir variedades que tengan de modo natural elevadas cantidades de micronutrientes. Se utilizan para plantar nuevas variedades de cultivos fortificados de alto rendimiento que también sean resistentes a la enfermedad y los pesticidas, y adaptables a los cambios climáticos. El cultivo se logra mediante técnicas convencionales, no se añade nada nuevo a los cultivos (como es el caso en las semillas modificadas genéticamente); sencillamente mejora nutrientes que ya están presentes.

Parecería ser un programa maduro para la aceleración en la batalla contra la desnutrición y el retraso en el crecimiento infantil, pero la ruta desde la investigación inicial de Howdy hasta los laboratorios de cultivo y desarrollo en el campo, una odisea de tres décadas, ha estado llena de las ilógicas divisiones que se han producido entre agricultura y nutrición.

Antes de la biofortificación, las principales armas contra el "hambre oculta" habían sido suplementos de minerales y vitaminas, y alimentos fortificados procesados, ambos para mamás embarazadas y para niños de seis meses en adelante a medida que comenzaban a ingerir alimentos sólidos. Se gastan anualmente miles de millones de dólares para distribuir estos productos por todo el mundo, en particular hasta sus rincones más remotos; pero incluso con estos esfuerzos, la provisión de los suplementos es irregular. La entrega es tediosa; los presupuestos siempre son muy ajustados. Incluso cuando están disponibles los suplementos, los que tienen forma de pastilla han de tomarse con agua, que por lo general no es potable y desencadena otros problemas de salud. Y el cuidado de seguimiento para asegurar la adherencia a un régimen de suplementos es esporádico, en el mejor de los casos. Como resultado de estos obstáculos, el hambre oculta persiste con tenacidad: casi 200 millones de niños menores de cinco años en el mundo en vías de desarrollo siguen sufriendo deficiencia de vitamina A, que no solamente daña el sistema inmunitario, convirtiendo enfermedades comunes como el sarampión y la malaria en enfermedades fatales, sino que también constituye la causa principal de ceguera prevenible en niños. Y aproximadamente la mitad de todos los niños y las mujeres embarazadas en el mundo en vías de desarrollo siguen sufriendo anemia por deficiencia de hierro, lo cual conduce al retraso en el crecimiento infantil en niños y es una causa principal de muertes maternas.

Ah, pero ¿y si pudiéramos conseguir que las plantas hagan por nosotros parte del trabajo del suplemento con nutrientes? Esa fue la pregunta que impulsó al principio a Howdy Bouis en la década de 1980 y que ha llenado su vida desde entonces. Fue lo que le llevó a los campos de batatas del norte de Uganda, y los detalles de su cruzada se fueron desarrollando a medida que proseguimos nuestro camino por el valle del río Nilo.

Howdy era un joven economista del Instituto Internacional de Investigación sobre Políticas Alimentarias (IFPRI, por sus siglas en inglés), que exploraba las dietas de los hogares pobres en Asia, cuando se interesó especialmente en cómo las ingestas de nutrientes estaban influenciadas por los precios de los alimentos y los ingresos de las casas. La sabiduría convencional entre los economistas había sido que la falta de energía (calorías) era el principal factor dietético que limitaba una mejor nutrición en países en vías de desarrollo. Pero en su investigación, Howdy estaba descubriendo algo diferente: las deficiencias de minerales y vitaminas, y no la falta de calorías, eran las principales limitaciones para una mejor nutrición y, a su vez, para vidas más saludables y económicamente productivas. Descubrió que las personas básicamente comían la misma cantidad de alimentos básicos (arroz, trigo, maíz, frijoles y papas) independientemente de cuáles fueran los ingresos de la casa. Pero donde sí tenían importancia los ingresos eran en la compra de alimentos no básicos y más caros que estaban llenos de vitaminas y minerales, particularmente frutas, verduras y carnes. Ya que los pobres no podían permitirse con regularidad estos alimentos no básicos y los nutrientes que contenían, Howdy se preguntaba si los nutrientes podrían aumentarse en los alimentos básicos que eran la base de las dietas cotidianas de los pobres. Pensó que sería similar a añadir fluoruro en los abastecimientos de agua en los países desarrollados.

La teoría de Howdy fue apoyada por algunos colegas en el IFPRI que lo alentaron a continuar su investigación de la deficiencia en nutrientes, pero se encontró con una oleada de escepticismo cuando llegó su idea por primera vez a desarrolladores del CGIAR, un consorcio de centros de investigación en todo el mundo que se había establecido para ayudar a aumentar la productividad de los pequeños agricultores. Los fondos del gobierno para la investigación agrícola estaban en un agudo declive, y basados en experiencia previa en algunos de los centros del CGIAR, se dio por sentado que la propuesta de Howdy presentaría un intercambio entre altos rendimientos y elevado contenido en minerales y vitaminas. El consenso sostenía que el rendimiento de las cosechas disminuiría si se aumentaba el contenido en nutrientes; y eso era anatema para los agricultores y la industria agrícola; ellos nunca adoptarían una variedad de cultivos menos productiva y menos rentable solamente porque fuera más nutritiva. El reto de Howdy a la sabiduría convencional, y sus peticiones de fondos para probar su teoría, fueron rotundamente rechazados. Fue considerado un hereje. Le dijeron que dejara la mejora de la nutrición a los nutricionistas y los dietéticos. La tarea de los desarrolladores era aumentar los rendimientos y, como resultado, aumentar los ingresos de los agricultores.

Introvertido a pesar de su apodo sociable, Howdy era un perturbador improbable, pero existía una terquedad por debajo de su naturaleza afable y modesta. Él siguió adelante, haciendo campaña con su idea, y los vientos en contra aumentaron. Desesperado al pensar que su empresa era una necedad, que era un Don Quijote moderno que luchaba contra los molinos, llegó al Laboratorio de Plantas, Tierras y Nutrición en la Universidad de

Cornell en el norte de Nueva York en junio de 1993. Era un laboratorio del departamento de agricultura estadounidense, y estaba más enfocado en la productividad de agricultores estadounidenses que en la nutrición en el mundo en vías de desarrollo. Howdy hizo una presentación de treinta minutos y esperaba que le mostraran la puerta, como era lo normal. Pero entonces un científico al final de la larga mesa de conferencias se puso de pie y dijo: "¡Eso es fabuloso! Las plantas también necesitan los nutrientes para crecer. Es una situación en la que todos ganan".

¿Cómo? Howdy quedó asombrado. Esa voz entusiasta pertenecía a Ross Welch, nutricionista vegetal y científico de tierras que era parte de un grupo interdisciplinario de científicos de Cornell que estudiaban la idea de que las plantas necesitan minerales y nutrientes para su crecimiento igual que los necesitan los seres humanos. Welch habló a Howdy sobre investigaciones que mostraban que semillas de trigo con un elevado contenido en zinc eran más vigorosas y producirían mayores rendimientos que las semillas de trigo estándar. Eso era precisamente lo que Howdy había estado deseando escuchar: los cultivos con un elevado contenido mineral podrían dar como resultado mejores cosechas y nutrición humana mejorada. Welch mencionó a otro científico, Robin Graham, nutricionista vegetal en Australia, que había estado luchando contra los mismos molinos de viento, intentando forjar un vínculo entre agricultura y nutrición. Poco después, los tres hombres estaban trazando estrategias durante días y días en Cornell y la Universidad de Adelaida.

Individualmente, eran solitarios que gritaban al viento. Howdy era un economista que no tenía ninguna credibilidad entre los científicos de plantas, y Welch y Graham eran científicos de plantas que no tenían posición alguna entre los economistas. Ahora eran tres espíritus hermanos que clamaban juntos. Recorrieron una conferencia tras otra, saltando la sabiduría convencional. Por separado habían avanzado poco a la hora de convencer a los escépticos, pero juntos tenían sentido. Un puñado de desarrolladores en los centros CGIAR reconocieron el potencial de su teoría; unas pocas agencias de desarrollo nacional emplearon algunos fondos, primero los daneses, después los estadounidenses y noruegos; y comenzó el trabajo. Fue el aliento que Howdy necesitaba. Impulsó la idea de la biofortificación como una nueva frontera en la lucha contra el hambre. El suministro de financiación aumentó, con la incorporación del Banco de Desarrollo Asiático, el Banco Mundial, y la Fundación Bill & Melinda Gates. Entonces llegó el Consenso de Copenhage y el argumento para una mayor inversión en micronutrientes, artículos en *The Lancet* que llamaban a una "agricultura sensible con la nutrición", y la crisis alimentaria de los años 2007 y 2008, que aceleró la urgencia de su trabajo. Howdy encontró más terreno fértil para su proyecto, que comenzó a denominar HarvestPlus. La pregunta sobre la biofortificación ya no era "¿por qué?" sino "¿por qué no?".

El ritmo del desarrollo se aceleró, involucrando a científicos en todo el mundo en pruebas de variedades de elevado nutriente de maíz, arroz, mijo, trigo, yuca y frijoles. Ahora a Howdy le preocupaba que las cosas estuvieran yendo casi demasiado rápidas. Favoreció cálculos conservadores con respecto a cuándo estarían preparados los cultivos y la investigación, pero los patrocinadores estaban presionando para hacer llegar los cultivos a las manos de pequeños agricultores en África y Asia. Gobiernos del mundo rico, incluidos Canadá y el Reino Unido, estaban llamando; querían incorporar la biofortificación a sus estrategias de desarrollo y acción asistida. ¿En cuánto tiempo podría él estar listo?

En 2011, casi tres décadas después de que Howdy comenzara su misión, estaban creciendo cultivos fortificados ricos en hierro, zinc y vitamina A en varios países. Pronto entrarían en las dietas de 1,5 millones de hogares. Howdy estableció la meta de alcanzar a 50 millones de personas.

EN EL VERANO de 2012 Howdy Bouis, el hombre que había sido expulsado de tantas salas, recibió una bonita invitación a tomar asiento en una mesa muy prestigiosa. Antes de la ceremonia de clausura de los Juegos Olímpicos de Londres en 2012, el primer ministro británico David Cameron convocó una cumbre sobre nutrición con el objetivo de disminuir el retraso en el crecimiento infantil, que se presentó como una afrenta a los ideales olímpicos de más rápido, más alto, más fuerte. "Es realmente importante que mientras los ojos del mundo están sobre Gran Bretaña y vamos a crear este espectáculo fantástico para los Juegos Olímpicos, recordemos a personas en otras partes del mundo que, lejos de estar emocionadas por los Juegos Olímpicos, realmente están preocupadas por cuál será su siguiente comida y si tendrán suficiente para comer", dijo el primer ministro cuando anunció la cumbre. Proclamó que el evento retaría a la comunidad internacional a elevar el nivel de compromiso político, crear nuevas colaboraciones, y desarrollar nuevos productos y servicios para abordar el problema global de la desnutrición y el retraso en el crecimiento infantil.

Pidieron a Howdy que hablara sobre el potencial de la biofortificación. Sería breve, unos tres minutos, pero esta vez sus palabras salieron no solo al viento sino que también quedaron grabadas. "Tras diez años de inversión, la biofortificación es una nueva herramienta agrícola que ahora está preparada para una mayor escala generalizada en África y Asia", dijo Howdy a la asamblea. "La biofortificación… proporciona un medio comparativamente rentable y sostenible de llevar más minerales y vitaminas a los pobres, especialmente en zonas rurales. Una sola inversión en el cultivo de una planta puede producir plantas ricas en micronutrientes para que los agricultores las cultiven durante años. Es este aspecto multiplicador de la investigación agrícola en tiempo y geografía lo que hace que sea tan rentable". Concluyó: "Solamente si estamos dispuestos a involucrar a la agricultura, ganaremos la batalla contra el hambre oculta. Comunidad a comunidad. Granjero a granjero. Semilla a semilla".

Howdy habló, y la gente escuchó. La cumbre olímpica sobre nutrición dio como resultado una financiación sustancialmente más alta a largo plazo para HarvestPlus, precisamente lo que se necesitaba para implementar proyectos agrícolas que requerían largos periodos de gestación para tener éxito. Después de la cumbre, el departamento de asuntos exteriores del gobierno de Reino Unido concedió a HarvestPlus una subvención adicional de tres años que se acercaba a los 50 millones de dólares. Y siguieron otros donantes, que se incorporaron para añadir a fondos anteriores o para comenzar nuevas contribuciones.

Lo que necesitaba ahora Howdy eran historias de éxito sobre el terreno, testimonios de la vida real que hicieran que el ímpetu continuara. Las batatas de piel naranja enriquecidas con vitamina A, desarrolladas en conjunto con el Centro Internacional de la Papa, fueron implementadas por primera vez en Mozambique, y después en Uganda. Con la introducción de los frijoles altos en hierro, Uganda se convirtió en el primer país con dos cosechas simultáneamente en la tierra junto con una ambición nacional de llevarlas a todos los rincones del país para que todo el mundo pudiera consumirlas. Y fue en Uganda donde la evidencia anecdótica se acumulaba en conjunto con la evidencia científica.

En una ocasión mencioné a Ross Welch en Cornell algunas de las cosas que estaba escuchando en Uganda sobre el impacto de las cosechas altas en nutrientes. Sus ojos se llenaron de lágrimas. "Uno tiene muchas ganas de ver algún impacto", me dijo mientras visitábamos la sala donde Howdy y él se conocieron veinte años atrás. "Ver que no ha fracasado, que está ayudando a la gente". Ver que ellos tenían razón.

Howdy también fue conmovido por los testimonios de granjeros, y por la historia de Brenda sobre cómo las cosechas estaban ayudando a su hijo Aron. Llegó al norte de Uganda con deseos de escuchar más historias.

"ESTE NIÑO ES brillante", le dijo Harriet Okaka a Howdy, indicando a su hijo Abraham, que se acercaba a su segundo cumpleaños. Ella no estaba alardeando, tan solo observando. "Puedo saberlo tan solo con mirarlo. Su modo de jugar, su modo de ser".

Abraham era su sexto hijo. "Comenzó a caminar más temprano que los demás", dijo ella. Desde que gateaba, Abraham veía a un animal y le indicaba que se acercara. Cuando escuchaba música, aplaudía y bailaba. "Esas son indicaciones de que su cerebro se está desarrollando bien", dijo Harriet.

Una madre lo sabe. Especialmente esta. Harriet, de treinta y tres años, era una adolescente cuando ella y otras muchachas fueron secuestradas por el ejército de Joseph Kony. Fueron obligadas a marchar a Sudán para ser entrenadas como niñas soldado. En un regreso a Uganda, Harriet pudo escapar durante un receso en la marcha. Huyó entre los matorrales y finalmente se estableció más adelante en el camino desde la clínica de salud de Ongica, no lejos de Esther y Brenda. Harriet se casó y tuvo hijos, y dedicó su vida a asegurarse de que tuvieran una niñez saludable y segura. Vigilaba de cerca su desarrollo.

Ahora tenía una historia para Howdy:

Harriet estaba terminando su primera sesión de formación de HarvestPlus en el arte de plantar batatas de piel naranja y frijoles altos en hierro cuando se puso de parto. Le dijo a Grace Akullu, la nutricionista de Visión Mundial que dirigía la clase, que quizá no podría asistir a la segunda sesión. Esa noche, dio a luz a Abraham. Un mes después, con Abraham sobre su espalda, Harriet plantaba deseosa las batatas y los frijoles. La cosecha coincidía con la época en que ella comenzaba a suplementar la leche materna de Abraham con alimentos complementarios. Le dio una combinación de puré de batatas y frijoles altos en hierro como su primera comida sólida. Abraham, le dijo a Howdy, era un verdadero hijo de la biofortificación. "Ha sido bueno para su desarrollo", le dijo a Howdy con su voz suave y humilde. Él no había batallado contra la enfermedad como lo habían hecho sus otros hijos, especialmente el segundo más pequeño: Isaac.

Aquí, la historia de Harriet se volvió incluso más notable. Cuando tenía cuatro años, de repente Isaac se enfermó gravemente. Estaba perdiendo peso, se mareaba, y su piel estaba áspera. Harriet lo llevó a la clínica cercana, donde le hicieron análisis. Ninguna de las enfermeras sabía lo que sucedía. Ella lo llevó al hospital regional en Lira. Más análisis. De nuevo, había perplejidad entre los médicos. Isaac estaba tan delgado y débil que Harriet tenía mucho miedo de que muriera. Era lo que todo el mundo esperaba: las enfermeras, los médicos, los vecinos. Sin duda, susurraba la gente, ese niño no sobreviviría. Desesperada, Harriet acudió a los nuevos alimentos. Era su último recurso. "No dejaba de alimentarlo con los frijoles y las batatas de piel naranja", dijo. "Y mejoró".

Ahora, le daba las gracias profusamente a Howdy. Le dijo que se difundió la noticia de la recuperación milagrosa de Isaac por todas las aldeas cercanas. La gente ve de nuevo a Isaac vistiendo la camisa color verde amarillento del uniforme de la guardería Good Luck. Ven a Abraham, que es vivaz y saludable, y preguntan: "Madre, ¿qué has hecho?". Ella les habla de las nuevas cosechas. Todo el mundo las quiere, y ella intenta satisfacer la demanda. El primer año, justo después del nacimiento de Abraham, Harriet plantó un cuarto de acre de frijoles altos en hierro y una pequeña parcela de batatas de piel naranja. Al año siguiente, rentó dos acres adicionales, no solo para aumentar la cosecha para su familia sino también para compartirla con sus vecinas. Les entrega semillas de frijoles y ramas de batatas para que puedan plantar sus propias cosechas. Lleva los cultivos a las escuelas locales. "Si mis hijos están saludables, entonces los hijos de los vecinos también deben estar saludables", le dijo a Howdy. Anunció con orgullo que ahora era conocida como "la señora de las batatas naranjas" y "la señora de los frijoles altos en hierro", dependiendo de la temporada. Howdy tenía una gran sonrisa.

LOS CULTIVOS ALTOS en nutrientes estaban alimentando leyendas locales. Se estaban abriendo camino hasta cantos e historias orales. En la vecina Ruanda, donde setecientos mil granjeros cultivaban y comían los frijoles altos en hierro, los frijoles tenían su propio video musical con cameos de algunos de los principales músicos de rap, ritmo y blues y afropop del país. "Estamos llevando buenas noticias a todos los ruandeses que cambiarán sus vidas cuando empiecen a escuchar las canciones, porque aumenta su conocimiento sobre los beneficios de cultivar y comer estos frijoles altos en hierro", dijo King James, un artista del R&B. El rapero Riderman añadió: "Nos juntamos para asegurarnos de decir adiós a la desnutrición".

Mientras que un video sobre Flamin' Hot Cheetos que elogiaba la comida basura se hacía viral en los Estados Unidos, su canción, titulada "Mejor nutrición con frijoles ricos en hierro" recorría las colinas de Ruanda:

> Una comida sin frijoles en Ruanda
> Es como una comida sin alimento.
> Frijoles ricos en hierro
> Deberían comerse en cada comida.
> Deliciosos y llenos de nutrientes
> Tan sabrosos que te lo perderás si no los comes.
> Los niños pequeños que comen frijoles sin hierro
> Están siempre cansados y fatigados
> Y sufren problemas de memoria.
> Quienes comen frijoles ricos en hierro están fuertes
> No olvidan las cosas ni se cansan
> Su futuro es brillante porque están fuertes y saludables
> Con sangre suficiente en sus cuerpos.
> Estos frijoles pueden hacer más fuerte la sangre
> Para niños y mujeres embarazadas
> Estos frijoles siempre deberían ser parte de sus comidas diarias.

HOWDY RECONOCIÓ QUE los cultivos biofortificados probablemente no satisfarían todas las necesidades diarias de nutrientes de los consumidores; quizá desde el 25% aumentando casi hasta el 100%, dependiendo del alimento y del nutriente. Sin embargo, y aquí él empleó una metáfora del tiro con arco popular en el campo de la nutrición, la biofortificación es una de las flechas en nuestra aljaba.

Esa aljaba había estado rebosante durante las últimas décadas a medida que crecían los esfuerzos de fortificación, incluyendo nuevas innovaciones como el pescado "Lucky Iron Fish" y el "Proyecto Spammy". La fortificación comenzó en los Estados Unidos y en otros lugares en la década de 1920, cuando se añadió yodo a la sal para reducir el bocio endémico, que es un alargamiento de la glándula tiroidea. Durante los años siguientes, la incidencia de bocio en los Estados Unidos disminuyó drásticamente. Ahora, más de 120 países fortifican la sal con yodo, para prevenir el bocio y también para ayudar al desarrollo cognitivo. Después llegó la fortificación de la leche con vitamina D en la década de 1930 para prevenir el raquitismo. Se escogió la leche porque era un alimento básico para los niños y también para madres embarazadas y lactantes. En la década siguiente se añadieron a la harina y otros productos derivados de granos tiamina, niacina, riboflavina e hierro. Más recientemente, a esa lista se añadió el ácido fólico.

Además de estos esfuerzos, la suplementación con vitaminas y nutrientes se ha acelerado en todo el mundo. La mayoría de los sistemas de salud nacionales distribuyen pastillas de hierro y ácido fólico a las mujeres embarazadas, y la vitamina A también se distribuye ampliamente. Aun así, estos nutrientes con frecuencia no llegan a algunas de las zonas más remotas; por lo tanto, organizaciones como Vitamin Angels en California y Micronutrient Initiative en Canadá entran en esa brecha. Vitamin Angels fue fundada por el emprendedor Howard Schiffer, quien fue incentivado a la acción humanitaria mediante un terremoto en el Sur de California en 1994. Cuando preguntó a los trabajadores de ayuda humanitaria cómo podía ayudar él, supo que dos diminutas cápsulas rojas de vitamina A de alta dosis cada año podrían reducir de manera significativa la mortalidad infantil y prevenir la ceguera infantil. En 2013, concentrando a empresas colaboradoras para recaudar fondos, y trabajando con casi trescientas organizaciones en el campo, Vitamin Angels pudo llevar vitamina A hasta unos 30 millones de niños en 45 países, incluyendo a los Estados Unidos, a un costo de solo veinticinco centavos por niño al año. Junto con donaciones de Vitamin Angels, he visto etiquetas de Micronutrient Initiative en botes de cápsulas de vitamina A y también en pastillas de zinc, hierro y ácido fólico en clínicas desde las colinas del Himalaya en Nepal hasta las sabanas de África oriental. Lo más probable es que junto con estos suplementos habrá también paquetes de albendazol, un tratamiento de desparasitación para matar parásitos que bloquean la absorción de los micronutrientes.

La Alianza Mundial para una Nutrición Mejorada (GAIN, por sus siglas en inglés) es punta de lanza en los esfuerzos de fortificación de productos que varían desde leche y galletas hasta avena y aceite para cocinar en diversos países en vías de desarrollo. En Rayastán (India), por ejemplo, diez mujeres en una aldea remota poseen y dirigen una fábrica que entrega diariamente 30 toneladas métricas de una harina enriquecida con vitaminas y minerales a 6000 niños menores de tres años y casi 3000 mujeres embarazadas y madres lactantes. La fábrica, establecida por GAIN, el Programa Mundial de Alimentos, el gobierno indio, y el grupo de autoayuda Shitalamata, produce una mezcla de trigo y azúcar llamada Raj Nutrimix. El gobierno estatal compra el producto y después lo distribuye como "raciones para llevar a casa" mediante tres centros comunitarios. El paso siguiente ha sido educar a las madres sobre cómo cocinar mejor y consumir el producto, junto con la promoción del valor nutricional.

La fortificación realizada por uno mismo también está cobrando impulso. DSM, una empresa con base en Holanda de vitaminas y productos de nutrición, ha estado en la primera línea de la fortificación en el hogar con micronutrientes en polvo. Estos polvos contienen más de una decena de vitaminas y minerales, incluyendo hierro, vitamina A y zinc, y están pensados específicamente para los 1000 días. Los polvos generalmente están empaquetados en bolsitas unidosis de un gramo y se añaden a alimentos preparados en casa justo antes de su consumo. Pueden ser rociados sobre sopas, fideos, atole y guisos;

casi cualquier cosa cocinada en casa. Es importante que el polvo no cambia el gusto, el color ni la textura de los alimentos a los que se añade. La iniciativa Sprinkles Global Health también destaca que las bolsitas son fáciles de usar, ya que no requieren ningún utensilio especial de medida y se pueden añadir a cualquier comida durante el día, y no hay que ser culto para aprender a utilizarlos. Desde el año 2000, los micronutrientes en polvo han llegado a 14 millones de niños menores de cinco años en 22 países. Sin embargo, la expansión no ha sido tan sencilla; algunos esfuerzos se han tropezado con malentendidos culturales. En una primera distribución de bolsitas en un campamento de refugiados para somalíes en Kenia, los potenciales beneficiarios inicialmente evitaron el producto. El empaquetado exterior mostraba a un hombre, una mujer y un hijo, creando la impresión de que "el hombre blanco quiere que tengamos solamente un hijo", como dijeron algunos de los refugiados. Además, el material de la bolsita era papel de aluminio, como los envoltorios para condones. Se difundieron por el campamento sospecha y chismorreo: ¿estaba el polvo fortificado con nutrientes, o con algún tipo de polvo anticonceptivo siniestro?

ENTENDER LAS CREENCIAS locales era ciertamente importante para los alumnos de la Universidad de Guelph en Canadá al proponerse abordar el problema de la anemia por deficiencia de hierro en Camboya. Se encontraron con investigaciones que mostraban que cocinar en una olla de hierro fundido aumentaba el contenido en hierro de los alimentos; por lo tanto, decidieron crear un lingote de hierro hecho con metal fundido. Dieron forma de pez a su invención, que es un símbolo de buena suerte en Camboya. Quiso la suerte que el molde también liberara hierro en la concentración adecuada para ayudar a mujeres y niños a mantener a raya la anemia. Las instrucciones eran sencillas: cocinar el pez en agua hirviendo o sopa durante diez minutos; mientras hierve el agua, cantidades diminutas de hierro pasan al agua. Añadir jugo de limón o cualquier cosa ácida para ayudar con la absorción del hierro. Sacar de la olla el lingote en forma de pez y añadir otros ingredientes, como arroz, carne y verduras. Si se utiliza correctamente cada día, el Pez de Hierro de la Suerte, que mide 7 centímetros (3 pulgadas) y pesa unos 200 gramos (7 onzas), puede proporcionar hasta el 90% de las necesidades diarias de hierro de una familia hasta cinco años, según una evaluación del proyecto. El pez, que está presente en unos 2500 hogares en Camboya, atrajo un galardón de 500 000 dólares de Grand Challenges Canada para ampliar el proyecto en Camboya y otros lugares.

En Guatemala, el Proyecto Spammy ha obtenido muchas sonrisas, al menos de quienes saben que procede de la gente de Hormal Foods Corporation, los proveedores del producto precocinado de puerco conocido como SPAM, que ha recibido muchas burlas pero es popular, con más de ocho mil millones de latas vendidas desde 1937. Spammy es una pasta de pavo para untar fortificada con una variedad de nutrientes que generalmente son deficientes en la dieta guatemalteca, principalmente vitaminas D y B_{12}, zinc, hierro, y proteína con base animal, todos ellos importantes en el desarrollo cognitivo, particularmente en los 1000 días. El Proyecto Spammy es una iniciativa sin fines de lucro con la intención de atacar la desnutrición infantil; Hormel distribuye unas tres millones de latas al año a ocho mil trescientas familias mediante la organización humanitaria Cáritas. Durante las distribuciones, trabajadores de Cáritas enseñan a las familias a mezclar Spammy en las dietas tradicionales, lo cual ha resultado en la emergencia de arroz y frijoles Spammy, lambada Spammy, tortillas Spammy, chuchito Spammy, nachos Spammy, y burritos Spammy.

En 2011, Hormel recibió una subvención del Departamento de Agricultura estadounidense para estudiar la eficacia de Spammy en un programa de alimentación escolar de veinte semanas. Los maestros reportaron una reducción significativa en las ausencias escolares debido a enfermedades durante el curso del programa; la ciencia reveló aumentos de los niveles de vitaminas D y B_{12} en el grupo del tratamiento; y los análisis mostraron aumentos del desarrollo cognitivo entre los estudiantes.

En una distribución de Spammy en las colinas sobre Ciudad de Guatemala, había madres en fila para recibir su ración mensual de veinticuatro latas. Mientras esperaban, observaban una demostración de cocina sobre cómo mezclar Spammy con otros alimentos: huevos, cebollas, frijoles, chili, fideos, arroz. "Pueden mezclarlo con todos los alimentos, en cada comida", explicaba una de las trabajadoras de Cáritas. La mujer se giró hacia mí y añadió: "Comer de una lata no es parte de nuestra cultura. Por eso es importante mostrar cómo puede integrarse Spammy con los alimentos que consumimos normalmente". Las mamás también hablaban de cómo había ayudado Spammy a sus hijos a crecer y desarrollarse. Yo seguí a su casa a una de las mamás, una casucha de un cuarto con un áspero piso de tierra y paredes onduladas. Era manifiesto que dos de sus tres hijos pequeños habían estado desnutridos. Eran muy pequeños para sus edades, y habían perdido mechones de cabello. Lusbi, de siete años, era delgadísima; su hermana de dos años, Dulce, parecía solo una sombra que medía poco más de 60 centímetros (dos pies). Solo el más pequeño, Luis Claudio, de ocho meses, se estaba desarrollando; ya pesaba casi tanto como Dulce. Regina, su madre, comenzó a comer Spammy cuando estaba embarazada de Luis, y Spammy fue uno de los primeros alimentos que él comió a los seis meses de edad. En meses recientes, Dulce finalmente comenzó a caminar y hablar; "Spammy" fue una de sus primeras palabras. Y el cabello de Lusbi comenzó a crecer.

¿Qué marcó la diferencia? "Spammy es lo único nuevo en nuestra dieta", dijo Regina. Ella reverenciaba su ración mensual; no había ninguna broma sobre Spammy en esta familia.

GUATEMALA HA ATRAÍDO multitud de investigación sobre el potencial impacto de los nuevos productos fortificados. El Instituto Mathile en los Estados Unidos ha desarrollado una mezcla bebible llena de nutrientes llamada Chispuditos, y el ministerio de salud de Guatemala, el Secretariat for Food and Nutrition Security, y Humanitas Global en Washington, D.C., han estado creando un programa de participación comunitaria en la nutrición que incorporaría el producto. Mientras sondean las comunidades para descubrir por qué programas de nutrición en el pasado no han tenido éxito, han descubierto que los ingredientes faltantes no eran solamente vitaminas y minerales; los productos también necesitaban la aceptación de los niños y sus cuidadores. Y era clave para los influyentes locales (padres, abuelas, parteras, curanderos tradicionales, líderes de iglesias, y alcaldes y otros políticos) llegar a ser defensores de una buena nutrición para construir familias y comunidades más fuertes.

Guatemala se ha convertido también en un terreno de prueba para transformar tratamientos nutritivos de emergencia en productos de uso cotidiano, particularmente en los 1000 días. La mayor parte del desarrollo se centra en innovaciones de la pasta de cacahuate fortificada que han surgido en la década desde que se distribuyó un producto llamado Plumpy'Nut para tratar a niños gravemente desnutridos en el Cuerno de África y en otros lugares. Nutriset, el fabricante francés de Plumpy'Nut, y una empresa estadounidense sin fines de lucro llamada Edesia han estado introduciendo productos similares de pasta de cacahuate rica en nutrientes para mamás embarazadas y lactantes, y para niños cuando comienzan a ingerir alimentos sólidos, con el objetivo de prevenir el retraso en el crecimiento infantil en los 1000 días.

Y en una fábrica en Ciudad de Guatemala, en el campus del Instituto de Nutrición de Centro América y Panamá (INCAP), máquinas de setenta años de antigüedad están redoblando esfuerzos para regresar a la batalla contra la desnutrición que comenzó allí en la década de 1950. Edward "Ted" Fischer, un antropólogo de la Universidad Vanderbilt, con fondos de la Fundación Shalom con base en Tennesee, se había unido a los nutricionistas del INCAP para producir un alimento suplementario listo para su uso llamado Mani-Plus para niños de seis a veinticuatro meses de edad. Diseñado por los investigadores concretamente para llenar huecos en la dieta guatemalteca, está hecho de cacahuates, azúcar, leche en polvo, aceite vegetal, y una mezcla de casi dos decenas de micronutrientes.

Fue en esta fábrica donde el INCAP comenzó a desarrollar la bebida en polvo fortificada llamada Incaparina (harina INCAP) en 1953. En 1965 los investigadores habían llegado a una fórmula final y la estaban utilizando en un estudio en la región oriental de Guatemala; incluso en la actualidad, los resultados de ese estudio siguen proporcionando información valiosa sobre el impacto de la suplementación nutritiva en mujeres embarazadas y sus hijos pequeños, sobre escolarización posterior y rendimiento en el trabajo, y sobre enfermedades crónicas en adultos. La Incaparina se convirtió en un modelo para los muchos productos fortificados que han seguido desde entonces, y sigue siendo popular en Guatemala. Pero la desnutrición y el retraso en el crecimiento infantil aún plagan el país, de modo que Ted, que ha trabajado por mucho tiempo con comunidades mayas, estableció Mani-Plus como una empresa social para desarrollar productos adicionales para suplir las necesidades de los niños guatemaltecos rurales en los 1000 días.

Un generador que no se había utilizado en veinticinco años estaba de nuevo en acción ahora, dando potencia al mezclador original que antes había mezclado los nutrientes de la Incaparina. Con fondos adicionales, Ted esperaba que la vieja fábrica del INCAP pudiera producir veinticinco toneladas de Mani-Plus al mes, lo cual podría alcanzar a unos veinte mil niños. Caminando por la fábrica con su equipo, se maravillaba de que verdaderamente estuvieran regresando al futuro.

En Uganda, Howdy continuaba su paseo por los campos biofortificados. En todos los lugares donde iba era recibido con cantos, poemas e historias de gran asombro. Un anciano se apresuró a situarse al lado de Howdy para decirle que él solía caminar a trompicones ciegamente cuando se ponía el sol, pero ahora podía ver bien en la oscuridad. Una mujer le rogó que introdujera otros cultivos fortificados en su aldea: "Si hay otras variedades de cultivos que esté ocultando, por favor tráigalos aquí", le suplicó. En otra de las aldeas, mujeres embarazadas y mamás con niños pequeños hacían fila para mostrar a una nueva generación de bebés biofortificados. Una mamá presentó a su hijo de tres años: "He esperado para ponerle nombre porque oí que usted vendría", les dijo a sus visitantes. "Ahora se llamará Howdy".

Howdy, cohibido por la atención, sonrió tímidamente y pronunció cortésmente: "Gracias".

Finalmente, una mamá que había estado esperando al final de la multitud se acercó a Howdy y le agradeció por las batatas de piel naranja y los frijoles altos en hierro. Molly Ekwang presentó a su hijo Stephen. Ahora tenía un año de edad, dijo ella, y ya hablaba mucho. Había caminado con ocho meses. Ella notó que sus cinco hijos mayores no caminaron hasta que tuvieron dieciocho meses. "Stephen es muy brillante", dijo. Él fue tambaleándose hasta Howdy y se subió al regazo del visitante. Molly se rió y pidió a alguien que tomara una fotografía, con Stephen y Howdy juntos.

"Quiero poder mostrársela a mi hijo algún día", dijo Molly, "y decirle: 'Este es el hombre que te hizo inteligente, el hombre que te dio un futuro exitoso' ".

Howdy sonrió, con brillo en sus ojos nublados por las lágrimas. Claramente, quedó tocado por esta madre y su hijo, y también desafiado. "Es muy satisfactorio oír esto", me dijo Howdy. "Pero también me pone ansioso. No puedes quedar satisfecho, porque aún tenemos mucho más que hacer. Hay que moverse más deprisa, introducir más cultivos, hacer que lleguen a todo el mundo".

capítulo once

"QUIERO QUE SEA UNA NIÑA SALUDABLE"

Era la hora de la cena en Chicago. Jessica terminó de leer un libro a Alitzel, *Spot's Favorite Words* (Las palabras favoritas de Spot), y juntas pasaron a la cocina de la casa de su madre. Jessica puso a Alitzel en una sillita alta y rodeó el cuello de su hija con un babero; entonces abrió un armario y echó un vistazo a un estante lleno de botes de comida para bebé. Jessica agarró el de puré de batatas: cremoso y de color naranja, era uno de los favoritos de Alitzel, igual que la batata de verdad era el favorito de Aron en Uganda. Jessica giró la tapa y se abrió con un pop. Esa sería la amplitud de su búsqueda de comida. Se sentó al lado de su hija y le dio de comer con una cuchara.

Alitzel tenía seis meses y había comenzado a comer alimentos sólidos para complementar la leche maternizada. Una hora antes, se había terminado un biberón de leche con un eructo. "Muy bien", dijo Jessica con una sonrisa. Jessica ahora utilizaba sus cupones WIC para obtener una amplia variedad de sabores de comida para bebé. El contenido en nutrientes estaba impreso en las etiquetas. Junto con la batata, que contenía vitaminas A y B_6, calcio, hierro, potasio y proteína, a Alitzel también le gustaba el puré de guisantes y de duraznos. Por muchos días, una olla de sopa casera se calentaba sobre la estufa de la cocina, y el agradable aroma de verduras cociendo llenaba la casa. Jessica sacaba zanahorias o frijoles de la sopa y los hacía puré para su hija.

"Quiero que sea una niña saludable", me dijo Jessica, "que coma cosas saludables".

EN EL PERIODO de transición cuando la leche materna o la fórmula maternizada ya no es suficiente para satisfacer los requisitos nutricionales de los niños, otros alimentos y líquidos se van introduciendo gradualmente en la dieta en lo que se denomina alimentación complementaria. Esta etapa comienza generalmente en torno a los cuatro a seis meses de edad y continúa hasta el segundo cumpleaños. Estos dieciocho a veinte meses pueden marcar una delicada transición; constituyen la parte más larga de los 1000 días, formando el periodo crítico en que las deficiencias de nutrientes y las enfermedades pueden causar que los niños se queden atrás en las gráficas de crecimiento, mostrando señales de retraso en el crecimiento infantil.

El Fondo para la Infancia de las Naciones Unidas subrayó la importancia de la alimentación complementaria en su reporte *Progress for Children* (Progreso para la infancia): "Comenzando a los seis meses de edad, cuando los niños comienzan a depender cada vez más de los nutrientes que hay en otros alimentos para su crecimiento y desarrollo óptimos, la diversidad de su dieta se convierte en una medida clave de cuán bien están comiendo, y actúa como representante para su ingesta de micronutrientes". Esta diversidad dietética es elusiva para muchos padres y madres en todo el mundo.

UNICEF analizó datos de salud de treinta y ocho países en el espectro de pobreza-riqueza y encontró grandes disparidades en la diversidad de la dieta según los ingresos del país y también según el quintil de riqueza dentro de los países. Solamente en torno al 20% de los niños de seis a veinticuatro meses de edad en países de bajos ingresos recibían alimentos de cuatro o más grupos alimentarios; incluso en las familias más acomodadas en esos países, solamente una tercera parte de los niños cumplen el requisito mínimo para la diversidad en la dieta. En países de ingresos medios y altos, aproximadamente el 30% de los bebés y niños pequeños no recibían suficiente diversidad de nutrientes.

Una de las principales razones de ello ha sido la ausencia global de pautas para la alimentación complementaria para los padres y madres. Incluso en los Estados Unidos, las Pautas Dietéticas para los Estadounidenses han ignorado a los niños menores de dos años, centrándose en cambio en adultos y en niños mayores de dos años, "debido a las necesidades nutricionales únicas, pautas de alimentación, y etapas de desarrollo de bebés y niños pequeños desde el nacimiento hasta los veinticuatro meses de edad", según los departamentos de agricultura y salud y de servicios humanos, los encargados de las pautas. En otras palabras, las dietas de bebés y niños pequeños se consideraban demasiado complicadas; no había ningún consenso sobre cuáles eran los mejores alimentos para ellos, y aparentemente ninguna inclinación por parte del gobierno estadounidense para descubrirlo. Solamente cuando comenzó a cobrar impulso el movimiento 1000 Días y la Ley Agrícola de 2014 demandó acción, los encargados comenzaron a revisar la evidencia nutricional para el periodo desde el nacimiento hasta los dos años de edad y para mujeres embarazadas. Esos consejos sobre nutrición, que aún se están investigando y formulando, están programados para ser incluidos en la edición de 2020 de las Pautas Dietéticas.

La Ley Agrícola también autorizaba 31,5 millones de dólares en fondos a organizaciones locales, estatales y nacionales para apoyar programas que ayuden a los participantes en el programa SNAP (asistencia nutricional suplementaria), o en cupones de alimentos, a comprar más frutas y verduras. Una de las innovaciones, creciente en popularidad, era utilizar este dinero para equiparar compras SNAP de frutas y verduras en mercados de agricultores, duplicando efectivamente la cantidad de producto fresco que los receptores podían llevarse a sus casas. Era una buena idea que se estaba arraigando en los mercados de agricultores de Chicago; pero ni Jessica ni Quintana lo estaban aprovechando, porque no había ninguno de esos mercados a una distancia razonable de donde ellas vivían. El incentivo no era suficiente para superar los inconvenientes y el costo de viajar hasta mercados más distantes. Y al mismo tiempo que se estaban implementando estos programas de incentivos, el Congreso estaba recortando los fondos SNAP; la familia de Jessica recibía 40 dólares menos cada mes de lo que antes recibía. Lo que el gobierno daba con una mano lo arrebataba con la otra.

LA TRANSICIÓN A la alimentación complementaria debería ser un periodo en el que los niños estuvieran expuestos a una amplia variedad de frutas y verduras. Las crecientes investigaciones indican que los niños que comen estos alimentos desde temprano en la vida siguen comiéndolos cuando crecen, reduciendo así sus probabilidades de tener sobrepeso o ser obesos más adelante en la niñez o de adultos. En cambio, los niños (particularmente en los Estados Unidos) están expuestos con mayor frecuencia a la comida basura y a dietas de comida rápida.

Por lo tanto, vemos que las papas fritas se han convertido en la verdura más común que consumen los niños de un año en los Estados Unidos. A los quince meses de edad, al menos el 18% de los niños estadounidenses comen macarrones y queso, y aproximadamente el 15% come pizza. El 17% de los niños pequeños estadounidenses consumen bebidas azucaradas o postres en cualquier día dado cuando tienen nueve meses, y esta cifra aumenta con rapidez, alcanzando el 43% cuando tienen doce meses y el 81% a los veinticuatro meses.

El estudio FITS (Alimentando a bebés y niños) de 2008, dirigido por el Instituto de Nutrición Nestlé y analizado en varias revistas en años recientes, reveló estas instantáneas dietéticas. Entre los muchos productos de Nestlé que no necesitan refrigeración están las comidas Gerber para bebés. El día del sondeo, los investigadores descubrieron que el 16% de los bebés y el 27% de los niños pequeños no consumían ninguna fruta, y menos aún comían verduras. El estudio también registró este fenómeno:

Además de la falta de consumo de verduras, los datos muestran un importante cambio en el consumo de distintos tipos de verduras. Batatas, zanahorias y calabaza eran las verduras consumidas con mayor frecuencia entre bebés de 6 a 8 meses. Sin embargo, el consumo de papas blancas y maíz, y también judías verdes, se vuelve más común con la edad. A los 9 meses de edad, el puré de papas era tan común como las batatas, y tras el primer año es asombroso ver que las papas fritas superaron a las batatas como la verdura más consumida. Además, las proporciones de niños que consumían papas fritas casi duplicaba la de quienes consumían puré de papas o maíz a los dos años de edad.

Era una escala en declive de nutrientes y comida saludable: desde batatas, zanahorias y calabaza, que rebosan de vitaminas y minerales, a papas blancas cargadas de carbohidratos, y hasta papas fritas llenas de aceite y sal.

LA DEMANDA DEL Congreso en la Ley Agrícola de crear pautas para la alimentación complementaria llegó justo cuando Alitzel entraba en esa transición. Jessica hacía todo lo que podía, apoyándose en las cosas que aprendió de Patricia, su matrona durante el embarazo. Es decir: cómete las verduras. Alitzel engordaba 450 gramos (una libra) al mes mientras hacía la transición a los alimentos sólidos. A los cuatro meses pesaba 5,4 kilos (12 libras), a los ocho meses pesaba 7,2 kilos (16 libras), y a los diez meses pesaba 8 kilos (18 libras). Cuando tenía siete meses cayó enferma con fiebre; no comió durante varios días. Se recuperó y volvió a comer, pero Jessica temía que hubiera perdido demasiado peso. "Ahora me preocupa que esté demasiado delgada", me dijo. Uno de los primos de Alitzel había pesado 9 kilos (20 libras) con seis meses. "Creo que es demasiado grande", dijo Jessica con actitud desafiante. "En nuestra cultura, un bebé grande significa saludable y uno delgado significa que no es tan saludable. Pero yo no creo eso. Creo que estar demasiado grande causa más problemas".

Jessica llevaba a su casa cada mes abastecimiento de comida para bebé de la tienda WIC. Con ocho meses, a Alitzel le seguían gustando las batatas, las zanahorias y los guisantes, pero también tenía un nuevo favorito (fiel al sondeo FITS): el puré de papas. Jessica comenzó a añadir pedazos de pollo a las verduras, y había más sopas. A los diez meses, Alitzel se iba alejando de la comida de bebé en los botes y se acercaba a los alimentos que comían sus padres; cereales y avena para el desayuno, después pollo, arroz, frijoles, pasta y huevos durante el día. Alitzel también intentaba escapar de la sillita alta, y comenzó a beber agua de una tacita con tapadera, dejando a un lado el biberón. Su médico estaba contento con el peso de 8 kilos (18 libras) con diez meses. Era preciso en las gráficas internacionales de crecimiento, y también la altura de Alitzel, de unos 70 cm (28 pulgadas). Jessica también estaba contenta, pero siempre se mantenía vigilante. "Es difícil saber qué darle de comer", me dijo. "Espero estar haciéndolo bien".

EN INDIA, ANSHIKA no comía muchos alimentos sólidos con diez meses de edad. Shyamkali intentó persuadir a su hija pequeña para que se comiera un pedazo de *roti*, pan sin levadura, que había mojado en leche. Anshika no tenía interés en eso, y se apartó. Le gustaban las galletas saladas, arrugadas. "Es la sal", decía Shyamkali. Ella le había dado a su hija algunos alimentos más dulces, como galletas, pero Anshika los escupía. Así que siguió dándole el pecho, y lo complementaba con leche de vaca mezclada con agua.

Shyamkali no estaba preocupada. "La bebé ha estado muy sana. De vez en cuando tiene un resfriado y tose, pero no hemos tenido que llevarla al médico", me dijo. Anshika era delgada pero parecía tener mucha energía. Gateaba por la veranda e intentaba ponerse de pie agarrándose al borde de un *charpoy* y empujándose a sí misma. Tenía unos expresivos ojos oscuros y estaba comenzando a hablar, llamando a su mamá y sus hermanas.

Shyamkali sostenía a Anshika en posición erguida mientras yo la medía: 66 centímetros (26 pulgadas), un par de pulgadas menos que Alitzel a la misma edad. Shyamkali, que no tenía educación formal, no conocía la relación de los números y no era consciente de que Anshika estaba cerca del rango de retraso en el crecimiento. Basándose en sus observaciones, Anshika parecía estar desarrollándose de manera muy parecida a sus hermanas mayores. "Puedo decir que es una niña muy contenta", dijo Shyamkali. "No llora mucho; solo cuando tiene hambre".

La comida escaseaba en la casa. La familia no tenía una tarjeta de racionamiento, de modo que no había manera alguna de participar en la distribución del gobierno de alimentos subvencionados. El padre de Shyamkali había tenido una vez una tarjeta, solo para aceite para cocinar, pero él había muerto varios años atrás y la tarjeta no pasaba a su familia. Shyamkali y su esposo, Rajender, habían apelado muchas veces al líder de la aldea pidiendo una tarjeta, y habían llenado una solicitud. Shyamkali no tenía esperanzas: "Él nos dijo: 'cuando la tarjeta esté lista, se la enviaré'. Pero ya ha pasado un año. No hemos oído nada".

La distribución regular de *panjiri*, la harina fortificada distribuida a mamás embarazadas y lactantes y a sus hijos, también había cesado en la zona de Shivgarh. Las trabajadoras de salud de la aldea, las mujeres *anganwadi*, dijeron que no tenían nada para distribuir; el gobierno estatal tampoco les habían pagado a ellas mismas durante meses. Rajender seguía buscando empleos en el día, y recientemente había trabajado en un equipo que limpiaba un estanque. Era parte del programa de trabajo garantizado del gobierno; durante veinte días, Rajender cavaba y sacaba lodo y se lo llevaba en un cubo que ponía en equilibrio sobre su cabeza. El salario, unos dos dólares al día, se suponía que ingresaba automáticamente en su cuenta bancaria, pero hasta entonces no había llegado nada. Shyamkali dijo que él ahora trabajaba en la cosecha de trigo, trasladándose de un campo a otro y recibiendo el salario en trigo: el estándar de una octava parte de lo que él cosechara. Cuando una de las hijas mayores podía quedarse en casa tras volver de la escuela y cuidar de Anshika, Shyamkali también trabajaba en los campos, cortando el trigo con una guadaña. Cualquier cantidad de trigo que ella llevara a su casa sería molido y convertido en harina para hacer *roti*.

Las verduras principales que comían eran una variedad de hojas verdes que crecían en la aldea. Dal con lentejas, un básico en India, se veía pocas veces, al igual que cualquier tipo de fruta. "Si cae alguna fruta de los árboles, la agarraremos", dijo Shyamkali. Las niñas estaban siempre alerta por si caían mangos, manzanas o guayabas. Su vaca había comenzado a dar leche unos meses atrás; las hermanas más pequeñas eran las primeras en la fila para eso.

"Comemos lo que podemos permitirnos", me dijo Shyamkali.

Este día era papas y arroz, que hervían sobre una fogata de leña. A sus hijas mayores les gustaban las papas. Ella esperaba que también le gustaran a Anshika.

En la aldea cercana de Rampur Khas, Sushma también intentaba descubrir qué le gustaba comer a Sunny. Con diez meses de edad, le quedaban solo unas pocas semanas para comer alimentos sólidos. Hasta ahora, solo parecían gustarle las galletas, de la marca "G de Genio", altas en carbohidratos, azúcar y grasa, mojadas en leche. Ahora Sushma estaba probando a darle un poco de dal y arroz, que mezclaba en un plato de hojalata. Sunny, que llevaba puesta una camiseta verde con el dibujo de "Alvin y las ardillas", gateó por la veranda y se sentó en el regazo de su madre. Ella le dio de comer con una cuchara. Tras varios bocados, Sunny eructó. Sushma se rió. "Creo que esto te gusta", le dijo.

Ella aún le daba el pecho a Sunny, pero gradualmente también le daba un biberón de leche maternizada. Era la marca más popular del país, Amulspray, y tenía un osito de peluche color rosa en la parte frontal de la lata. La leche de vaca o de búfala era demasiado cara; si la mezclaba con agua para hacer que fuera más fácil de digerir, le preocupaba que fuera demasiado débil. Sushma tenía la sospecha durante varios meses ya de no estar produciendo leche suficiente para satisfacer a su hijo, y nunca visitaba al médico para que le hicieran un chequeo. "Me sentiría mal si le preguntara a un médico si tengo dificultad para producir leche y si Sunny está recibiendo lo bastante para beber", me dijo. "Él es mi hijo; yo misma debería saberlo"

Ella había llevado a Sunny a ver a un médico cuando tuvo fiebre, moqueo nasal, y no comía. Le dieron una receta para medicina, y Sunny mejoró. Yo lo medí, era un poco más alto que Anshika, casi 68 centímetros (27 pulgadas).

Los alimentos que consumían provenían de su propia parcela de tierra que estaba al lado de la casa. Sushma y su esposo cultivaban arroz, papas, tomates, calabaza y ocra. También cultivaban menta y mostaza cuando esos cultivos estaban de temporada para venderlos y conseguir algunos ingresos para el hogar. Y también llevaban trigo a su casa cuando ayudaban a otros a cosechar sus campos. La familia de Sushma en raras ocasiones, si es que alguna, comía fruta, en un país que estaba en segundo lugar solamente por detrás de China en producción de fruta.

"Ninguna fruta", dijo Sushma. "Me encantaría comprar fruta, pero no nos lo podemos permitir. Me gustaría tener mangos, ¡un bol lleno!". Se rió con una risa sarcástica, una risa que expresaba: "sí, como si eso fuera a suceder alguna vez".

Tampoco tenían tarjetas de racionamiento para alimentos subvencionados. "Lo que comemos, lo cultivamos nosotros mismos", me dijo Sushma. Y conforme su familia crecía, ella se preguntaba si sería suficiente. En algunas comidas, ella ya estaba estirando al máximo la comida para satisfacer a su esposo, su hijo de siete años, Shiva, y su hija de tres años, Khushboo. Sushma, desde luego, comía en último lugar. "No quiero tener más hijos", le dijo a mi traductora del Laboratorio de Empoderamiento Comunitario. "Si tiene usted una medicina que evite que me quede embarazada, ¿puede dármela?". Miró a su esposo, que estaba en el lindero de su campo y no podía escuchar. "Por favor".

En Guatemala, la banda de marimba Internacionales Conejos seguía en la brecha, pasando ellos mismos de cantar sobre dar el pecho a cantar sobre la importancia de la alimentación complementaria, en colaboración con Save the Children. "Dale Comidita" fue otro éxito:

> Hoy vengo otra vez para decirte
> Que cuides a tus hijos, no los descuides.
> Si ya les diste pecho, no tengas miedo;
> De seis a ocho meses ya puedes darles
> Atolito bien espesito,
> No le hace daño a su pancita;
> Mucha fruta y verdurita,
> No le hace daño a su pancita.
>
> Después de nueve meses ya puedes darle
> Higadito de pollo, también de carne.
> Después de doce meses dale de todo,
> Pero nunca te olvides de darle pecho…
>
> Y recuerda que a los doce meses ya puedes darle leche de cabra;
>
> Y no olvides darle también su calabacita, y zanahoria
> Para que sea un buen Conejo.

Algunas familias en Guatemala comían incluso conejos. Era parte del esfuerzo de Save the Children por introducir más proteína animal, un ingrediente crítico para el crecimiento cerebral y corporal, en las dietas de mamás y niños para los 1000 días. En las zonas montañosas occidentales, en un centro dirigido por monjas, Save the Children estaba criando doscientas conejas para distribuirlas a familias con hijos pequeños, para que pudieran criar sus propios conejos como una fuente de carne barata. El programa de conejos siguió al programa de cabras de Save the Children, que fue lanzado para proporcionar leche de cabra para el periodo de alimentación complementaria.

"No podemos decirle a la gente que beba leche porque no tienen muchas vacas en las zonas montañosas", me dijo Carlos Cárdenas, el director de Save the Children en Guatemala. "Pero pueden criar cabras". La idea era dar cabras a familias con niños menores de tres años. Una sola cabra produciría leche suficiente para poder tener un vaso de leche al día para un niño. "Lo principal era introducir proteína animal en sus dietas", dijo Carlos.

Pero antes de que llegaran las cabras en 2008, Save the Children tenía que responder una pregunta elemental: ¿qué es una cabra?

Diego Sarat se rascaba la cabeza cuando su esposa regresó de una reunión comunitaria con la emocionante noticia de que se había apuntado para un programa nuevo que les daría una cabra. "Yo ni siquiera sabía lo que era una cabra", recordaba Diego cuando visité su hogar en la aldea de Media Luna, a distancia de una hora en auto desde Quetzaltenango. Él era granjero: granjero de maíz, desde luego. "No sabíamos cómo manejar ganado".

Aquel día confuso en mayo de 2008 resultó ser un punto de inflexión para la salud de su familia. Cuando llegó la cabra, el hijo más pequeño de Diego, Haroldo, de dos años de edad, no estaba bien. Era muy pequeño, delgado y aletargado. "Estaba desnutrido", reconoció su padre. "Pero cuando comenzó a beber leche cada día, pudimos verlo mejorar".

Ahora Haroldo, que tiene ocho años, bajaba la colina brincando para recibir a los visitantes con saludos chocando las manos. Su padre dijo con orgullo que Haroldo estaba prosperando en la escuela dominical y también en la escuela primaria, donde estaba en primer grado. El impacto de la desnutrición temprana seguía siendo visible; físicamente, tenía retraso en el crecimiento. No era mucho más alto que su hermano de cinco años, Ariel, que había tenido el beneficio de recibir diariamente un vaso de leche de cabra desde que era pequeño.

Desde 2008, más de 1600 familias habían recibido cabras (otras recibieron gallinas para obtener huevos diariamente), y para muchas de ellas el programa se había desarrollado más allá de un solo vaso de leche. Diego tenía ahora siete cabras maduras que producían leche más que suficiente para su familia; él compartía el sobrante con niños del barrio. También había construido corrales para las cabras para reunir los desechos y la orina, que canalizaba hacia grandes botellas de plástico de Pepsi (las encontraba a lo largo del camino y en cubos de basura) que vendía como fertilizante rico en urea. Las cabras eran ahora productoras de leche y generadoras de ingresos; Diego utilizaba el dinero para diversificar la dieta de la familia y comprar verduras y frutas que antes no podía permitirse.

Donde antes no había ninguna cabra, comenzó a extenderse una cadena de producción de leche por esa zona de las tierras altas. Save the Children, con el apoyo de Green Mountain Coffee Roasters, estaba construyendo el centro Highland Goat Production para dar formación a cientos de granjeros locales sobre prácticas de cría de cabras. Era un elegante complejo que podía albergar hasta trescientas cabras. Algunos de los corrales estaban reservados para emparejar cabras nativas con otras razas de México y los Estados Unidos para mejorar la producción de leche de sus crías. El centro era también un punto de recogida del sobrante de leche de granjeros individuales de la zona. Se estaba preparando para presentar un abanico de productos lácteos, incluidos queso, yogurt, dulces, e incluso cremas faciales.

Era un programa ambicioso para reducir la pobreza de las familias que vivían en las montañas. Pero Carlos Cárdenas instaba a los granjeros a no perder nunca de vista el propósito central: un vaso de leche diario para ayudar a conquistar la desnutrición de sus hijos. Primero satisfagan a su familia, y después al mercado, les decía. Y sobre todo lo demás, resistan la tentación de comerse la cabra. Una barbacoa puede producir comida para un día, pero una cabra viva proporcionará un vaso de leche diario durante años.

"Todo esto se trata de disponibilidad sostenible de leche para sus hijos", decía Carlos a las familias.

LAS CABRAS NO habían llegado aún al valle Palajunoj, pero María Estella sí tenía una gallina en un gallinero fuera de su casa. Estaba reservando la gallina para comerla en una ocasión especial; hasta entonces, la familia disfrutaría de los huevos. Mientras tanto, los dos hijos de María Estella continuaban su desarrollo divergente. Jorge, de once meses, era regordete y tenía las mejillas rojizas; gateaba, y se estaba preparando para aprender a caminar. Había comenzado a comer alimentos sólidos con seis meses, y no se había detenido desde entonces. Ahora comía con ganas tres comidas al día: sopas, verduras, frutas, y ocasionalmente carne. Y su madre aún le daba el pecho. Su hermana Yesica tenía casi tres años, estaba delgada, se aferraba a su madre, pero aún no hablaba. Comenzó a caminar cuando tenía quince meses. "No come mucho, no quiere", le dijo María Estella a Susy.

Cuando comía, preferiría papas fritas u otros aperitivos. María Estella dijo que Jorge solamente lloraba cuando tenía hambre; Yesica lloraba más a menudo.

Susy colgó su balanza de un cable en el pequeño patio que estaba detrás de la casa de dos cuartos. Había ruiseñores que recorrían los arbustos. Era un agradable contraste con el sucio desorden de los patios que se encontraban en muchos hogares en el valle. María Estella observaba animadamente cuando la aguja negra de la balanza se fue moviendo y después se fijó en un número. Jorge pesaba un poco más de 10 kilos (23 libras), y Yesica pesaba 11 (25 libras). Él era doce meses más pequeño y pesaba casi lo mismo que su hermana. Susy desplegó su tabla de medir. Jorge medía 71 centímetros (28 pulgadas); Yesica medía 81 (32 pulgadas).

María Estella le dijo a Susy que ella priorizaba la carne cuando iba a comprar, particularmente el hígado de ternera. Recordaba la importancia del hierro por las clases. "Creo que la carne es necesaria para su crecimiento", dijo. Si la carne era demasiado cara, entonces compraba más verduras. También hacía un esfuerzo por comprar jabón y detergente para mantener limpia la casa y la ropa. Dio las gracias a Susy por las lecciones de nutrición y limpieza, y por las recetas. Para el desayuno ese día había preparado sopa de pescado con papas. Para la cena, estaba planeando cocinar arroz con pequeños pedazos de res.

Cuando Susy pesó a Jorge, le dijo con voz baja: "Sigue comiendo. Serás un muchacho fuerte". Entonces le rogó a Yesica: "Por favor, tienes que comer. Tu madre está preocupada".

Susy se giró hacia María Estella. Su tono fue cambiando entre alentador y de regañina. "Yesica está demasiado pequeña, necesita comer más", dijo Susy. "Tiene que crecer, su cerebro necesita desarrollarse. Aún no habla. Cuando vaya a la escuela, se aburrirá y abandonará prematuramente". Susy sugirió preparar puré de bananas, papayas o calabaza para Yesica. Cocina carnes; si no le gusta sola, añade tomate y cebolla o una salsa. Y no le des papas fritas y dulces, porque eso no le ayudará a crecer.

Era amor firme, una marca de la casa de las visitas de Susy a los hogares. Gabriela era la siguiente. Su hijo José de ocho meses de edad llevaba puesto un jersey verde de Mickey Mouse y una gorra de beisbol. Gabriela dijo que José había estado lidiando con una infección intestinal que le había producido diarrea; también tenía infección en un ojo y dolor de garganta. Un médico en Quetzaltenango le puso una inyección y le dio un jarabe para la tos. Le dijo a Gabriela que su hijo, que nació prematuro, estaba muy por debajo de su peso, y sugirió que lo alimentara con la bebida fortificada Incaparina cada día. También le instó a que comprara verduras.

Susy observó que Gabriela daba el pecho a José. Notó que Gabriela solamente utilizaba su pecho derecho, y sospechaba que José no estaba recibiendo leche suficiente. Susy detectó otro problema: Gabriela, que era analfabeta, no mezclaba adecuadamente la Incaparina. La diluía demasiado, estirándola demasiado, de modo que José no recibía la dosis correcta de nutrientes que necesitaba.

Gabriela le confió que no tenía mucho dinero para comprar comida. Su esposo tenía dificultad para encontrar empleo, y vivían en la casa de un solo cuarto de su madre con áspero piso de tierra. Crecían flores en un terreno al lado de la casa; la madre de Gabriela no le permitía convertirlo en un huerto. Un manzano se erigía como centinela en el rincón del pequeño patio; quedaban varios meses para que hubiera fruta madura. Gabriela estaba a punto de llorar. "Es frustrante", le dijo a Susy. "No podemos comprar comida suficiente. Uno quiere comer como ve comer a otras personas". Mientras hablaba, un hombre que vendía helados en la parte trasera de una motocicleta recorría lentamente el camino de tierra, con la música de la canción "¿Acaso te cuelgan las orejas?" para atraer la atención. Para Gabriela, era una burla cruel.

Susy pasó a medir. José pesaba 6 kilos (15 libras) y medía 63 centímetros (25 pulgadas). "Veo que está bajo de peso", concedió Graciela. Susy asintió con la cabeza. Tecleó las cifras en su computadora portátil. Eran las medidas estándar para un niño de cuatro meses, la mitad de la edad de José.

El consejo de Susy fue consolador y firme. "Entiendo que es difícil porque no hay empleo o dinero para comprar lo que necesitas", dijo Susy. "Pero intenta hacer cosas sencillas como sopa de arroz. Compra verduras más baratas para poder conseguir mayor cantidad. Cuando tengas verduras, úsalas al máximo, utiliza todas las partes y no tires nada. Tu hijo te necesita para seguir intentándolo".

Subimos la colina hasta el hogar de la familia de Dianet. Había ajetreo en la cocina con los preparativos de una fiesta de cumpleaños. Había filetes de cerdo marinando en una salsa de tomate, pimiento, ajo y chile, y había papas blancas hirviendo. Todo lo envolverían en una hoja de palmera y se serviría como un tamal. Dianet cargaba en sus brazos a Keytlin, de ocho meses, mientras ayudaba a cocinar. La bebé comía las papas y salsa. Había comenzado a comer pescado y pollo, pero aún no había probado el cerdo. Dianet temía que le causara problemas estomacales, y ya estaba harta de eso. Keytlin había estado lidiando con un resfriado y también con dolor de garganta. El centro de salud público local se había quedado sin medicinas, de modo que Dianet recorrió el valle en busca del tratamiento, y gradualmente confió en la clínica de Primeros Pasos. "Es triste y desalentador. No recibimos ayuda alguna del gobierno", le dijo a Susy. Dianet había escuchado las grandes proclamas del gobierno sobre atacar la crisis de desnutrición de Guatemala, pero no veía ninguna evidencia de acción en el valle. Como si se hubieran retractado, pensaba. No se hacía ningún esfuerzo por crear empleo, y no había distribución de alimentos ni educación sobre nutrición. "Necesitan tomarse en serio lo que dicen y salir a las comunidades y ver la realidad", dijo. "Salir de la ciudad para ir a las zonas rurales. No sé si ellos de verdad no lo saben, o lo están ignorando".

Keytlin gateaba por el piso de la sala, jugando con un muñeco de plástico amarillo de Shrek. A menudo se detenía y se sentaba para observar a los visitantes con brillo en sus ojos. Dianet estaba contenta con el desarrollo mental de su hija; Keytlin era curiosa, expresiva y activa; le gustaba colorear, bailar y aplaudir con la música de "Dora la exploradora". Dianet creía que estaba cerca de caminar, pero no pensaba que hubiera crecido mucho en los dos últimos meses.

Susy necesitaba confirmar eso en sus gráficas de medidas, de modo que Dianet y ella pusieron a Keytlin en el peso. Keytlin sonreía. Pesaba casi 6 kilos (14 libras), una pequeña mejora, pero aún era poco. Después siguió la tabla de medidas: 61 centímetros (24 pulgadas), también un pequeño aumento desde el mes anterior, pero seguía siendo poco. Susy dijo que Keytlin no estaba creciendo tanto como debería; su gráfica se dirigía hacia territorio de retraso en el crecimiento.

Dianet se veía cansada. Dar a luz le había pasado factura a esta pequeña mujer. Aún daba el pecho, y a Susy le preocupaba que quizá su leche no fuera suficiente. ¿Estaba tomando las multivitaminas que había recibido en Primeros Pasos? Dianet dijo que sí.

"¿Comes tú lo suficiente?", preguntó Susy. "Tienes que comer realmente bien para asegurarte de que tu leche tenga todos los nutrientes que necesita Keytlin".

"Sí", dijo Dianet. "Estoy comiendo".

Era desconcertante. Dianet siempre había estado muy atenta a las clases de nutrición. La casa estaba limpia; parecía haber comida suficiente, tanto dentro de la cocina como fuera en los campos. Pero madre e hija no se estaban desarrollando. Susy tenía un sentimiento inquietante: algo no iba bien.

| EL SEGUNDO AÑO

capítulo doce

PREOCUPACIÓN

LA VIDA DE DIANET ESTABA AGITADA. CINCO MESES después, cuando la visité de nuevo, encontré a Dianet y Keytlin en un cuarto no terminado en una casa inacabada que estaba en la propiedad de su familia política. Habían decidido mudarse allí mientras se seguía construyendo la casa porque les permitía tener un lugar propio (serían cuatro habitaciones con una cocina independiente) en lugar de compartir espacio en la casa de su familia. Dianet pensaba que era una buena idea que Keytlin se acostumbrara al que sería su hogar en la niñez. Se acercaba el invierno; el cuarto estaba frío. Arnold Schwarzenegger, en la película *Terminator*, producía caos en un pequeño televisor en blanco y negro situado sobre una silla. Keytlin, envuelta en un jersey rosado, estaba tumbada en la cama sosteniendo un tubo de crema corporal. Llevaba un par de días enferma de diarrea; también tenía una molesta erupción debido a los pañales. Dos semanas antes había tenido tos y una ligera fiebre.

"Ha perdido peso", reportó Dianet. Antes de la serie de enfermedades, Keytlin había estado comiendo bien, probando casi todo lo que comía la familia. Dianet seguía recetas que había aprendido en la clase de Susy: tortitas hechas con zanahorias ralladas; fideos con apio, pimientos y pollo; arroz y frijoles con pico de gallo. Y aún daba el pecho. Keytlin ya andaba sola y estaba comenzando a hablar. Dianet estaba contenta con su progreso. Leían libros juntas.

"Cuando Keytlin pasa las páginas, primero se chupa el dedo. Es divertido. Yo no hago eso", le dijo Dianet a Susy. "Quizá lo vio a otra persona; tal vez es instintivo en ella".

Keytlin se incorporó en la cama y se miró en un espejo con marco de "Dora la exploradora" que tenía inscrito un versículo de la Biblia: "Crea en mí, oh Dios, un corazón limpio, y renueva un espíritu recto dentro de mí". Keytlin jugaba a las escondidas con su imagen en el espejo, cerrando sus manitas delante de sus ojos y después abriéndolas.

"Noto la diferencia entre ella y otros niños de su edad", dijo Dianet. El día anterior, Keytlin había jugado con un grupo de niños en una gran fiesta de bodas familiar. "Un niño, cuatro días más joven, aún no hablaba, y tampoco era muy activo. Se cayó cuando caminaba y no pudo levantarse él solo". Ella relataba la comparación con orgullo de madre.

Susy colgó su balanza de un gancho que había en el techo. Mientras Keytlin colgaba en el peso, Dianet observaba dónde se posaba la aguja: un poco más de seis kilos, solo un punto por encima de las 13,5 libras. Según la tabla de medidas, Keytlin medía 63 centímetros, un poco por encima de las 25 pulgadas.

Scarlet Samayoa Ríos, una nueva nutricionista en Primeros Pasos, registró las cifras en su computadora portátil. La proporción entre peso y altura de Keytlin era normal: para un niño varios meses menor. Keytlin tenía catorce meses y se estaba retrasando en su crecimiento físico, pero sus habilidades sociales y cognitivas parecían estar por delante de otros niños. Dianet dijo que quizá Keytlin iba a ser bajita de estatura. Después de todo, ella misma no llegaba a 1,50 metros (cuatro pies, cinco pulgadas).

Dianet les dijo a Susy y Scarlet que el dinero escaseaba en la casa. La falta de lluvias en momentos cruciales de la temporada había debilitado gravemente la cosecha de maíz. "Nunca antes había sido tan malo", dijo. La sequía también había impactado otros cultivos de la familia: el brócoli era más pequeño, las remolachas más descoloridas, y la lechuga más corta. Dianet ahora tenía que comprar maíz en el mercado, algo que ocurría en raras ocasiones para su familia. Ella calculaba que consumían de dos a tres kilos (cinco a siete libras) al día, comiéndolo de alguna forma en las tres comidas. El maíz que se cultivaba en la costa del Pacífico de Guatemala era el más barato, y unos 45 kilos (cien libras) costaban unos 25 dólares; pero también era el de menor calidad, y a veces estaba lleno del hongo que puede conducir a intoxicación por aflatoxina. Dianet calculaba que estaban gastando unos 40 dólares al mes en maíz, lo cual recortaba mucho su presupuesto para alimentos.

¿De qué prescindían?

"¡Carne!", proclamó Dianet. "Y también de verduras, zanahorias y papas". Todas esas imágenes sabrosas en las gráficas de alimentos de Susy parecían ahora muy elusivas.

Además de los costos inesperados del maíz, Dianet no había recibido salario en cuatro meses. Trabajaba en la clínica local de salud, pero por toda la zona montañosa esos centros se habían cerrado debido a una crisis de presupuesto del gobierno. "El gobierno dice que no tiene dinero", dijo Dianet, elevando las cejas. "Bueno, yo tampoco tengo". A medida que el presupuesto del hogar escaseaba, la construcción de la casa quedó detenida.

El estado de la casa y la fallida cosecha de maíz eran graves preocupaciones, pero Susy y Scarlet creían que había alguna otra cosa que inquietaba a Dianet. Parecía estar más distraída, menos receptiva a Keytlin que como ellas habían visto durante las clases de nutrición. Presionaron un poco para obtener respuestas.

Dianet les confió que estaba preocupada por su esposo: él estaba intentando emigrar a los Estados Unidos, donde creía que podría encontrar un empleo y sostener mejor a su familia. Por todo el valle Palajunoj estaban surgiendo nuevos proyectos de construcción (casas y tiendas), y casi todo ello financiado con dinero que enviaban a sus casas familiares que habían comenzado una nueva vida en los Estados Unidos. La tentación de una huida al norte era contagiosa, como un virus. El esposo de Dianet lo había intentado tres veces ya, viajando por tierra por Guatemala y después subiendo por México hasta la frontera estadounidense. Tres veces había cruzado, solo para ser agarrado por las autoridades estadounidenses y ser enviado de regreso a casa. Yo nunca me había encontrado con él en ninguna de mis visitas, y ahora sabía por qué. Probablemente estaba de viaje, parte de la gran oleada de migrantes desde América Central que se esforzaban por entrar en los Estados Unidos en 2014.

En su último intento había llegado hasta California y se había alojado en una casa con otro migrantes. Alguien llamó a las autoridades de inmigración estadounidenses, quienes rápidamente los reunieron y deportaron a los guatemaltecos. Ahora, el esposo de Dianet le estaba presionando para que lo acompañara en otro intento, y que llevaran también a Keytlin. Él conocía las rutas y estaba seguro de que la próxima vez podrían lograrlo si iban todos juntos. Afirmaba que las probabilidades de quedarse en los Estados Unidos eran mejores si él tenía una familia a su lado. Insistía en que los estadounidenses no enviarían de regreso a una familia con un hijo pequeño.

Dianet estaba llena de temor. Cada intento de llegar a los Estados Unidos les costaba una pequeña fortuna: un par de miles de dólares al menos para los guías. Los prestamistas ofrecían dinero con elevados intereses, y su deuda estaba aumentando. El viaje era arduo y muy peligroso; requería caminar, subirse a lo alto de trenes, ir hacinados en camiones, y cruzar ríos y terreno duro. Seguían los mismos caminos que los traficantes de drogas, y había bandidos al acecho esperando hacer presa de los migrantes. Y en los Estados Unidos podía haber detención y arresto. Cada vez que su esposo se iba, a Dianet le preocupaba no volver a verlo más.

Ese no era un viaje para una niña, le dijo a su esposo, particularmente una tan pequeña como Keytlin, que estaba aprendiendo a caminar. Dianet dudaba que ella misma pudiera hacerlo; sentía que aún no había recuperado todas sus fuerzas tras dar a luz; y sospechaba de la afirmación de su esposo de que era improbable que los enviaran de regreso desde los Estados Unidos. Los traficantes de seres humanos, llamados coyotes, habían difundido el rumor de que el Presidente Obama había cambiado la ley para permitir que entraran en los Estados Unidos niños procedentes de Centroamérica, y eso era lo que impulsaba el flujo de seres humanos (incluyendo a miles de niños no acompañados) que se agolpaba en la frontera en Texas, Nuevo México, Arizona y California. Algunos de ellos huían de las drogas y la violencia de las pandillas, pero muchos estaban buscando una vida mejor en los Estados Unidos. El esposo de Dianet era uno de ellos.

Los rumores creados por los coyotes para fomentar más negocio eran falsos. Los Estados Unidos no habían suavizado su política de inmigración hacia las personas de Centroamérica; por el contrario, estaban trabajando en un programa para ayudar a las economías de Guatemala, Honduras y El Salvador de modo que los ciudadanos fueran más propensos a quedarse, reduciendo así la velocidad de la oleada de inmigración. Se llamaba Plan de la Alianza para la Prosperidad del Triángulo Norte de América Central. El presidente Obama había pedido al Congreso mil millones de dólares para ayudar a esos países a mejorar su seguridad, tomar medidas contra la corrupción, y crear empleos y oportunidades económicas. El vicepresidente Joseph Biden viajó a Guatemala a principios de 2015 para reunirse con los líderes de los tres países.

Dianet no sabía qué hacer si su esposo insistía en hacer otro viaje. "A veces me convence", le dijo a Scarlet. "Pero entonces digo: '¡No! ¿Y si toman a Keytlin?'".

Entonces miraba a Keytlin y pensaba que esa podría ser la mejor oportunidad de asegurar un futuro mejor para su hija. Ese era el sueño de Dianet, después de todo, que Keytlin finalmente se fuera a una tierra de mayores oportunidades. Su péndulo emocional se movía otra vez cuando oía más historias de horror sobre el viaje espeluznante al norte de quienes habían sido devueltos. "Cuando pienso en que vayamos los tres… Oh, ¿qué haríamos?", dijo Dianet. "Podrían dejarnos entrar a los Estados Unidos a Keytlin y a mí y arrestar a mi esposo. Me quedaría sola, y no hablo inglés. ¿Cómo podría ser eso mejor que estar aquí?".

La incertidumbre, el riesgo, el costo, y la posibilidad de desastre, que podría incluir una separación familiar: todo ello era una carga increíble que Dianet soportaba. ¿Debería quedarse o debería irse? Susy y Scarlet sabían que el estrés en el hogar podía ser tan debilitante para el desarrollo de un niño en los 1000 días como la falta de nutrición o el mal saneamiento e higiene. Temían que Keytlin se estuviera perdiendo en la preocupación.

*   *   *

EL NIVEL DE estrés de Jessica también se intensificaba en Chicago. Había regresado a la secundaria, obligándose a alejarse de Alitzel cada mañana, y en la escuela aumentaba la presión mientras se esforzaba para cumplir su compromiso de graduarse y estudiar en la universidad. En medio de todo eso, también ella se había mudado: primero para vivir con la familia de Marco a un par de kilómetros de distancia, y después otra vez a la casa de su madre con Marco. Jessica estaba intentando escapar de lo que pensaba que eran consejos controladores sobre cómo criar a Alitzel, pero después había llegado a aceptar que necesitaba apoyo familiar mientras recorría el camino de la maternidad y la secundaria. La casa de su madre estaba solo a tres manzanas de la escuela, de modo que siempre tendría cerca a Alitzel.

Jessica estaba decidida a no perder de vista a su hija en medio del estrés. Tras el último sonido de la campana cada tarde, recogía sus libros y regresaba de inmediato a casa para ver a Alitzel. No había nada de deportes, de club de debate, ni de competición de Model United Nations. "No hay tiempo para nada de eso", decía ella. Marco y la madre de Jessica cuidaban de Alitzel durante el día; ambos trabajaban en turnos de tarde en diferentes restaurantes y partían hacia sus trabajos cuando Jessica regresaba de la escuela en la tarde.

Era difícil para Jessica atravesar la puerta cada mañana para dirigirse a la escuela. "Extraño mucho a mi bebé cuando estoy en la escuela. Me digo a mí misma: solo unas horas más y estaré en casa con ella", me dijo una tarde nada más regresar a casa. Pasaba cualquier tiempo libre que tuviera durante la escuela trabajando en tareas escolares para así no tener mucho que hacer al llegar a casa. Las mañanas pasaban rápidamente, pero las clases de la tarde se convertían en una prueba de aguante. Como la mayoría de los otros estudiantes, Jessica observaba el reloj viendo pasar los minutos; pero contrariamente a los demás, no estaba ansiosa de comenzar una tarde de libertad, y no podía esperar a llegar a su casa para ver a su hija.

En casa, dejaba caer su mochila sobre un sofá y abrazaba a Alitzel. Jugaban en el piso, leían libros, veían programas infantiles en televisión: *Curious George, Peg and Cat, Dora la exploradora.* Cantaban una y otra vez las canciones de la película *Frozen.* Jessica preparaba la cena, daba un baño a Ali, jugaban más y leían más. Cuando Ali se quedaba dormida, Jessica regresaba a sus libros. Intentaba terminar sus tareas antes de que regresara Marco poco después de las once de la noche, al terminar su turno en el restaurante, pero a veces se quedaba estudiando hasta altas horas en la madrugada.

Habían decidido no llevar a Ali a la guardería durante el día. Sus horarios funcionaban de modo que siempre podía quedarse alguien en la casa con ella, y querían ahorrar dinero, Jessica alentaba a Marco a regresar a la escuela o a estudiar para tomar el examen GED (desarrollo de educación general). Pero las clases preparatorias eran en la noche, y él no quería dejar de trabajar. En cambio, insinuó tener otro bebé; él quería que sus hijos no se llevaran muchos años, y ser un padre joven para ellos. "Estás loco", respondió Jessica. Seguro que algún día, "pero no ahora. Dentro de muchos, muchos años".

Jessica estaba comprometida a graduarse de la escuela y explorar opciones universitarias. La escuela era mucho menos divertida ahora de lo que había sido en el pasado para ella; se parecía más a un empleo, con las presiones del encargado de mantener sus calificaciones y hacer bien los exámenes de aceptación en la universidad. Y también aumentaron las tensiones sociales. Ella no tenía mucho tiempo para sus amigas, y se fueron alejando. El interés que habían tenido en cómo le iba durante el embarazo y la emoción por su nuevo bebé se había desvanecido. Antes, se reunía con ellas en el restaurante Buffalo Wild Wings una vez por semana; habían celebrado allí el diecisiete cumpleaños de Jessica. Pero Jessica decidió no ir si no podía llevar a su hija. Ella y Marco salían los dos solos en raras ocasiones. Jessica miraba las actualizaciones de sus amigas en Facebook, viendo las fotos de diversas fiestas. Vio una foto de una amiga, que también era mamá adolescente, fumando un cigarrillo; el bebé estaba en la parte de atrás. "No creo que eso esté bien", me dijo Jessica.

Oía lo que se decía en los pasillos de la escuela, que el embarazo en la adolescencia te arruinaba la vida. Jessica se prendió contra una de sus amigas tras una dosis de críticas: "No entiendes las luchas. Yo sigo estando en la escuela, y deberías alegrarte por mí. Lo estoy intentando. Voy a mis clases, estudio duro, y después me voy a casa con mi bebé".

Por todas partes en la escuela había recordatorios de cómo había cambiado su vida. Jessica pasaba con frecuencia al lado de un gran tablón de anuncios que estaba enmarcado y dentro de un cristal. Era un anuncio de una organización que apoyaba a los padres y madres adolescentes llamada Options for Youth (Opciones para la juventud). "Nuestro enfoque principal", decía, "es alentar a nuestros padres y madres en Chicago a graduarse de la secundaria y proseguir hacia la educación superior, retrasar otro embarazo y ser el mejor padre o madre que puedan ser para su hijo". Otros montajes en la vitrina eran más hirientes que alentadores. En uno de ellos, un dibujo ilustraba metas que se borraban en la distancia: "Tu ventana de oportunidad se encoge cada vez que te quedas embarazada antes de estar preparada".

Otro presentaba un dibujo de una niña pequeña y la frase: "Sinceramente, mamá, es probable que él no se quede contigo. ¿Qué me sucede a mí?".

Jessica intentaba ignorarlos todos. Tenía la sensación de estar nadando frenéticamente corriente arriba, intentando alcanzar metas académicas en una escuela donde no se obtenían los resultados esperados. Su maestra de matemáticas era una maestra de español que solo estaba haciendo una sustitución. Le preocupaba que sus calificaciones en matemáticas en los exámenes de entrada a la universidad fueran un lastre. Ya había decidido que Ali iría a una escuela católica y que evitaría la educación pública. Cuando Jessica miraba por las ventanas de su aula en el segundo piso, mirando fijamente la intersección que había abajo, veía edificios descuidados o abandonados en dos esquinas. La hamburguesería White Castle ocupaba la tercera. Se sentía atrapada en un barrio que no tenía esperanza.

Su único refugio era ese primer periodo de la clase One Goal. One Goal era una organización con base en Chicago que ayudaba a estudiantes en zonas empobrecidas y con servicios insuficientes a graduarse de la secundaria e ir a la universidad. Jessica se había incorporado como estudiante de segundo año antes de estar embarazada; en su segundo año aún había dieciséis personas en su grupo. Una de sus maestras favoritas de historia, Vickki Willis-Redus, dirigió la clase los tres años, exhortando a sus alumnas a establecer perspectivas elevadas para sí mismas, tener un plan de juego, y estar contentas con sus propias decisiones y acciones. Se había convertido en la mentora de Jessica y su inspiración.

La señorita Willis exhortaba a Jessica a mantenerse en la escuela, perseverar, mantener las calificaciones. Ella enseñaba mediante el ejemplo: su propia madre había sido una mamá joven, y le dijo a Jessica que aunque habían batallado, su madre y ella terminaron estudiando las dos en la universidad. Recibieron sus diplomas tres días antes una de la otra. "Puede que esta no sea la vida que imaginabas", le dijo a Jessica, "pero es la que tienes. La vida es lo que tú haces que sea. No puedes utilizar las cosas que suceden como una muleta, como una excusa de por qué no tuviste éxito". Ella puso una frase en un tablón de anuncios en la parte de atrás del salón de clase: "Aprende de tus errores, pero no obtengas toda tu educación de ese modo".

Estaba orgullosa de Jessica. "Convertirse en madre le hizo estar más comprometida con la graduación", me dijo la señorita Willis una mañana antes de que llegaran las alumnas a su clase. "Sus calificaciones han mejorado desde que tuvo a la bebé. Está aceptando la responsabilidad y quiere ser un buen modelo para su hija".

Jessica llegó y abrió su computadora. En la tapa había puesto orgullosamente una pegatina: MAMA JESS. Había comenzado el segundo año. La señorita Willis habló de los preparativos para los exámenes universitarios. Repasaron posibilidades de tener ayuda financiera; hablaron sobre visitar facultades y posibles asignaturas. Jessica había enviado solicitudes a una decena de escuelas, y ahora estaba pensando en estudiar enfermería o trabajo social; pensaba que la ambición que antes tuvo de ser arquitecto requeriría demasiados años de estudio. Tenía a la vista la graduación de secundaria; el único obstáculo sería la tasa necesaria del 85% de asistencia. Se había perdido una semana de clases cuando Alitzel estuvo enferma con un resfriado y después ella también se enfermó. Jessica pensó en dejar el programa WIC porque no podía permitirse perder tiempo de las clases para asistir a las citas de revisión con Alitzel que se requerían para obtener los cupones de comida. Estaba angustiada por la decisión: estaba agradecida por la ayuda de WIC, pero ¿qué podía hacer?

Una serie de tweets que escribió al principio de su segundo año reflejaban ansiedad, orgullo y desafío:

Estoy despierta hasta muy tarde para hacer todas mis tareas y estoy orgullosa de decir: estoy en el cuadro de honor. #trabajarduropaga.

Cuadro de honor CON un bebé y un 90% de asistencia. Sin excusas, haciéndolo por mí misma y mi familia. A quienes dijeron que dejaría los estudios, ¡toma ya!

Mi nivel de estrés es mucho pero eso no evita que esté en el cuadro de honor, haciendo todo lo que tengo que hacer para seguir adelante y teniendo éxito.

Podría haber dejado la escuela, pero mi madre nunca recibió la educación que yo recibo, ¿por qué desperdiciarlo? Es una oportunidad que yo tengo y que ella no tuvo.

No solo haré que mi madre esté orgullosa en junio cuando me gradúe, sino que seré yo quien grite: "¡Lo logré!". Yo seré la orgullosa.

La señorita Willis pidió a las alumnas de One Goal que compusieran frases de afirmación, captando lo que pensaban de sí mismas. Jessica escribió:

Cuido de mí misma.
Soy fuerte.
Soy valorada.
Soy poderosa.

EN PURE BAISHAN (India), Shyamkali también intentaba proyectar fuerza. Le preocupaba que el bienestar de sus hijas se estuviera viendo comprometido por el deseo de tener un varón. Esperaba haber convencido finalmente a su esposo, Rajender, de que su familia ya era lo bastante grande.

Rajender había visto por primera vez a su quinta hija, Anshika, más de un mes después de su nacimiento. Quedó inmediatamente cautivado por ella; dijo que sus expresivos ojos oscuros demandaban su amor. Fue entonces cuando entendió que su suerte en la vida era tener hijas.

"He querido tener un varón, pero en el proceso he tenido cinco hijas", me dijo Rajender riendo cuando lo conocí por primera vez. "Ahora sé que es Dios quien da lo que haya que dar. Si Dios dice que sea una niña, entonces así son las cosas. Dios no te dará un búfalo si has de tener una vaca. Mi lugar en la vida es tener hijas".

Él era un hombre amigable con una gran sonrisa por debajo de un bigote tan fino como un lapicero. Era enjuto y bajito; apenas medía 1,50 metros (5 pies). Llevaba su nombre tatuado con letras del alfabeto latino, RAJENDER, en su antebrazo derecho. No sabía leerlo, ya que no hablaba español; de hecho, apenas leía unas cuantas palabras en hindi, pues tenía muy poca educación formal. Se había hecho el tatuaje años atrás, como recuerdo de la vez en que trabajó por primera vez en el estado de Punjab. En una ocasión había sido jardinero en un parque; incluso seguía teniendo la ropa interior que le habían dado su primer día de empleo. No sabía qué tipo de tatuaje hacerse, de modo que el artista grabó su nombre. Desde entonces se había convertido en su sello de orgullo; entre sus amigos y vecinos en las aldeas rurales que hablaban hindi, era una palabra en español que solamente él sabía leer.

Era obvio que también estaba orgulloso de sus hijas: Pooja, Sashi, Tulsi, Shivani y Anshika. Las reunió, y a Shyamkali, en torno a él mientras estaba sentado en el piso de su veranda. Agarró por las manos a Anshika y le ayudó a dar algunos pasos. "¡Miren!", dijo. *Meri Rani*. Mi reina.

Sonrió. "Ella es muy amigable. Se va con cualquiera. Raras veces llora".

Rajender declaró que todas sus hijas tendrían una educación, algo que no tenían ni él ni Shyamkali. Había esperado poder enviar a cada una a la escuela durante doce años. Las cuatro hijas mayores ya estaban en la escuela, pero hubo que hacer algunas concesiones. Pooja había tenido que esperar para que ella y Sashi, que se llevaban dos años, pudieran estar en la misma clase; compartían las lecciones y las tareas escolares cuando una de ellas tenía que quedarse en casa tras regresar de la escuela para cuidar de Anshika mientras sus padres trabajaban.

"Como tengo cinco hijas, será caro. Todas tendrán que ir a escuelas públicas", dijo Rajender. Había calculado los costos, quizá 2 o 3 dólares al mes por todas ellas, para libros de texto, materiales, y el uniforme estándar. Esa cifra se duplicaría cuando llegaran a la secundaria. "Es mucho dinero para nosotros, porque somos muy pobres".

Supondría muchos sacrificios. Por falta de dinero, ya habían retrasado dos rituales tradicionales para Anshika, que la cultura consideraba importantes para el desarrollo físico y espiritual de un niño: el primer corte de cabello a los pocos meses de edad realizado por un barbero y un sacerdote, y más adelante el masaje del cuerpo con aceite para fortalecer los huesos y ayudar al niño o la niña a caminar. Prescindían de redes para la malaria en las camas; en cambio, Shyamkali confeccionó redes con tela de saris viejos y palos de bambú. Y en lugar de reparar su pozo, que se había llenado de barro y todo tipo de insectos, iban de un vecino a otro pidiendo permiso para sacar agua de sus pozos.

Rajender era un trabajador diligente, a veces tenía dos empleos al día para sostener a su familia. Aunque algunas veces trabajaba bajo el programa de trabajo garantizado del gobierno, no siempre recibía su salario; pero sí recibía dinero de otro programa del gobierno para mejorar su casa, al igual que lo hacían otros en la aldea que encajaban en cierto nivel de pobreza.

Rajender había terminado el cuarto donde Shyamkali había estado en aislamiento con Anshika, y también había cerrado el patio, terminando las paredes y el techo. Añadió un tercer cuarto pequeño: no un inodoro, sino un pequeño espacio para almacenar grano para el consumo de la familia y paja para su vaca. Ahora pensaba en convertir este cuarto en un dormitorio para él mismo; le apartaría de su esposa, y cualquier tentación que pudiera conducir a tener otro hijo. Rajender se reía con fuerza ante este plan. Shyamkali, que había estado pensando en conseguir algún método de anticoncepción, se sonrojó y se tapó la cara con el borde de su sari.

Rajender sabía que su esposa no tenía la culpa de tener hijas. Había oído sobre la responsabilidad de sus cromosomas, y confesó que había sido un necio por escuchar a todos aquellos que habían insistido en que debía tener un varón; Aceptar las indicaciones de la gente de la aldea, los entrometidos locales, y ceder a sus insistencias podía ser ruinoso. Había escuchado una parábola que realmente le hizo pensar: un padre y su hijo iban caminando por la ciudad con una mula. Uno de los aldeanos dijo: "Miren a esos dos idiotas. Tienen una mula y siguen caminando". Al escuchar eso, el padre y el hijo se subieron a la mula y siguieron su camino.

Pasaron por delante de otro grupo de aldeanos. Uno de ellos dijo: "Miren a estos dos tipos egoístas. Hacen que la mula tenga que trabajar mucho para llevarlos a los dos". Por lo tanto, el hijo se bajó y caminó al lado de su padre que iba sobre la mula.

Siguieron adelante y pasaron cerca de otro grupo de aldeanos. Uno de ellos dijo: "Miren a ese padre, hace caminar a su hijo". Así que cambiaron de posición. El padre ahora caminaba al lado de su hijo que iba sobre la mula.

Pasaron junto a otro grupo de aldeanos. Uno de ellos dijo: "Miren a ese hijo, que hace caminar a su padre".

Rajender resumió la moraleja de la historia. "Nunca se puede satisfacer a todo el mundo", me dijo. "Si les escuchas, estarás arruinado".

Entonces, le pregunté si volvería a intentarlo para tener un varón.

"No, está bien", dijo Rajender meneando negativamente la cabeza. "No, ya es suficiente".

La cara de Shyamkali mostró una gran sonrisa.

Esa expresión no perduraría. Poco después su cara mostraría arrugas aún más profundas de preocupación. Tal como revelaría el tiempo, mientras hablaban conmigo en su veranda, Shyamkali ya estaba embarazada otra vez.

capítulo trece

CAMINAR, HABLAR

EL HIJO DE ESTHER, RODGERS, GATEABA SIN CESAR patrullando con curiosidad el terreno entre las cabañas de la familia y un pequeño huerto de verduras. Tenía catorce meses de edad. Esther había creído que a estas alturas ya caminaría, pero su desarrollo había sido más lento debido a un brote de malaria cuando cumplió un año. La familia utilizaba fielmente redes en las camas en el interior de la casa en la noche, pero la amenaza de la malaria era constante, en particular al amanecer y al anochecer cuando los mosquitos se movían más agresivamente. Con fiebre y apatía, Rodgers dejó de comer alimentos sólidos durante un par de semanas. Parecía que su único consuelo era cuando tomaba el pecho, aunque Esther estaba debilitada por su propia batalla con la malaria. Juntos, se recuperaron con un régimen de medicamentos antimalaria.

Rodgers ahora comía más que antes de la malaria; Esther hacía puré con los frijoles altos en hierro y las batatas de piel naranja, y también col y yuca y otros alimentos que cultivaban en sus campos. Junto con su propia leche, Esther había introducido el jugo de maracuyá para su hijo.

Mientras hablaba con Esther y Tonny bajo la ancha sombra de un árbol, Rodgers jugaba con un grupo de primos y niños vecinos, todos ellos un poco mayores que él. Él los observaba caminar, y gateaba tras ellos. "Está a punto de ponerse de pie y caminar solo, ya se puede ver", dijo Tonny. "Yo diría que dentro de un mes estará caminando".

Fue como si Rodgers lo entendiera y tomara como un reto la predicción de su padre, ya que solamente unos minutos después, al final de un día de verano, se apoyó sobre la espalda de uno de sus primos y se puso de pie. Rodgers se tambaleó y después se afianzó. Era una figura definida que llevaba una camiseta roja sin mangas y pantalones cortos azules demasiado grandes que le llegaban casi hasta las rodillas. Iba con la lengua fuera, y entonces dio sus primeros pasos. Primero tres, sobre una franja de tierra; se cayó de espaldas, y volvió a levantarse. Unos pasos más y después otra caída, esta vez en un terreno verde de col rizada. Sus padres se rieron y aplaudieron. "Rodgers, tienes gustos saludables", dijo Esther.

Se le iluminó la cara mientras observaba a su hijo. Los primeros pasos son un gran hito para los niños en todo lugar. Pero en África rural, caminar es algo más que un indicador de desarrollo; produce independencia para el niño y la madre. Varias veces al día, Esther iba caminando más de un kilómetro hasta el pozo comunitario, equilibrando bidones sobre su cabeza y a Rodgers sobre su espalda. Cuando plantaba, quitar las malas hierbas o cosechaba, allí estaba también él, sobre su espalda. Ahora, a medida que Rodgers mejoraba en sus pasos, podía caminar al lado de ella o en compañía de otros niños. Era una carga física menos que tenía que soportar una madre africana.

Brenda también experimentó un alivio de sus tareas cuando su hijo comenzó a caminar. Aron había comenzado a manejarse solo cuando tenía unos trece meses, y nunca dejó de explorar. Sus padres se maravillaban por cómo agarraba y examinaba todo lo que podía. "Es bueno con sus manos", me dijo Dennis, su padre. "Quizás será un constructor".

La hija de Harriet, Apio, comenzó a caminar antes de cumplir su primer año, justo después de que también ella se hubiera recuperado de la malaria. El brote de la enfermedad que infectó a Apio fue más severo que el que había afligido a Rodgers; ella había necesitado una inyección de quinina junto con las pastillas. Su recuperación, seguida por sus primeros pasos, fue un gran alivio para Harriet, que seguía sufriendo mareos y dolores de cabeza durante periodos de esfuerzo y estrés. Observó que su dolor era particularmente agudo durante el periodo de exámenes escolares, cuando sus otros tres hijos regresaban a casa pidiendo dinero para cubrir las tasas de los exámenes. Era un doble contratiempo: el estrés de reunir el dinero y, si no había suficiente a la mano, el trabajo duro de picar piedras durante varios días para ganar más.

Harriet había caminado durante una hora por los campos para llegar a la clínica de Ongica a realizarse un chequeo con la matrona Susan Ejang. Susan comprobó su presión arterial; seguía estando alarmantemente elevada. Le rogó a Harriet que no trabajara tan duro y de que descansara más. Susan le recitó una medicina para la hipertensión y se disculpó porque se había acabado el suministro en la clínica. En una farmacia, Harriet se desalentó al saber que la medicina costaba 1000 chelines (unos 40 centavos) por pastilla. Solo tenía dinero suficiente para comprar ocho pastillas; la receta requería treinta. Para poder permitirse la medicina tendría que hacer más trabajo en la cantera, lo cual solamente aumentaba su sufrimiento. Harriet compró las ocho pastillas y finalmente aceptó el ruego de Susan de dejar de picar piedras. Quizá entonces, pensó, no necesitaría las pastillas.

Pero sin ese trabajo la familia tendría menos ingresos, de modo que Harriet se centró en estirar las provisiones de alimentos. Una sequía había reducido la cosecha de frijoles y amenazaba con disminuir la producción de maíz; Esther y Brenda también se quejaron de cosechas que producían solamente la mitad de lo que habían esperado. Harriet se apoyaba en las batatas color naranja como su bastión contra el hambre, ya que podían sobrevivir a la sequía mejor que las otras cosechas. Harriet las había plantado cerca, alrededor de su casa. Al ocuparse adecuadamente de las ramas, podía producir dos cosechas en un año.

Mientras hablábamos, Harriet estaba sentada a la sombra de su choza para cocinar, cortando batatas recién cosechadas. Era la mejor manera de almacenarlas, me explicó Harriet, ya que durarían meses como papas deshidratadas. Otro cultivo resistente cubría el terreno entre las chozas; Harriet había extendido vainas de guisantes como si fueran una alfombra para que se secaran al sol. Una olla de batatas estaba hirviendo sobre una fogata, y también una olla de guisantes. Sería el almuerzo y la cena de la familia.

Apio estaba sentada en el suelo al lado de su madre. Media docena de gallinas picoteaban con impunidad los guisantes que se estaban secando, sin mostrar temor alguno de poder terminar ellas mismas en la olla. "Nunca comemos carne", me dijo Harriet. La familia se había vuelto vegetariana, pero no por elección propia: "No nos lo podemos permitir". Las gallinas eran demasiado preciosas para comerlas. Sus huevos, que podían utilizar o vender, las convertía en bienes productivos. Las gallinas también eran la cuenta de ahorro de la familia; si era necesario dinero para medicinas para los niños, podían vender una o dos gallinas. Así fue como pudieron permitirse el tratamiento para la malaria de Apio. Y Harriet calculaba que las gallinas también podían ser su último recurso si necesitaba más pastillas para su elevada presión arterial.

Harriet me dijo que una cosa que no podían permitirse era tener otro hijo. A su esposo, Moses, le preocupaba la salud de ella y el riesgo de otro embarazo, y los dos sabían que solamente significaría más dificultad para sostener a su familia a medida que Apio creciera. "Nos pusimos de acuerdo", me dijo Harriet; ella consultaría a la matrona Susan sobre posibilidades de anticoncepción. Apio, cuyo nombre significaba "la primera", debía ser la última.

En India, Shyamkali rogaba fervientemente otra vez para tener un hijo varón. Y desde luego, también lo hacía Rajender, su esposo. Él había aceptado que su suerte en la vida era tener hijas, pero ahora el embarazo inesperado de Shyamkali presentaba una oportunidad más de que quizá se colara un varón. Buscó trabajo adicional e intentó mantenerse más cerca de casa, particularmente durante las temporadas de cosecha, para así poder al menos regresar con comida cada noche. Con Anshika que ya comía alimentos sólidos, él tenía que poner más sobre la mesa. Un día, mientras caminaba de regreso a casa del trabajo, lo golpeó una motocicleta, que atropelló su pie y tobillo derechos. Durante un mes, Rajender fue cojeando con la pierna escayolada, pero seguía trabajando de jardinero.

Cuando llegó el momento del nacimiento, otra vez en las horas de la madrugada, Shyamkali fue a la misma clínica pequeña, esta vez acompañada por su esposo. Rajender se quedó fuera, en la oscuridad, a la espera de recibir noticias.

Se estaba quedando dormido, y después se despertó repentinamente. Había una gran conmoción en la clínica. Un bebé lloraba. "Es una niña", oyó él. ¿Estaba soñando?, se preguntaba. Entró corriendo en la clínica y encontró la confirmación de su destino: sin duda alguna, él tenía que ser el padre de niñas. Ahora lo era de seis hijas.

"Tú te emocionaste. Lloraste", dijo Rajender a Shyamkali mientras me contaban el nacimiento.

"Estás mintiendo. Tú fuiste quien lloraba", respondió Shyamkali. "¿Por qué iba a llorar yo? Ya tenía cinco hijas y ahora tenía una sexta. No lloré cuando nacieron las otras; ¿por qué iba a llorar por esta? No se gana nada con llorar; eso no va a cambiar mi destino. Estoy orgullosa y agradecida de tener seis hijas. Sé que siempre estarán a mi lado".

Rajender me miró con una sonrisa. "Yo estaba bien", insistió. "Tenía que completar la característica de tener tantas hijas".

La bebé, llamada Avantika por una princesa antigua, dormía sobre un tapete de junco sobre el piso de su casa. Anshika tenía veinte meses de edad cuando nació su hermana pequeña. Ahora que ella caminaba y hablaba, era incluso más adorable para su padre de lo que yo había observado en visitas anteriores. Rajender la adoraba. "Anshika me tiene mucho afecto, como yo le tengo a ella", me dijo. "Nos sentimos cerca. Cuando me ve, acude corriendo hasta mí. Me siento muy especial por tenerla. Y ahora Avantika. Sin duda, estoy muy unido a todas mis hijas". Él no sabía qué tan duro podría trabajar para sostener a su familia, pero lo intentaría. "Es lo que debo hacer", me dijo.

Y Rajender prometió otra vez: esta niña fue la última. "Ya está. He deseado un hijo varón, pero ya no más".

Shyamkali no confiaría únicamente en la palabra de su esposo esta vez, o en el azar. La temporada del monzón se acercaba de nuevo, y las temperaturas estaban subiendo. Cuando Shyamkali recuperó sus fuerzas tras dar a luz a Avantika, había hablado con la trabajadora de salud comunitaria sobre opciones de anticoncepción; quería algo que fuera permanente, a prueba de fallos. ¿Podían hacerle una ligadura de trompas?, preguntó. Supo que era posible en el hospital de Shivgarh. "Cuando la temperatura refresque tras las lluvias", me dijo Shyamkali, "iré y me harán una cirugía".

EN LA ALDEA cercana de Barjor Khera, Sanju también había tenido otro bebé, una niña llamada Jhanvi. Nació antes de que Adarsh hubiera cumplido un año. Ahora, cuando Adarsh se acercaba a su segundo cumpleaños, Sanju veía claramente la importancia del espacio entre los hijos. Había dejado pronto de dar el pecho a Adarsh, unos dos meses después de su nacimiento. Su producción de leche había estado disminuyendo, pero de todos modos lo habría destetado temprano, ya que la costumbre local dictaba que una madre deje de dar el pecho cuando vuelva a quedarse embarazada. Sanju temía que Adarsh se hubiera perdido algo en su desarrollo. Era un muchacho dulce con cabello negro y rizado que parecía estar maldito con constantes diarreas y fiebres. Era notablemente chueco, y no caminó hasta que tuvo unos dieciocho meses. Raras veces hablaba. Sanju me dijo: "Solo dice Mama, llama a todo el mundo Mama", y casi siempre era retraído mientras sus primos jugaban. Jhanvi, que con diez meses seguía alimentándose de la leche materna exclusivamente, parecía estar desarrollándose con más rapidez que su hermano. "Ella es más brillante que él; es más alerta", observaba Sanju.

Sanju había notado lo mismo cuando comparaba a Adarsh con Priyanshi, la hija de su cuñada Seema. Priyanshi era solamente dos semanas mayor que Adarsh, pero en su desarrollo parecía estar muchos meses por delante. Priyanshi tenía ojos brillantes y una sonrisa espabilada, y se reía y corría por la veranda. En un día sofocante, ella trabajaba en la bomba del pozo delante de la casa, sacando agua para ella y otros niños, para jugar y refrescarse.

En el camino de tierra que había detrás del pozo paseaba un vendedor ambulante, empujando un carrito lleno de sandías. Pregunté a Sanju si su familia cultivaba sandías en su terreno. "No", respondió su esposo Anil. "Si cultivas verduras o frutas, tienes que estar vigilante toda la noche, cada noche. Personas robarán los cultivos". Por lo tanto, año tras año plantaban los cultivos tradicionales: arroz, trigo y menta, olvidando los nutrientes y dietas diversificadas que podrían haber llegado con un campo de frutas o verduras. Ya que todos cultivaban esos productos básicos, no había inclinación alguna a robarlos.

La enfermedad seguía plagando el hogar, tanto en niños como en adultos. Seema misma, durante el último mes, estaba enferma con dolor de estómago que no había podido eliminar. Había descartado visitar al médico para ahorrarse los gastos, pero finalmente cedió. El médico dijo que tenía un virus intestinal. Le ordenó descansar, de modo que Seema pasaba la mayoría de los días tumbada en un *charpoy* a la sombra. El médico también sugirió que la familia practicara una mejor higiene.

Esa fue la motivación que los esposos de Seema y de Sanju necesitaban para terminar de construir la letrina exterior que durante un par de años había permanecido como un símbolo de promesas no cumplidas del gobierno. Completaron las paredes de ladrillo, compraron paja para el tejado y una cortina como puerta, y cavaron un agujero de más de un metro de profundidad. Habían ahorrado dinero para esa tarea; todo ello costó el equivalente a unos 20 dólares. Anil me dijo que los dueños de los campos echaban frecuentemente a los niños cuando entraban allí para hacer sus necesidades. "Los niños están teniendo dificultades para encontrar un lugar donde ir", dijo. Ahora, podían ir en casa, en paz y en privado.

EN GUATEMALA, EL hijo de María Estella, Jorge, estaba en movimiento. Iba corriendo detrás de las gallinas y los gatos, se subía por las escaleras y a los muebles. Y estaba creciendo. Con dieciocho meses pesaba más que su hermana, Yesica Marisol, que acababa de cumplir los tres años. María Estella intentaba servir carne al menos una vez por semana; el gallinero estaba ahora vacío.

La abuela de Jorge, Candelaria, pasó por allí para observar a Scarlet, la nutricionista de Primeros Pasos, realizar los pesos y las medidas. Candelaria se maravilló ante el desarrollo de Jorge. Ella misma había dado a luz a ocho hijos; dos de ellos habían muerto una semana después de llegar al mundo. Ahora tenía trece nietos, y todos ellos habían sobrevivido. Ella decía que incluso con toda esa experiencia de tener hijos, había aprendido cosas nuevas de María Estella y su clase de Primeros Pasos: recetas y consejos para cocinar, indicaciones sobre higiene, principios de nutrición.

De repente, la canción "Happy" de Pharrell Williams sonó por el barrio. Salía de un altavoz que iba en una camioneta, e iba seguida por un tono de voz emocionado de un vendedor ambulante de una medicina maravillosa, un "curalotodo para cualquier dolencia". María Estella y Candelaria se rieron ante el espectáculo. Ellas sabían que no existía tal panacea, pues lo que habían aprendido durante el viaje de 1000 días de María Estella era que para una buena salud eran necesarias muchas cosas: vitaminas y nutrientes, una dieta diversificada, y una higiene adecuada.

María Estella, Scarlet, y las mamás del programa de nutrición de Primeros Pasos habían estado haciendo su propio ruido en las calles del valle Palajunoj. Habían marchado juntas, cincuenta mujeres fuertes, en un desfile durante la Semana Mundial del

Amamantamiento que fue presentado en las noticias nacionales. Las mujeres llevaban globos y carteles, y gritaban eslóganes: "La leche materna ayuda a tus hijos a crecer sanos y fuertes"; "Hagamos posible dar pecho mientras trabajamos".

Ese último eslogan tenía la intención de ser un mensaje para el gobierno: que estuviera a la altura de sus promesas de apoyar a las mujeres y los niños en los 1000 días. Desde la introducción del Pacto Hambre Cero, los servicios públicos en el valle se habían estado eliminando. Cerraban clínicas de salud. Las vacunas desaparecían. Cuando Dianet llevó a su hija Keytlin a la clínica de salud local para la serie de vacunas que hay que poner cuando un niño tiene un año, le dijeron que los armarios de los medicamentos estaban vacíos. Ella fue al hospital en Quetzaltenango y supo que también allí se acabaron las vacunas. Llevó su búsqueda a hospitales privados, y finalmente, con dieciocho meses de edad, Keytlin recibió todas sus inyecciones.

"¿Cómo puede ser que no tengan vacunas?", preguntó Dianet. Ella había sido una firme escéptica del Pacto Hambre Cero y las promesas del gobierno. "Es culpa del gobierno. Dicen que compraron las vacunas, pero entonces no las distribuyeron por el país. Ahora llegan otras elecciones. Dicen que habrá un cambio, pero no habrá ninguno. Nunca lo hay".

El impacto sobre los hijos y las mamás debido a la quiebra de los servicios públicos de salud iba en aumento. Médicos del hospital de Quetzaltenango decían que estaban viendo de nuevo casos de tos ferina y paperas, dos enfermedades que regresaban en ausencia de las vacunas. Y decían que los recursos para combatir las enfermedades habían sido recortados. Bajo el Pacto Hambre Cero, "no hemos recibido nada, excepto más niños desnutridos", dijo Sonia Barrios, directora de la unidad de recuperación nutricional del hospital.

El doctor Jorge Gramajo, jefe del departamento de nutrición, dijo que el presupuesto del hospital había sido recortado en un 80%, dando como resultado carencia de medicinas y suministros médicos. Su investigación emergente sobre qué micronutrientes faltaban en la dieta guatemalteca y lo que estaba retrasando el crecimiento infantil, él sospechaba que era falta de zinc, hierro y vitamina D, en particular, se veía amenazada por la escasa financiación. Él culpaba a la campaña electoral presidencial, que tenía a todos los candidatos en busca de dinero público. El primer lugar donde hacer una incursión (él decía que sucedía cada cuatro años) era el presupuesto federal de salud. También, el gobierno saliente, el que fue celebrado por su compromiso con los 1000 días, estaba implicado en un escándalo de soborno, fraude y saqueo de las arcas públicas que dejó mucho menos dinero para servicios públicos, especialmente para el cuidado de la salud. La situación era tan grave que el hospital público en Quetzaltenango, el lugar donde iban las personas cuando no podían permitirse el cuidado privado, ahora tenía que cobrar a los pacientes materiales y servicios médicos que antes ofrecían gratuitamente, y los pacientes rechazaban el tratamiento porque no podían pagar. El doctor Gramajo señaló a una tragedia recurrente: se les pedía a los padres de niños con hidrocefalia, que es una acumulación anormal de fluido cerebroespinal en el cerebro, que pagaran los tubos de drenaje y la cirugía para insertarlos. Un tratamiento que antes se realizaba con un gasto mínimo para los padres podía costarles ahora más de 500 dólares. El doctor Gramajo dijo que la falta de fondos obligaba a los padres a escoger entre comprar los tubos o permitir que su hijo muriera.

"He oído a padres decir que tienen otros hijos en casa y que no podrían alimentarlos si pagaban la operación. Dicen que es más barato enterrar a su hijo". Su cara mostraba un gesto de enojo. "La gente aquí en las zonas montañosas trabaja por quizá 150 dólares al mes, y sin embargo en Ciudad de Guatemala toman más para sí mismos. Eso te pone furioso. Quieres agarrarlos del cuello...".

El Pacto Hambre Cero, tan aclamado en todo el mundo y sostenido como un modelo para los 1000 días, estaba siendo estrangulado por negligencia, ineficacia y corrupción. Antes del segundo cumpleaños de Keytlin, el presidente y el vicepresidente de Guatemala, quienes habían prometido hacer mucho por los niños de Guatemala en la brillante revista Hambre Cero, se vieron forzados a dimitir bajo acusaciones de corrupción.

La hija de Griselda, Sucely, era una de las niñas que quedaron atrapadas en la desintegración del sistema del cuidado de la salud. Por más de un año, Griselda y Sucely habían ido en el autobús regularmente al hospital de Quetzaltenango buscando tratamiento para un pie zambo. Probaron con terapia física y zapatos correctores, pero nada funcionaba (los zapatos no encajaban adecuadamente). Ahora le dijeron a Griselda que Sucely necesitaba cirugía para poder caminar, pero el hospital requería que los padres cubrieran parte de los gastos. La familia lidiaba para poder reunir el dinero; por lo tanto, con dieciocho meses de edad Sucely seguía gateando: sobre los pisos y el terreno donde las gallinas, cabras, ovejas, perros y caballos estaban y hacían sus necesidades. Si alguna vez ella iba a elevarse por encima de la suciedad, conquistar los parásitos y los brotes de diarrea debilitante, necesitaba ponerse de pie y caminar.

EN CHICAGO, LOS servicios públicos también estaban bajo presión presupuestaria. Pero Jessica y Quintana estaban aprovechando al máximo un programa que era un elemento clave de la iniciativa Healthy Chicago y que se estaba volviendo más popular en la ciudad: visitas a las casas con nuevas mamás y sus hijos. Durante las visitas al hogar, especialistas en desarrollo infantil afiliados con agencias de servicios sociales en la ciudad mostraban a los padres cómo convertir actividades diarias en oportunidades para hablar a sus hijos, ampliar sus vocabularios, y desarrollar su cerebro. Las visitas al hogar presentaban canciones, lectura y juegos, actividades que en raras ocasiones observé en los hogares en Uganda, India y Guatemala. En esos hogares había pocos libros o juguetes, si es que había alguno, aunque los niños estaban frecuentemente con otros niños de su edad o más mayores.

"¿Qué es lo primero que hacemos?", preguntó Celeste Bowen cuando entró en la casa separada en niveles, una nueva sección de vivienda púbica que discurría a lo largo de vías del tren. Celeste, del equipo de visita de hogares de Healthy Parents and Babies, del Fondo de Prevención, pasaba por allí una vez por semana.

"Nos lavamos las manos", respondió Quintana. De modo que ShaLawn y ella se dirigían al cuarto de baño cantando: "Lavamos, lavamos, lavamos, nos lavamos las manos", con la música de la canción "Barbara Ann" de los Beach Boys. Se frotaban bajo el grifo, usando mucho jabón, y después regresaban a la sala cantando "Shake It Off" como Taylor Swift.

Los cantos continuaban. "Momento para la canción 'Hola'", anunció Celeste alegremente. Juntas, todas cantaron: "Hola, hola, hola, y ¿cómo estás? Estoy bien, estoy bien, y espero que tú también. Dale la mano, dale la mano a quien tienes al lado. Dale la mano, dale la mano y di '¿Cómo estás?'". ShaLawn daba la mano a su madre y a Celeste. Entonces se subía al sofá.

"Hoy es día de pintar", dijo Celeste. La noche antes, como preparación, había hecho un dibujo de color naranja y púrpura mezclando agua, harina, y colorante alimentario. Ahora extendió el papel de dibujar sobre el piso de madera de la sala de Quintana y las tres comenzaron a pintar con los dedos. ShaLawn rápidamente estaba haciendo círculos, garabatos y huellas de la mano. "A todos los bebés les gusta hacer un reguero", dijo Celeste. Quintana admiraba el progreso de su hija, que había nacido muy pequeña. "Celeste me recuerda que yo soy la primera maestra de ShaLawn", me dijo Quintana. "Es realmente importante que tengamos este tiempo para jugar y cantar. Si no, puede esfumarse". Quintana estaba esperando su tercer hijo. Un ultrasonido indicó que sería un varón, a quien pondría el nombre de Maurice. ShaLawn y su hermano mayor, Alex, jugaban juntos con frecuencia; a él le gustaba leerle a ella, en especial libros del Dr. Seuss. Quintana creía que ShaLawn recibía ayuda al intentar seguirle el ritmo a Alex; ella había sido rápida para gatear, después caminar, y subir las escaleras. Ahora Quintana imaginaba a ShaLawn ayudando igualmente a su hermano pequeño. Con dieciocho meses, ShaLawn comenzaba a hablar con frases completas. "Eres una niña brillante", le susurró Quintana al oído mientras continuaba el dibujo. "Lo sé", dijo ShaLawn.

Jessica también valoraba sus visitas semanales, en su caso con Lorena Sanchez de Metropolitan Family Services. Jessica se había graduado de la secundaria con la tradicional ceremonia de pompa y circunstancia. "¡Lo logré!", proclamó de modo triunfante a su familia después, mientras agarraba su diploma y a Alitzel. Aunque estaba comprometida con ir a la universidad, Jessica había decidido esperar un semestre antes de matricularse. Quería pasar tiempo con su hija y ser una mamá libre de las cargas del horario estudiantil. Y eso le daría a Marco una oportunidad de ahorrar algo de dinero para la escuela.

Las visitas de Lorena proporcionaban estructura y propósito al tiempo que pasaba Jessica jugando con Alitzel. La sala estaba llena de cuentos infantiles, instrumentos musicales sencillos, como un piano de juguete, y pelotas y muñecas. Lorena subrayaba la importancia de la conversación durante el tiempo de juegos, el ritmo de "servir y restar" de cualquier diálogo que estimulara el cerebro.

"Es importante trabajar en las habilidades de comunicación, repetir palabras, desarrollar habilidades de socialización", le explicó Lorena a Jessica. Alitzel era con frecuencia una diana móvil mientras iba rápidamente de la sala a la cocina. Era muy curiosa; había descubierto cómo encender el iPad de Jessica y activar las aplicaciones para programas de televisión infantiles. Alitzel pasaba las páginas del libro del abecedario, deseosa de aprender lo que llega tras la A, lo que llega tras la B.

Lorena abrió su bolsa y sacó un conjunto de animales de granja plásticos: un cerdo, una vaca, un cordero, un caballo. "La vaca hace muuu. ¿Cuál es la vaca?", preguntaba Lorena.

Alitzel elegía la vaca y repetía "Muuuu".

"El cerdo hace oink. ¿Cuál es el cerdo?".

"Oink, oink", repetía Alitzel mientras agarraba el cerdo.

Lorena, Jessica y Alitzel leían un libro de Elmo. "¿Cuántas estrellas brillan en el cielo? Elmo cuenta cinco. ¡1, 2, 3, 4, 5!".

Lorena también seguía hablando con Jessica sobre buena nutrición para ella y Alitzel. "¿Crees que está demasiado delgada?", preguntó Jessica. "Está perfectamente bien", dijo Lorena. "Siempre pensamos que los bebés gorditos son bebés más saludables, pero no, ese no es el caso. Mientras coman todos los grupos alimentarios básicos".

Las visitas al hogar eran también un tiempo para evaluar las habilidades de desarrollo. Con el tiempo, Jessica y Lorena observaron que Alitzel tenía un ojo vago: el ojo izquierdo no se enfocaba todo el tiempo. Lorena ayudó a programar un examen ocular, y le pusieron lentes a Ali con la esperanza de que el problema se corrigiera. Lorena también notó que aunque el vocabulario de Alitzel estaba aumentando, y claramente entendía la conversación, sus respuestas verbales eran incoherentes. Por lo tanto, recomendó que Jessica aprovechara la terapia del lenguaje de intervención temprana, un servicio que ofrecían varias agencias de trabajo social en la ciudad. A Jessica le tomó por sorpresa, pues ella y Ali llevaban mucho tiempo leyendo juntas, practicando el alfabeto y cantando canciones. Y también Marco era activo en la lectura y las canciones. Pero entonces Jessica pensó que quizá Alitzel podría interactuar mejor con otros; ella siempre había atribuido cualquier reticencia a la timidez, y la atención extra en la terapia podría ayudar a vencerla. Jessica había disfrutado de sus experiencias con la matrona y los programas de visitas al hogar, y comprobó que fueron muy valiosos para guiarle en los 1000 días, de modo que estaba abierta a probar otro servicio que podía beneficiar a su hija. Tal vez prepararía a Alitzel para la escuela. Jessica creía que también sería una buena experiencia de aprendizaje para ella. Ahora estaba pensando en hacer la carrera de trabajo social. Cada día estaba obteniendo experiencia de su propia vida; se había convertido en una firme creyente en la importancia de la intervención precoz.

A 12 KILÓMETROS (8 millas) cruzando el lado Sur, en un oasis cubierto de mármol de arquitectura gótica y aprendizaje superior, la doctora Dana Suskind estaba dando los toques finales a un proyecto piloto que demostraba la importancia del lenguaje precoz en la construcción del cerebro infantil. La Dra. Suskind es profesora de cirugía y pediatría en la facultad de Medicina de la Universidad de Chicago y una destacada especialista en implante coclear. Mientras daba a sus jóvenes pacientes la capacidad de oír, descubrió que la capacidad que tenían de desempeñar óptimamente más adelante en la vida dependía de su ambiente de lenguaje: la cantidad y calidad del vocabulario que el niño oye en el hogar. Esta conexión entre la capacidad de oír y el poder del lenguaje en el desarrollo cerebral infantil fue lo que le condujo a establecer una iniciativa llamada Thirty Million Words (Treinta millones de palabras). Su trabajo se basó en un estudio clave realizado veinte años atrás por los investigadores de desarrollo infantil Betty Hart y Todd Risley, quienes descubrieron que algunos niños escuchaban 30 millones de palabras menos que otros cuando llegaba su cuarto cumpleaños. Su investigación reveló que los niños que oían más palabras estaban mejor preparados cuando entraban en la escuela. Al seguirlos hasta el tercer grado, se veía que estos niños tenían vocabularios más extensos, eran lectores más firmes, y desempeñaban mejor en los exámenes. Esta disparidad en el aprendizaje se ha denominado "la brecha del logro".

Mientras que el estudio de Hart y Risley descubrió que los niños en hogares socioeconómicamente más bajos por lo general oían menos lenguaje que los niños en hogares más acomodados, también descubrieron que la demografía no tenía que ser un factor limitante. Un ambiente de lenguaje saludable, la cantidad de palabras, los tipos de palabras, y cómo se le dicen a un niño, podía vencer las desigualdades de ingresos y sociales. En su iniciativa Thirty Million Words, la doctora Suskind se había propuesto convencer a padres y cuidadores, ya fueran ricos o pobres, de que ellos tenían la capacidad con su lenguaje de ayudar a construir el cerebro de su hijo. Su misión, como hija de un nutricionista, es popularizar el poder de la conversación de los padres y la idea de que las palabras son nutrientes para el cerebro.

"Todo se reduce a las palabras", me dijo ella un día de primavera en su oficina. "Todos podemos hablar a nuestros hijos. No cuesta nada".

Aunque este puede parecer otro consejo obvio para los 1000 días, como cómete la verdura y lávate las manos, la doctora

Suskind ha descubierto que la charla de calidad en los hogares hoy día es tan escasa como las dietas equilibradas y una buena higiene. Por lo tanto, su equipo de Thirty Million Words produjo un video corto que combina ciencia, animación y grabación real de interacciones entre padres y niños para explicar la importancia de crear un ambiente de lenguaje saludable. Se centra en tres verbos: sintonizar, hablar más, tomar turnos. La doctora Suskins espera que el video, que inicialmente se probó en dos hospitales de Chicago, se convertirá en parte de los chequeos de oído a recién nacidos; se les mostraría a los padres al mismo tiempo que su bebé pasa por el examen inicial de oído poco después del nacimiento. Estos son parte de los consejos que oirán los padres:

Cuando la gente piensa en escuchar, piensa en los oídos, pero escuchar se trata del cerebro. Es el cerebro el que escucha. Los oídos solamente permiten que el sonido entre. Para que su bebé aprenda, su cerebro debe ser expuesto al lenguaje.

Algunas personas creen que la inteligencia de un niño está en sus genes, en cuánta educación formal tengan sus padres, o en cuál es el trabajo de sus padres. Realmente se reduce a cómo y cuánto hablan e interactúan sus padres con él o ella.

Cada palabra que usted dice fortalece el cerebro de su bebé. Cada abrazo que comparte fortalece su cerebro. Cada pañal que cambia fortalece su cerebro. Solamente al hablar, solo al cuidar, solo al responder, usted construye el cerebro de su bebé. Su bebé usará durante el resto de su vida esas mismas conexiones para pensar y hablar.

Sintonizar: Responder a todo lo que comunique su bebé. Algunos padres se preocupan por responder inmediatamente cada vez que llora. No hay tal cosa como responder a su recién nacido con demasiada rapidez o demasiadas veces. Cuando su bebé llora, lo único que sabe es que siente estrés. Cuando usted sintoniza y responde enseguida, su estrés es sustituido por sentimientos de comodidad. Esto crea conexiones en su cerebro y crea un vínculo especial entre ustedes dos. El bebé está mejor capacitado para aprender, confiar y hacer amistades más adelante en la vida.

Hablar más: Piense en el cerebro de su bebé como en una alcancía de cerdito. Cada palabra que usted dice es otra moneda que entra en su banco. Mientras más hable usted, más rico se vuelve su cerebro. Mientras más meta dentro ahora, más rico será él más adelante. Su día está lleno de oportunidades de hablar más si habla sobre lo que está haciendo mientras lo hace. No solo cambie el pañal a su bebé, no solo limpie la cara al bebé, no solo lo haga, hable a su bebé mientras lo hace.

Tomar turnos: Tengan una conversación. Comience con buenos abrazos a la vieja usanza. Cuando su bebé establece contacto visual, es la manera que tiene de tomar su turno. Cuando usted también lo mira, está respondiendo. Este contacto visual en ambos sentidos está construyendo el cerebro de su bebé, igual que una conversación real.

Los bebés no nacen siendo inteligentes. Se vuelven inteligentes. Son sus padres quienes los hacen ser inteligentes.

Los padres y madres como agentes de cambio: ese era el mensaje central de Vishwajeet Kumar en los esfuerzos del Laboratorio de Empoderamiento Comunitario para reducir la mortalidad infantil en Shivgarh, India. Había tenido éxito en ese frente, pero había una duda insistente que se cernía sobre su trabajo: más niños estaban sobreviviendo, sí, pero ¿estaban prosperando?

Para responder esa pregunta, estableció un programa, apoyado por el proyecto Saving Brains de Grand Challenges Canada, para examinar a los niños nacidos durante los primeros años de las intervenciones del Laboratorio de Empoderamiento Comunitario. Ahora tenían de siete a nueve años de edad. Vishwajeet reequipó el segundo piso de un viejo palacio en Shivgarh. El Laboratorio de Empoderamiento Comunitario, conocido en las aldeas como Saksham (empoderamiento), construyó pequeñas cabinas para las pruebas de inteligencia y también un laboratorio para medir el estatus nutricional mediante análisis de sangre. Quienes realizaban los exámenes de inteligencia utilizaban cuadernos electrónicos programados con exámenes estandarizados de memoria, lenguaje, resolución de problemas, y destreza mental. Muchas veces vi a los niños esperando sentados en sillas de bambú en un vestíbulo mientras esperaban a ser examinados. Algunos de ellos parecían tener solo cuatro o cinco años; pero el Laboratorio de Empoderamiento Comunitario me aseguró que sin duda tenían ocho o nueve años.

Una de las niñas examinadas era Meenu, de la cuñada de Kiran, que había nacido más de un mes prematura. Había sobrevivido, creía su madre, gracias a las técnicas de cuidado de canguro que Saksham había introducido. Meenu tenía diez años cuando la conocí, y estaba en tercer grado en Rampur Khas. Era pequeña, apenas llegaba a 1,20 metros (cuatro pies) de altura, con cabello corto y encrespado y una gran sonrisa. Recordaba saltar sobre una sola pierna para los examinadores, dar una muestra de sangre, que le examinaran los ojos, y jugar a juegos de computadora con formas y números. Se puso nerviosa cuando le dijeron que uno de los juegos era una carrera contra el tiempo; tan nerviosa, dijo ella, que se perdió a mitad del examen. Cuando terminó el examen, le dijeron a Meenu que era lenta en el examen cronometrado y que necesitaba lentes. Le lloraban los ojos mientras seguía imágenes en el iPad. Los examinadores también dijeron que estaba demasiado delgada.

Meenu me dijo que no le gustaron mucho los exámenes y que tenía la sensación de que no lo había hecho bien. Dijo que prefería aprender cantos y poemas. Para demostrarlo, se enderezó, como si se pusiera firme, y recitó su poema favorito en hindi:

> Reina de las aves, reina de las aves,
> Te levantas temprano en la mañana,
> Nadie sabe lo que cantas.
> ¿Vas también a estudiar?
> ¿O a trabajar?
> Regresas antes de la noche
> Trayendo semillas para tus hijos.
> Tú cantas chú-chú.

Tras examinar rigurosamente a cientos de niños, el equipo de Saksham no encontró ninguna mejora apreciable en la inteligencia del grupo de muestra, aquellos cuyas madres habían participado en su programa, comparado con niños en otros lugares. Como reportó Grand Challenges:

> No se encontró ninguna correlación entre la intervención saludable en el nacimiento y las métricas de desarrollo infantil de los siete a los nueve años. Los autores sugieren que los beneficios de la intervención que redujeron con éxito la mortalidad tras el nacimiento se perdieron con el tiempo debido a la alta prevalencia de múltiples factores de riesgo. No había ninguna diferencia en el examen en las inteligencias generales entre grupos de aldeas, sugiriendo que aunque la intervención redujo exitosamente las muertes al nacer alterando el ambiente dentro del hogar, la mejora global en capital humano puede que dependa más del estado general de desarrollo e infraestructura del nivel comunitario.

En otras palabras, salvar vidas estuvo bien y fue bueno, pero no hay ninguna mejora en la calidad de esas vidas si los niños crecen en comunidades de hambre y mal saneamiento con poco acceso al cuidado de la salud y la educación, y carecen de estimulación por parte de los padres.

Cuando se supieron las conclusiones, Vishwajeet tuvo una revelación.

"Por casi diez años de mi vida me dediqué solo a la supervivencia porque estaba convencido de que salvar vidas era lo más importante. Entonces, cuando comenzamos a ver el desarrollo neural de los niños, descubrí que se había perdido una gran oportunidad", me dijo. "¿Qué estaba haciendo yo? Estábamos preocupados porque los niños sobrevivieran. No incluí la parte del desarrollo. Ver a niños de nueve años que no sabían resolver problemas sencillos, o escribir el alfabeto en hindi, fue inesperado".

Una nueva tarea requería su atención. Vishwajeet lo denominó One Thousand Dreams (Mil sueños): una combinación de trabajo de supervivencia infantil y el fomento del desarrollo neural. Tenía que regresar a su inspiración original como médico y aprovechar el potencial de efectuar un cambio en la fuente del problema. El Laboratorio de Empoderamiento Comunitario ahora examina el impacto de la discriminación por casta y por género, de la violencia social, y de la higiene y el saneamiento sobre la desnutrición y el desarrollo infantil. "¡Todo niño tiene derecho a soñar!", me dijo Vishwajeet, casi dando un brinco en su silla. "Nuestra tarea como científicos es llevar a su puerta información que les permita alcanzar su potencial".

En One Thousand Dreams, sobrevivir sería solo un hito. El desarrollo sería la meta.

capítulo catorce

EL SEGUNDO CUMPLEAÑOS

E L DÍA DE SU SEGUNDO CUMPLEAÑOS, RODGERS SE levantó temprano con su madre. Bajo el sol que salía, fueron caminando juntos hasta los campos de la familia, y a las siete y treinta de la mañana estaban cavando en la tierra. Esther estaba de rodillas, formando montículos para las batatas. Rodgers estaba a su lado, sosteniendo las ramas.

Había llovido durante la noche, un buen presagio para un cumpleaños. Rodgers tendría una celebración, al menos este día, como el muchacho del cumpleaños que trajo lluvia y alivio a una sequía que había estrangulado muchos de los cultivos. Mientras recorrían el camino entre los estrechos senderos que había entre los campos, muchos de sus vecinos saludaban a Esther y Rodgers, pequeños granjeros todos ellos que también estaban ahí para aprovechar la humedad y trabajar la tierra.

Esther llevaba puesta la misma camiseta color naranja de HarvestPlus que llevaba cuando la vi por primera vez, aunque ahora el naranja estaba más descolorido. Rodgers llevaba un jersey verde azulado y púrpura con el logo del avispón del equipo Charlotte Hornets de la Asociación Nacional de Baloncesto, un aspecto incongruente que había llegado desde los Estados Unidos en un montón de ropa de segunda mano. Esther, atraída por ese logo, había comprado el jersey en un mercadillo local al aire libre.

No habría una gran fiesta de cumpleaños; incluso sin la lluvia, Esther no había planeado hacer una. No se lo podían permitir, y en realidad no era una tradición en la Uganda rural; los cumpleaños llegaban y pasaban sin mucho ruido. Pero Esther y Tonny estaban agradecidos porque su hijo estaba sano y creciendo; estaba cerca de los 90 centímetros (35 pulgadas) de altura, lo cual estaba en línea con la norma internacional de crecimiento para un niño de dos años. Esther fue alentada todo el día en el campo con la idea de que Rodgers había superado las expectativas, sobreviviendo a la malaria y la diarrea y evitando el retraso en el crecimiento.

ARON Y APIO también estaban prosperando. Aron, que había asustado mucho a su madre, Brenda, cuando sufrió disentería, medía 86 centímetros (34 pulgadas) en su segundo cumpleaños. Y Apio, que nació muy pequeña pero sobrevivió cuando su hermana no lo logró, llegaba a los 81 centímetros (32 pulgadas) cuando se acercaba su segundo cumpleaños. (Cualquier medida menor de 76 centímetros o 30 pulgadas a los dos años de edad estaría en la categoría de retraso en el crecimiento). Las niñas en

Chicago eran igualmente robustas. Alitzel medía 91 centímetros (36 pulgadas) en su segundo cumpleaños, y ShaLawn ya se acercaba a los 81 centímetros (32 pulgadas) con dieciocho meses.

Los niños eran, por lo general, más bajitos en India y Guatemala, donde la mezcla de desnutrición y el mal estado del agua y el saneamiento era más despiadada. En India, Anshika y Sunny eran cada uno de ellos una sombra, con menos de 76 centímetros (30 pulgadas) cuando cumplieron los dos años, y los primos Priyanshi y Adarsh medían 78 centímetros (31 pulgadas) cada uno al acercarse a esa edad. En Guatemala, Keytlin y Sucely medían 73 centímetros (29 pulgadas), José medía 76 centímetros (30 pulgadas), y Jorge, el más alto, superaba los 83 centímetros (33 pulgadas).

La cinta de medir indicaba que Keytlin tenía retraso en el crecimiento físico, pero parecía más avanzada que los demás al andar, hablar y socializar. En una reunión con la nutricionista Scarlet y otras familias en el programa de Primeros Pasos, Keytlin subía los escalones y corría por el patio con más agilidad que ninguno de los otros niños. Incomodaba a los otros niños para que jugaran con ella, y hablaba mucho más que ellos. Le preguntó a su madre, Dianet, cuándo podría ir a la escuela. Dianet tenía varios libros, lapiceros y crayones por la casa. Ahora le dijo a Keytlin: "Tienes que esperar hasta que tengas seis años. Entonces tendrás muchos más libros y lapiceros". Más adelante, Keytlin pidió un pastel de cumpleaños. "De chocolate", insistió.

Pregunté a la doctora Dana Suskind de la facultad de medicina de la Universidad de Chicago sobre esta paradoja de retraso en el crecimiento físico y agudeza cognitiva en los primeros 1000 días de vida. La doctora Suskind, que ella misma mide unos centímetros más de 1,50 (cinco pies) de altura, dijo que aunque ser bajito con dos años de edad podría reflejar retraso en el desarrollo e indicar que algo había interferido en el crecimiento en los 1000 días, no necesariamente dictaba que un niño también tuviera retraso cognitivamente (aunque con mucha frecuencia era así). Quizá Keytlin tuvo falta de los nutrientes necesarios para el crecimiento físico pero no para el desarrollo mental; la diarrea repetida tal vez se cobrara un alto precio. Y el ambiente de lenguaje (los nutrientes de palabras) quizá fue mejor para Keytlin que para los otros niños; había relativamente muchos libros en su casa, que en raras ocasiones se ven en otros hogares en el valle. La amplitud del retraso mental en los 1000 días solo sería evidente más adelante, comenzando con el desempeño en la escuela. La doctora Suskind estaba de acuerdo con muchos otros especialistas en desarrollo en que el costo a largo plazo del retraso en el crecimiento físico sobre la educación y el futuro desempeño en el trabajo era por lo general menos debilitante que el impacto del retraso cognitivo.

Keytlin y su madre seguían en el valle Palajunoj cuando se acercaba su segundo cumpleaños. Su padre tuvo una premonición de que algo sucedería si él intentaba volver a migrar a los Estados Unidos, de modo que por el momento se quedó allí. Más allá del pastel que Keytlin pidió, y una comida de platillos favoritos que incluían pollo, arroz y tamalitos, Dianet dijo que no habría una gran fiesta. No tenían dinero para hacer nada especial.

Griselda colgó un cartel de Feliz Cumpleaños para Sucely en su hogar, pero la celebración también fue tenue. El día después del cumpleaños de Sucely, Griselda estaba preparando a su hija para que por fin le hicieran la cirugía para su pie zambo. La capacidad de caminar libremente sería el mejor regalo de todos.

EN PURE BAISHAN (India), Rajender llegó a casa temprano tras su turno de trabajo matutino para estar con Anshika el día de su segundo cumpleaños. No estaba planeada ninguna fiesta; no podían permitirse eso. La presencia de Rajender sería su regalo. "Extraño mucho a mis hijas cuando estoy en el trabajo", me dijo. "Pero debo trabajar para ellas".

Él trabajaba doce horas al día transportando carbón hasta un horno para hacer ladrillos. Era un trabajo horrible y peligroso; una tarea salida directamente del infierno. Con temperaturas que cada día sobrepasaban los 37° C (100° F), el sol de un cielo claro inmisericorde y el calor que subía del terreno baldío, era como si estuviera calentando el horno del diablo. Su tarea era palear pedazos de carbón y meterlos en dos cestas de metal que colgaban desde los dos extremos de un yugo de madera. Cuando las cestas estaban llenas, él se agachaba y levantaba el yugo sobre sus hombros. Levantándose lentamente como si fuera un levantador de pesos, y la carga sobrepasaba los 45 kilos (100 libras), Rajender recorría una pendiente hasta un altiplano donde había una chimenea. Continuando con su impulso, corría 45 metros (50 yardas) hasta la chimenea, bajaba el yugo, y vaciaba cada cesta en un bidón. Entonces recogía el yugo, se daba media vuelta y regresaba otra vez por la pendiente hasta el montón de carbón. Durante el día entero realizaba esos agonizantes viajes. Sus pulmones se llenaban del negro polvo de carbón y el polvillo marrón de la tierra del altiplano. Por todo eso recibía un salario de unos dos dólares diarios.

Rajender llevaba sandalias finas, pantalones desgastados y una harapienta camiseta negra con un dibujo estilizado de un tipo que hacía skate entre rascacielos. Decía, en inglés: "Prefiero la libertad peligrosa que la esclavitud pacífica". La había comprado cuando trabajaba en Delhi. Rajender no entendía las palabras, ni tampoco la ironía. Él era sin duda un esclavo del bienestar de su creciente familia. Eso era todo cuanto él sabía.

"Haré lo que tenga que hacer. Se puede ver cuán duro trabajo; no hay modo alguno de salir de eso", me dijo Rajender mientras volvía a cargar su yugo en el horno. "Es difícil, porque ahora tengo que sostener a siete personas, contando a mi esposa". Tenía una tos fea y seca, y hablaba de modo taciturno y fatídico. "Mientras tenga vida, me ocuparé de ellas. Cuando muera, mi responsabilidad habrá terminado; pero hasta entonces, debo hacer lo que pueda".

Le preocupaba el futuro de sus hijas. "Como no tengo mucho dinero para darles una educación, no tengo grandes ambiciones. Me gustaría dar a cada una de mis hijas una máquina de coser para que puedan trabajar en el negocio de la ropa. Deben estar preparadas. Si algo me sucede, ellas mismas tendrán que mantenerse".

De nuevo en su casa tras el turno de mañana, Rajender se lavó y se puso ropa limpia. Entonces salió a la veranda, donde estaba su familia. Sus hijas se reunieron a su alrededor. Shyamkali cargaba a la más pequeña. Rajender acercó a Anshika para darle un apretado abrazo de cumpleaños. Ella llevaba su mejor vestido, de color verde esmeralda con bordados plateados y púrpura. Shyamkali había frotado carbón alrededor de los ojos de Anshika, haciendo que parecieran más grandes y más oscuros.

"Se puede ver que ella está saludable, robusta", dijo su padre. Lo que él no podía ver, porque no tenía ninguna perspectiva más lejos de su comunidad, era que ella era pequeña para su edad según los estándares internacionales. Aquí, ella no parecía desproporcionada de ninguna manera; parecía tener una altura normal. Rajender mismo apenas sobrepasaba el metro cincuenta (cinco pies) de estatura. La siguiente hermana más mayor de Anshika, Shivani, que tenía siete años, no había alcanzado aún los 91 centímetros (3 pies). Tulsi, de diez años, apenas sobrepasaba los 1,20 (4 pies). Pooja, la mayor con catorce años, era una pulgada más alta que su madre, de modo que había progreso.

Había un cumpleaños, de modo que Rajender hacía bromas. Se burlaba de sus hijas, imaginando sus días de boda. Había seis en el futuro, lo cual significaba que habría seis dotes que pagar. "Pondré un límite por arriba en la dote que puedo pagar, y así los muchachos tendrán que estar de acuerdo si quieren casarse con mis hijas", dijo juguetonamente. "A los muchachos por aquí les resulta difícil encontrar pareja, hay más muchachos que muchachas. Se casan incluso si la mujer es enfermiza". Hizo un guiño a sus hijas. "Pero mis hijas son saludables, y fuertes. Espero que reciban una educación; y son hermosas. Los muchachos estarán de acuerdo".

Cuando Anshika cumplió los dos años, también lo hizo la campaña Cromosoma Y, que Poonam Muttreja de Population Fund había lanzado el día de su nacimiento. El punto fuerte de la campaña fue la producción de un drama para televisión y radio titulado *Yo, una mujer, puedo lograr cualquier cosa*. Presentaba la vida de una joven doctora en Mumbai; los guiones fueron escritos para influenciar las normas y conductas sociales sobre la selección de sexo, el matrimonio infantil, la edad del primer embarazo, el espaciado entre embarazos, la calidad del cuidado de la salud, la violencia doméstica, la nutrición, la salud mental y la higiene. Los episodios semanales eran seguidos por programas de llamadas y discusiones. Visiones de grandes logros levantaron el vuelo en los espectadores y oyentes.

Tras uno de los episodios, una muchacha de secundaria llamada Pragya, llamó desde Bihar, un estado fronterizo con Uttar Pradesh e igualmente pobre y desnutrido. Había quedado atrapada en el espíritu empoderador del programa. "Soy una hija de esta nación y estoy orgullosa de esta nación", dijo. "Prometo que algún día seré presidenta del país. Y cuando sea presidenta, me aseguraré de que ninguna muchacha en este país sea victimizada ni oprimida".

*   *   *

LA ÚNICA GRAN celebración de cumpleaños fue en Chicago. El día en que cumplió dos, Alitzel estaba horneando *cupcakes* (magdalenas) con su madre. Al día siguiente, los *cupcakes* estaban en el centro de una mesa en el salón de banquetes de una marisquería mexicana. Detrás de la mesa había un montaje de Ariel, la pequeña sirena de la película de Disney, y frases que celebraban a Alitzel: "Me gustan las muñecas, me gusta correr, soy extrovertida, soy muy tontita. Me encanta leer con mami. Me encanta dibujar. Programa favorito: *Mother Goose Club*, Elmo y Mickey. Película favorita: Campanilla, Lolo y Stitch, los Pitufos. ABC y Estrellita, dónde estás son mis canciones favoritas".

La cumpleañera llevaba un tutú color verde y azul con un lazo verde a juego en su cabello negro. También llevaba sus nuevas lentes: una montura elegante con una cinta roja detrás para sujetarlas. "A ella le gustan", dijo Jessica.

Era una gran reunión familiar, con mucha comida: pollo, arroz, ensalada verde, verduras variadas, pizza, papas fritas, y un gran pastel. Estaban allí abuelos, tíos, tías, primos y amigos. Para Jessica y Marco era una celebración del cumpleaños de su hija y también de los 1000 días que lo precedieron.

"Ha sido una montaña rusa, de ser estudiante a ser mamá, iba y venía todos los días. Sinceramente no puedo creer que realmente lo logramos", me dijo Jessica. "Alitzel ya tiene dos años, yo iba a la escuela, y me gradué con honores, y regresaba a casa para ser una mamá. Estoy orgullosa de mí misma por lo que he logrado, siendo una mamá joven y teniéndola a ella".

Observaba a Alitzel jugar con sus primos: "Pienso en aquellas incontables noches en que me quedaba despierta haciendo mis tareas escolares, y terminando todo mi trabajo antes de las fechas límite, para no retrasar nada o entregar nada tarde. Eso me impulsó cuando la veía dormir y yo estaba despierta hasta las dos de la mañana haciendo mis tareas. Esa era mi motivación".

Ahora Alitzel es su motivación para regresar a sus estudios: Jessica planeaba matricularse en la universidad St. Augustine en Chicago y comenzar a trabajar hacia obtener una licenciatura de cuatro años en trabajo social. Se ve a sí misma en su hija. "A Alitzel le gusta explorar de veras. Es realmente independiente. Le gusta hacer todo ella misma". Jessica creía que su conversación llegaría. Ya podía ver surgir algunas de las características de sus sueños que deletreó en su diario cuando estaba embarazada: amigable, lustre, inspiradora, zapateadora, locamente enamorada.

Al final de sus 1000 días, la visión que Jessica tenía para su hija no había cambiado. "La veo teniendo un gran futuro".

EPÍLOGO

C UANDO LOS NIÑOS CUMPLIERON LOS DOS AÑOS, JIM Yong Kim se removía ansiosamente en su silla a unas manzanas de la Casa Blanca en Washington, D.C. Como presidente del Banco Mundial, era el estratega jefe en la lucha contra la pobreza global, una lucha que él sabía que no podía ganarse mientras tantos niños estuvieran teniendo un comienzo pésimo en la vida.

A Kim le preocupaba la evidencia que su equipo seguía acumulando: la desnutrición y el retraso en el crecimiento infantil cuestan a la economía global hasta tres mil quinientos millones de dólares al año en productividad perdida y costos de salud; el 43% de los niños menores de cinco años en países de ingresos bajos y medios estaban en riesgo de no alcanzar nunca el pleno potencial cognitivo; el 85% de los niños con retraso en el crecimiento en el mundo vivían en treinta y siete países con elevada carga. Sufría al ver el escenario de tantos niños con desigualdad de oportunidades estancados en sus cerebros antes ni siquiera de comenzar a ir a la guardería. ¿Qué sería de esos niños en un mundo donde los mercados laborales estaban cambiando rápidamente de zonas rurales a zonas urbanas, y donde los lugares de trabajo se estaban volviendo cada vez más automatizados y digitales? ¿Qué sería de todos esos países que tienen tasas de retraso en el crecimiento infantil del 20% o más? Él hizo campaña en el mundo con un mensaje para jefes de estado y ministros de economía que era claro y aterrador: "No pueden entrar en el futuro con tasas de retraso en el crecimiento infantil del 20, 30 y 40% y esperar tener éxito… Para competir en la nueva economía, es necesario poner fin al retraso cognitivo". Y amonestaba: "No hay excusas para no invertir en nutrición".

Sus palabras representaban un punto de inflexión histórico para el Banco Mundial. Desde sus primeros tiempos en los años posteriores a la Segunda Guerra Mundial, el enfoque de la legión de economistas del banco había estado en financiar proyectos difíciles de desarrollo de infraestructura: carreteras, puentes, puertos, presas, edificios. Se consideraban las piezas fundamentales de ladrillo y cemento de las economías, las cosas esenciales de cada país que busca escapar de la pobreza. Pero incluso mientras esas infraestructuras de cemento se extendían por desiertos, sabanas y pasos montañosos en el mundo en vías de desarrollo, la pobreza seguía siendo tercamente resistente.

Ahora Kim, físico y antropólogo que había sido cofundador de Partners in Health con Paul Farmer para curar desigualdades en la salud global, estaba reconociendo que el banco había pasado por alto una parte crucial del desarrollo: los cerebros de bebés y niños pequeños. Insistía en que el mundo necesitaba más inversión en "infraestructura de materia gris", un término que también se había vuelto un mantra favorito de Akin Adesina, el presidente del Banco Africano de Desarrollo. Una mejor nutrición, argumentaban, tenía que estar en el núcleo de la estrategia.

En las reuniones semestrales del Banco Mundial de los ministros de economía del mundo y los estrategas de desarrollo en 2016 y 2017, la nutrición pasó a estar en el foco central. El banco, trabajando con países donantes, fundaciones filantrópicas y organizaciones humanitarias, lanzó una nueva iniciativa llamada Invertir en Nutrición. Serían necesarios cincuenta mil millones de dólares adicionales, por encima de los gastos actuales en nutrición, a lo largo de diez años para un paquete de intervenciones concentradas en los primeros 1000 días que pudieran recortar las cifras de retraso en el crecimiento infantil en un 40% y prevenir casi tres millones de muertes de niños menores de cinco años por desnutrición para el 2025. Si el gasto actual aumentaba en setenta mil millones de dólares a lo largo de diez años, el banco calculaba que podría alcanzarse un conjunto de metas más ambiciosas, incluyendo un gran descenso en la anemia materna y en pérdidas infantiles debidas a la desnutrición aguda, al igual que un 50% de aumento en la cifra de niños que se alimentan exclusivamente de leche materna. Las intervenciones priorizadas por la iniciativa incluían suplementación con vitamina A y zinc para niños; suplementación con micronutrientes, incluidos hierro, ácido fólico y proteínas, y también tratamiento oportuno para la malaria, para mujeres embarazadas; fortificación de alimentos básicos; provisión pública de alimentos complementarios para niños; campañas nacionales de promoción del amamantamiento; y programas de asesoramiento comunitario que enseñaran buena nutrición infantil y prácticas de higiene. Para quienes se opusieran a esas cifras, el Banco Mundial calculaba que el éxito generaría enormes beneficios a lo largo de las vidas más productivas de los beneficiarios: cada dólar invertido en la reducción del retraso en el crecimiento infantil generaría al menos 11 dólares en beneficios económicos, con algunas intervenciones produciendo 34 dólares por cada dólar empleado. Y para quienes consideraran que los cálculos de beneficio de la inversión eran demasiado arcanos, las organizaciones humanitarias destacaron esta comparación de costos: los setenta mil millones de dólares a lo largo de diez años para reducir el retraso en el crecimiento infantil y dar al menos a 65 millones de niños un mejor comienzo en la vida es prácticamente equivalente a la cantidad que gastan los estadounidenses en billetes de lotería cada año.

Jim Kim sabía que el concepto de enfocarse en la nutrición en los primeros 1000 días era revolucionario. Se propuso reunir a los ministros de economía del mundo. "Ustedes", les dijo, "pueden liderar la revolución". Esperaba cierta resistencia en esta era de presupuestos ajustados, reconociendo: "Cada generación tiene su propia revolución por los derechos civiles, y siempre hay personas que dicen que este no es el momento". Para esos escépticos, citó las palabras de alguien que le había inspirado personalmente, Martin Luther King, Jr.: "Somos confrontados por la feroz urgencia del ahora. En este enigma en desarrollo de la vida y la historia, existe tal cosa como llegar demasiado tarde".

En la primavera de 2017, Kim creía que no había tiempo que perder para reunir las inversiones para eliminar el retraso en el crecimiento infantil. "Tenemos que tener un sentido de urgencia que esté en consonancia con el sentido de urgencia de los padres y madres que no pueden alimentar a sus hijos", dijo.

LOS PADRES Y madres en el norte Uganda sin duda conocían ese sentimiento. Estaban rogando fervientemente para que lloviera y así poder comenzar a plantar sus cultivos principales. No habían tenido ninguna lluvia de la que hablar desde el otoño de 2016. Demonios del polvo avanzaban por sus campos. La sequía había disminuido las cosechas de frijoles altos en hierro; y las batatas naranjas, que necesitaban menos humedad, eran el grueso de sus dietas. Brenda tenía algunas hirviendo para el almuerzo de Aron, y seguían siendo su alimento favorito.

Cuando regresé para hacer otra visita en febrero de 2017, encontré a Brenda en otro viaje de los 1000 días. Estaba dando el pecho a su hija pequeña, Naomi, de tres meses. Aron, que ahora tenía tres años y medio, era un hermano orgulloso y protector; también le gustaba mucho estar en la guardería. La escuela estaba cerca, dijo Brenda; ella iba a recogerlo para el almuerzo. Le entregó a su suegra a Naomi, se subió a una bicicleta y se fue pedaleando por un sendero estrecho a través de los campos.

Yo hablé con su esposo, Dennis, que había buscado refugio del abrasador sol de mediodía debajo de la amplia sombra de un árbol. Estaba contento por tener una hija. "Ahora tengo balance", bromeaba. Sus hijos se estaban desarrollando, dijo. Ninguno estaba enfermo; Naomi había nacido grande y robusta, al igual que su hermano. Dennis dijo que le gustaría tener un tercer hijo, y después ninguno más, "porque tengo tierras limitadas. Pero si consigo más terreno para cultivar más alimentos, continuaré donde lo dejé". Volvió a reírse. Su madre, que se unió a la conversación, dijo: "Deberías tener cinco". Dennis meneó la cabeza.

Tras quince minutos, Brenda estaba de regreso atravesando el grupo de cabañas de un solo cuarto de la familia. El muchacho daba brincos sobre la bicicleta. Llevaba el uniforme de la escuela primaria Sunrise Nursery: camisa a rayas rojas y blancas, pantalones rojos, y sandalias rojas. Los pantalones cortos le llegaban hasta las pantorrillas; la camisa de manga corta sobrepasaba sus codos y le llegaba muy por debajo de la cintura. Brenda había comprado la ropa de tallas que permitían mucho crecimiento.

La escuela estaba albergada en un edificio rectangular de bloquetas cercano a una arboleda en un campo estéril. Un cartel cerca del camino principal de tierra proclamaba su ambición: "Visión: producir ciudadanos de buena moral. El lema: educación para cambios de calidad".

Antes de comenzar la escuela, Aron había estado incomodando a sus padres para que lo matricularan durante casi un año. "¿Cuándo puedo ir?", preguntaba incesantemente mientras veía a otros niños dirigirse a las clases cada mañana. Una vez allí, se estableció inmediatamente. Su maestra le dijo a Brenda que era difícil hacerlo salir del salón de clases para jugar. "Le gusta estar sentado en el pupitre", dice Brenda. "Nos dijo que quiere estudiar para aprender a conducir su propio vehículo. No dice dónde quiere ir. Solo conducir. Esa es su meta".

"Yo creo que será maestro", dijo Dennis. Brenda estaba de acuerdo: "Puede enseñar a la gente a cultivar".

Rodgers y Apio también iba bien. Igual que Aron, habían comenzado a asistir a la guardería. Estaban aprendiendo el alfabeto, cantando canciones y haciendo amigos. Yo los medí: cada uno medía 90 centímetros (3 pies) o más. Ninguno de ellos tenía retraso en el crecimiento físico. Estaban superando las expectativas.

Las madres (Brenda, Esther y Harriet) se sentían orgullosas cuando veían a sus hijos salir hacia la escuela cada mañana. Era el primer hito en el camino hacia lograr sus ambiciones para sus hijos: querían que ellos recibieran la mejor educación posible. Aún así, les preocupaba el camino que había por delante. Los ingresos de su granja habían languidecido junto con los cultivos en el tiempo seco; la guardería ya suponía un sacrificio. Estaba el costo del uniforme y la tasa de matriculación, un total de unos 15 dólares. Además, se requería a los padres que aportaran alimentos al programa de comidas de la escuela: diez kilos de harina de maíz, cinco de frijoles, tres de azúcar, y media pastilla de jabón.

"Si no llevamos esas cosas, entonces envían a nuestros hijos a casa", dijo Esther. "Irá siendo más caro a medida que pase el tiempo".

Las mamás de Shivgarh, Chuicavioc y Chicago miraban igualmente el crecimiento de sus hijos y se preguntaban cómo recorrerían los próximos años. Ver a sus hijos y sus hijas en la escuela, y proporcionar alimentos nutricionalmente saludables para ellos, sería todo un reto. Y dentro de poco tiempo serían adolescentes, un periodo que traería sus propios desafíos. Para las muchachas, esos años serían particularmente críticos. Algunos en el movimiento de los 1000 Días pretendían ampliar el marco de tiempo, quizá hasta "3000 Días", para incluir los años antes de la concepción. Uganda ha comenzado a distribuir suplementos de hierro y ácido fólico a las muchachas adolescentes. En India, muchos de los viajes de los 1000 días comienzan en la adolescencia. Según la Fundación para la Población de India y UNICEF, casi la mitad de todas las muchachas indias están casadas a los 18 años de edad, y aproximadamente una tercera parte está embarazada cuando termina sus años de adolescencia. Reducir la tasa de nacimientos entre adolescentes es una meta clave de Healthy Chicago 2.0.

AL TRAZAR SUS estrategias de inversión para los primeros 1000 días, Jim Yong Kim y otros en la comunidad de desarrollo están escuchando la sabiduría y las experiencias de las madres y padres del mundo. Hemos visto que para que los niños prosperen verdaderamente necesitan avances simultáneos en múltiples frentes del desarrollo. Aunque estas familias viven en comunidades que tienen muchísimos retos cada día, los programadores de desarrollo del mundo y sus financiadores han estado principalmente encerrados durante décadas en sitios donde los esfuerzos estaban concentrados en asuntos individuales. Se han logrado éxitos a lo largo de los años, sí, pero cada madre y padre que encontramos sabían instintivamente y explícitamente que no se trata tan solo de mejor nutrición, agua potable, un inodoro nuevo, una red para la cama, o vacunas avanzadas. Se trata de cómo todos ellos se reúnen, al mismo tiempo, para fomentar un mejor desarrollo infantil en general.

Brenda lloró cuando la nutrición mejorada de Aron mediante los nuevos cultivos fue minada por unos tragos de agua sucia. María Estella se desesperaba porque su mayor conocimiento de cómo cuidar de Jorge podía verse erosionado por los precios en aumento y la negligencia continuada de su gobierno. Shyamkali veía comprometida su capacidad de proveer para sus hijas por las presiones culturales y desigualdades fundamentales en su hogar y su sociedad. A Jessica le preocupaba criar a Alitzel a la sombra de la violencia aleatoria.

Cuando los niños y niñas de nuestro relato cumplían dos años, las naciones del mundo se reunieron en Nueva York para sustituir las Metas del Milenio para el Desarrollo que ya expiraban y que se enfocaban en gran parte en lograr una serie de victorias en asuntos individuales, por las Metas para el Desarrollo Sostenible, que fomentan una perspectiva del desarrollo más integrada. Las diecisiete Metas, entre las que se incluyen erradicar la pobreza, poner fin al hambre, mejorar la nutrición, proporcionar agua limpia y saneamiento para todos, asegurar vidas saludables y aprendizaje de por vida, y alcanzar igualdad de género, están vinculadas a un reconocimiento de que el éxito en el logro de una de ellas depende del éxito en el logro de todas. Un desarrollo infantil temprano y óptimo es el objetivo general. "Las Metas para el Desarrollo Sostenible", dijo el entonces secretario general Ban Ki-moon en septiembre de 2015, "reconocen que el desarrollo infantil temprano puede ayudar a impulsar la transformación que esperamos lograr durante los próximos quince años". UNICEF añadió: "Estas nuevas Metas reconocen que los niños son agentes de cambio cuando canalizan su infinito potencial hacia crear un mundo mejor". En abril de 2016, las Naciones Unidas declararon una Década de Acción sobre la Nutrición, reconociendo que la nutrición es la piedra angular de todos los esfuerzos de desarrollo.

El secretario general también introdujo una nueva Estrategia Global para la iniciativa Cada mujer, Cada niño de Naciones Unidas bajo el eslogan "Sobrevive, Prospera, Transforma". El enfoque inicial en poner fin a muertes prevenibles de madres y niños se considera ahora tan solo un punto de comienzo en el fomento de medioambientes donde mamás y niños puedan desarrollarse. La nueva estrategia, proclamó Ban Ki-moon, "se dirige a transformar sociedades para que mujeres, niños y adolescentes en todo lugar puedan comprender sus derechos a los estándares más elevados sostenibles de salud y bienestar. Esto, a su vez, dará enormes beneficios sociales, demográficos y económicos".

Al mismo tiempo, el Instituto Sacker para la Ciencia de la Nutrición en la Academia de las Ciencias de Nueva York, publicó una serie de estudios que ponían en orden la evidencia científica. El *potencial de cada niño: un llamado a la acción* bosqueja el impacto de integrar intervenciones eficaces sobre la nutrición y el desarrollo infantil en un esfuerzo global. "La integración puede abordar simultáneamente múltiples barreras relacionadas con el desarrollo de los niños, incluyendo mala nutrición, circunstancias familiares empobrecidas, mala salud mental de los padres, y falta de oportunidades para el aprendizaje temprano. Las experiencias muestran que los esfuerzos combinados pueden dar como resultado un uso más eficaz de los recursos. La integración es un enfoque que nos ayuda a establecer prioridades y enfocar la salud, la educación y otros servicios comunitarios".

Donde ha habido progreso, la integración ha sido clave. La serie de *Reportes sobre Nutrición Global* publicados anualmente desde 2014, al igual que los estudios del Banco Mundial, observaron varios éxitos comunes y simultáneos que redujeron significativamente las tasas de retraso en el crecimiento infantil en Bangladesh, Tanzania, Senegal, Perú, Brasil, y el estado indio de Maharashtra: mayores inversiones en nutrición junto con amplio crecimiento económico, reducción de la pobreza de los hogares, educación de los padres, mejor cobertura sanitaria, acceso a cuidado de la salud mejorada a lo largo de los 1000 días, campañas nacionales para dar el pecho, el empoderamiento de las mujeres, y compromiso sostenido del gobierno.

El potencial de este enfoque multidimensional ha quedado confirmado por el estudio en el este de Guatemala que comenzó hace cinco décadas y continúa produciendo perspectivas sobre la importancia de los primeros 1000 días. Aryeh Stein y Reynaldo Martorell de la Universidad Emory, dos de los investigadores del proyecto, han observado que la intervención inicial sobre nutrición fue crucial para las mejoras en desarrollo infantil, pero que la marcada disminución en el retraso en el crecimiento infantil y la desnutrición a lo largo de los años en las aldeas del estudio recibió ayuda de varias otras mejoras: la difusión de electricidad; un abastecimiento de agua más limpia; mejor saneamiento, con agua corriente para lavar las manos y limpiar inodoros; y mayores inversiones en infraestructura que mejoraron la economía de la zona. Esa matriz de desarrollo no ha llegado aún a las zonas montañosas occidentales y descuidadas del país, donde las tasas de desnutrición infantil siguen por encima del 70%.

La importancia del desarrollo integrado para mejorar los primeros 1000 días de vida también está clara por recientes innovaciones. Además de los programas que se presentan en estas páginas, otros dos proyectos destacan en mi reporte: uno de ellos llamado "Suaahara" (que significa "buena nutrición" en nepalí) en las laderas del Himalaya en Nepal, implementado por el gobierno nepalí y agencias locales de desarrollo junto con Save the Children, Helen Keller International y la escuela Johns Hopkins Bloomberg del Centro de Salud Pública para Programas de Comunicación; y Resiliency Thorough Wealth, Agriculture and Nutrition en la región de Karamoja del este de Uganda, implementado por Concern Worldwide con el apoyo de la Agencia para el Desarrollo Internacional de los Estados Unidos y organizaciones no gubernamentales como ACDI-VOCA y Welthungerhilfe. Ambos proyectos movilizan a comunidades enteras para mejorar el desarrollo infantil y dar formación a las madres para dirigir la introducción de nuevas prácticas en los múltiples frentes de nutrición, agricultura, agua, saneamiento, higiene, cuidado infantil, y planificación familiar.

Muchos otros esfuerzos, tanto grandes como pequeños, se están realizando en todo el mundo. En Guatemala, el joven arquitecto Alejandro Biguria ha diseñado Casita de los Mil Días, que espera ver construida en cada aldea. Las casitas compactas servirían como centros para el cuidado de la salud y la educación pública. Hay una sala para cuidado maternal e infantil, un lugar para el lavado de manos para dar formación sobre saneamiento, balanzas y tablas de medir para trazar el desarrollo de los bebés, una estufa ecológica que demuestra cómo contener el humo de fogatas de leña, paneles solares sobre el tejado, y salones de clase abiertos para lecciones sobre nutrición e higiene.

En Jamaica, la Universidad de West Indies, con el apoyo del proyecto Saving Brains de Grand Challenges Canada, está desarrollando su programa Reach Up Early Childhood Parenting, una plataforma internacional en Internet que proporciona acceso al programa de visitas a hogares de Jamaica a nuevas mamás y sus hijos. Gobiernos y agencias de servicio social en países de bajos ingresos podrían utilizar el modelo jamaicano para dar formación a trabajadores e implementar sus propios programas de estimulación y alimentación padres-hijos. En Chicago, Diana Rauner, del Fondo para la Prevención y que es también la primera dama de Illinois, ha estado desarrollando un programa de "apoyo universal al recién nacido" que proporcionaría al menos una visita al hogar de cada bebé nacido en el estado.

En India, una empresa social llamada Digital Green está ampliando su proyecto de video comunitario más allá de sus temas de agricultura y nutrición para fomentar mensajes sobre los 1000 días, especialmente sobre conductas de salud materna e infantil. Los videos presentan a aldeanos locales hablando en dialectos familiares para establecer una relación más cercana con los espectadores, y los muestran mediante proyectores sencillos en centros comunitarios o salones de clase. Yo asistí a una de las proyecciones en una aldea cercana a Shivgarh, donde se proyectó el video sobre una sábana blanca de plástico que colgaba de una pared debajo de un retrato de Mahatma Gandhi y pósteres de vegetales verdes.

En otros lugares en India, organizaciones como The Hunger Project y Rajiv Gandhi Charitable Trust han estado empoderando a mujeres mediante grupos de autoayuda. Las mujeres se reúnen para tener acceso a recursos financieros, obtener representación en cuerpos del gobierno local, y demandar participación en los programas del gobierno de distribución de alimentos y cuidado de la salud. Un grupo al que visité había obtenido el control del programa de comidas de medio día en la escuela primaria local tras levantarse en protesta por la calidad de los alimentos que se servían a sus hijos.

El sector privado estaba comenzando con lentitud a añadir inversiones en los 1000 días a medida que se difundía el conocimiento de las consecuencias económicas del retraso en el crecimiento infantil. Los negocios se apoyan en consumidores saludables y robustos, una condición que comienza con unos 1000 días saludables. Lawrence Haddad, quien había iniciado los *Reportes sobre Nutrición Global*, se convirtió en director de la Alianza Global para la Nutrición Mejorada y se propuso reclutar a negocios colaboradores, ya fueran empresas pequeñas, medianas o grandes, para construir un sistema alimentario que pudiera dar forma a dietas más nutritivas con sus acciones a uno y otro lado de la cadena de abastecimiento. En particular, multinacionales de comidas y bebidas, que podrían influenciar profundamente el desarrollo infantil, exploraron nuevas maneras de desplegar sus productos. Kraft Heinz Company, por ejemplo, amplió su producción de micronutrientes en polvo ricos en vitaminas y minerales para fortificar mil millones de comidas proporcionadas por Rise Against Hunger, una organización humanitaria internacional contra el hambre que distribuye alimentos y ayuda internacionalmente, y por colaboradores domésticos como Feeding America, la Cruz Roja, y los Boys and Girls Clubs of America.

Globalmente, la iniciativa Fomento de la Nutrición siguió creciendo, extendiéndose hasta 55 países a principios de 2017. Casi la mitad de ellos, incluido Uganda, estaban implementando planes nacionales de nutrición con presupuestos específicos, con algunos de ellos viendo disminuir las tasas de retraso en el crecimiento infantil en un 2% anual. Se habían formado alianzas de la sociedad civil que implicaban a unas 2000 organizaciones en más de treinta países, presionando a sus gobiernos para mantener sus compromisos con los primeros 1000 días. En 2017,

HarvestPlus se había extendido hasta unos sesenta países donde más de cien variedades de catorce cultivos biofortificados estaban siendo cultivadas por granjeros o probadas por criadores; su ambiciosa meta era llegar a mil millones de consumidores, tanto rurales como urbanos, con estos alimentos nutritivos para el año 2030. (Programas de Visión Mundial que trabajan con estos cultivos, como el que está en Uganda, se extendió de cuatro hasta diecisiete países). En 2016, Howdy Bouis y varios otros pioneros de la biofortificación fueron galardonados con el premio World Food, considerado generalmente como el Premio Nobel alimentario y de la agricultura.

COMO HEMOS VISTO en los cuatro países en nuestro viaje, los compromisos del gobierno pueden ser efímeros. En algunos lugares se está haciendo progreso, mientras que en otros, reveses y obstáculos siguen ralentizando el trabajo que podría hacerse:

- Uganda ha estado implementando agresivamente su plan de acción sobre nutrición, situando el desarrollo infantil óptimo en los primeros 1000 días en el centro de su impulso para llegar a ser un país de ingresos medios en próximas décadas. Con la ayuda de una subvención del Banco Mundial, el gobierno se está moviendo para llevar las batatas de piel naranja y los frijoles altos en hierro, al igual que cualquier otro cultivo biofortificado introducido en África, a todos los distritos del país. Patrones meteorológicos erráticos, particularmente largos periodos secos, están desafiando a granjeros y criadores a alimentar cultivos que son más nutritivos y también más capaces de soportar los cambios en las condiciones climáticas.

- En India, la tan anunciada Ley Nacional sobre Seguridad Alimentaria tuvo un comienzo lento. Mientras que la misión espacial de la nación para alcanzar la órbita de Marte quedó completada en menos de un año, dos años de obstáculos y peleas políticas retrasaron el lanzamiento del programa alimentario. El gobierno "lo está sangrando por miles de recortes, tanto fiscales como en otros aspectos", escribió Biraj Patnaik, el consejero principal de los comisionados de la Corte Suprema en el caso del derecho al alimento. Él observaba que los estados han retrasado identificar familias que quedarían cubiertas bajo la ley y que así tendrían derecho a recibir más raciones mensuales de alimentos a precios más subvencionados; en cambio, el número de inscritos en algunos lugares estaba disminuyendo. Además, un nuevo presupuesto nacional recortó la financiación de algunos de los programas clave bajo la ley; el programa Servicios Integrados de Desarrollo Infantil sufrió un recorte del 50%, mientras que el esquema de comidas a mediodía quedó reducido a un tercio. India fue uno de los primeros países que visitó Jim Yong Kim con su advertencia del daño de elevadas tasas de desnutrición y retraso en el crecimiento infantil. El primer ministro Narenda Modi dijo que sus políticas que estaban enfocadas en acelerar la reducción de la desnutrición eran fundamentales para lograr la meta de India de convertirse en el capital de recursos humanos del mundo. En Uttar Pradesh, donde los granjeros de Shivgarh estaban esperando recibir los beneficios prometidos, datos del nuevo gobierno mostraban que aunque la prevalencia del retraso en el crecimiento disminuyó hasta el 46% en 2016 desde el 52% una década anterior, la anemia entre mujeres en edad de tener hijos aumentó por encima del 50% en el mismo periodo, la pérdida debida a la desnutrición severa aumentó hasta casi el 20% de los niños, y solamente el 5% de los niños menores de dos años de edad recibieron una dieta adecuada en 2016. Los reportes en las noticias observaban que el primer ministro del estado demandaba un plan de acción para reducir la tasa de mortalidad infantil y materna en el estado, pasos decisivos para detener el aborto voluntario de niñas, y poner fin a la demora en la implementación de programas nacionales dirigidos a mejorar la nutrición de mujeres y niños.

- En Guatemala, tras el colapso del gobierno anterior, los votantes eligieron como presidente a un excómico de la televisión. El Pacto Hambre Cero estaba en ruinas, y no se dijo mucho acerca de combatir la desnutrición durante la campaña electoral; pero cuando estuvo en su cargo, el nuevo presidente, Jimmy Morales, introdujo su propia estrategia para reducir la tasa astronómica de retraso en el crecimiento infantil de Guatemala, aunque la meta de su mandato de cuatro años era la misma que la de la administración anterior: reducir la desnutrición crónica en un 10%. Su plan obtuvo rápidamente un apoyo crucial de un nuevo préstamo de cien mil millones de dólares del Banco Mundial destinado a madres e hijos en los primeros 1000 días. Guatemala sería una de las primeras pruebas de la estrategia del banco Invertir en Nutrición. En las reuniones de primavera del banco en 2017 en Washington, D.C., solo semanas después de la firma de los documentos de préstamo, el ministro de finanzas de Guatemala, Julio Héctor Estrada, prometió "llegar a cada niño" con las intervenciones en nutrición, que estarían concentradas en un puñado de acciones prioritarias. "No podemos vivir solamente con el uno o dos por ciento de mejora al año", dijo, confesando que era "una vergüenza para un país como Guatemala ser un caso de estudio" sobre desnutrición y retraso en el crecimiento infantil. Mientras que las familias en las zonas montañosas occidentales se esforzaban de nuevo por ver alguna esperanza de parte de un programa de un nuevo gobierno, Primeros Pasos amplió su programa de rehabilitación de nutrición a todas las aldeas en su campaña de cuidado. Y el arquitecto Alejandro Biguria exhortaba a la sociedad civil a seguir presionando para lograr acciones tangibles. Había sido un líder de la campaña Despierta, Guatemala que encendió inicialmente la indignación por los elevados niveles de desnutrición del país. "Tenemos que presionar y hacer que la gente entienda que necesitamos continuar con la lucha contra la desnutrición", me dijo. "No es solamente un compromiso político sino también un compromiso moral con el país. Tenemos que invertir en los 1000 días. Es nuestro futuro".

- En Chicago, el alcalde reunió a representantes de todos los departamentos de la ciudad y las comunidades para desarrollar Healthy Chicago 2.0, un programa de cuatro años para eliminar desigualdades de salud en la ciudad, comenzando con el desarrollo infantil temprano, de modo que todos los residentes pudieran "alcanzar su potencial". Se enfoca en lo que el alcalde denominó "desiertos de oportunidad" y llama a la acción en múltiples frentes al mismo tiempo: acceso al cuidado de la salud y servicios humanos; prevención y control de enfermedades crónicas; desarrollo comunitario; educación; salud maternal, infantil y adolescente; salud mental y consumo de sustancias; y prevención de violencia y daños. Muchas de las metas se dirigen a unos 1000 días exitosos, entre las que se incluyen ampliar las visitas a los hogares y programas de intervención temprana, asegurar el acceso al cuidado prenatal, y fomentar dar el pecho durante los primeros seis meses. Nacionalmente, los programas SNAP y WIC, esenciales para unos 1000 días exitosos en muchas familias, se veían bajo amenaza perpetua debido a recortes en el presupuesto federal. Para prevenir una disminución de financiación, algunos defensores del programa argumentaban mayores beneficios nutricionales y en educación; SNAP y WIC tenían que ser considerados como programas de "red de seguridad" sobre nutrición que iban más allá de ayudar a individuos y familias salvaguardando la salud y la seguridad de todo el país.

En 2016 un amplio estudio doméstico realizado por la organización de los 1000 Días con base en Washington, D.C., ilustraba el estado de las madres y los niños de los Estados Unidos. Entre los descubrimientos de *Los primeros 1000 días: alimentando el futuro de América* estaban estas estadísticas: los Estados Unidos tiene una de las tasas de mortalidad materna más elevadas que cualquier país rico del mundo. Casi la mitad de las mujeres suben más de peso durante el embarazo de lo que se recomienda; solamente el 22% de los niños estadounidenses se alimentan exclusivamente de leche materna a los seis meses, y aproximadamente el 20% nunca se alimentan de leche materna; menos de la mitad de las madres estadounidenses reciben permiso de maternidad remunerado para cuidar de su bebé recién nacido, y una de cada cuatro mujeres regresan al trabajo solamente dos semanas después de dar a luz; casi el 40% de los padres introducen los alimentos sólidos para sus bebés demasiado temprano;

uno de cada cuatro niños pequeños no reciben suficiente hierro en sus dietas, perdiendo así un nutriente crucial en el desarrollo del cerebro; más de la mitad de los niños pequeños y preescolares consumen una o más bebidas azucaradas cada día; alrededor del 10% de los niños menores de dos años muestran señales de sobrepeso o de obesidad; y más del 25% de bebés y niños pequeños viven en la pobreza.

"La nutrición de todos los bebés y niños de Estados Unidos debe ser un imperativo social y económico", dijo Lucy Sullivan, directora ejecutiva fundadora de la organización 1000 Días, al presentar el reporte. "Al contribuir a una fuerza laboral menos competitiva y mayores costos en el cuidado de la salud, los efectos de la mala nutrición infantil nos afectan a todos". El reporte hacía un llamado a ampliar la educación sobre nutrición, aumentar el acceso al cuidado prenatal de alta calidad, mejorar el apoyo para que las madres den el pecho, invertir e implementar la baja maternal remunerada, impulsar pautas dietéticas, y supervisar el estado nutricional de madres e hijos en los 1000 días. "Todo el mundo", concluye el reporte, "tiene un importante papel que desempeñar para asegurar que los niños más pequeños de nuestra nación obtengan la nutrición que necesitan para tener un comienzo fuerte en la vida".

EL IMPULSO PARA una mejor nutrición iba en aumento, y la conciencia de lo que estaba en juego en los primeros 1000 días se estaba difundiendo, pero permanecía cierta inquietud en la primavera de 2017. Una oleada de sentimiento nacionalista, de que la caridad comienza en casa, estaba barriendo algunos de los países más ricos del mundo y a los mayores donantes de ayuda. Las elecciones se dirigieron hacia candidatos populistas que prometían más políticas insulares; el debate político pasó de versar sobre derecha e izquierda a hacerlo sobre abrir o cerrar.

Para contrarrestar eso, los arquitectos de los planes de inversión en nutrición presionaron para que hubiera iniciativas de financiación innovadoras y más inclusivas, donde incluso un país nacionalista pudiera ver que las inversiones en la salud de los niños en todas partes eran ciertamente en beneficio de todos. Surgió un enfoque de solidaridad global hacia financiar la nutrición. La Fundación Bill & Melinda Gates redobló sus inversiones en nutrición, prometiendo emplear 776 millones de dólares en nutrición a lo largo de seis años para "ayudar a todas las mujeres y niños a sobrevivir y prosperar", y desafió a otros donantes a hacer lo mismo. Incluso mientras el Reino Unido comenzaba el proceso de salir de la Unión Europea, anunció en la Cumbre de Inversión en Nutrición del Banco Mundial que igualaría sobre una base de tres a uno cualquier inversión en nutrición en países en vías de desarrollo y por parte de ellos. El Reino Unido era también miembro del programa Power of Nutrition, junto con UNICEF, el Banco Mundial, la Fundación Children's Investment Fund, y el banco suizo UBS; juntos, prometieron multiplicar hasta seis veces cada dólar en financiación privada, con el objetivo de alcanzar los mil millones de dólares. Otro fondo, el Global Financian Facility, tomó forma como un modelo de financiación que une recursos desde países en vías de desarrollo con inversiones de donantes internacionales como los Estados Unidos, Canadá, Japón y Noruega, de fundaciones globales, e incluso de corporaciones multinacionales. "Si queremos apoyar a los más vulnerables", dijo Marie Claire Bibeau, la ministra canadiense para el desarrollo internacional, "tenemos que comenzar en el fundamento: la nutrición".

La FUNDACIÓN DEL movimiento 1000 Días solamente estará segura si podemos aferrarnos a nuestra conciencia colectiva. Jim

Yong Kim sabe que la conciencia global es tan importante como el dinero. La desnutrición y el retraso en el crecimiento infantil, insiste él, hay que sentirlos como "la mayor mancha en la conciencia del mundo en la actualidad". Pocos establecen esta conexión mejor que Carolyn Miles, presidenta y directora general de Save the Children USA. A medida que viaja por el mundo, ella exhorta con frecuencia a las personas a preguntarse qué nos estamos haciendo a nosotros mismos colectivamente al desperdiciar el potencial de tantos niños. En el reporte de Save the Children, *Cómo sobrevivir al primer día*, ella escribió:

> Cada noche, millones de madres en todo el mundo se inclinan sobre sus bebés recién nacidos y ruegan para que estén seguros, contentos y saludables. Es lo que todos queremos para nuestro hijo; y sin duda no es pedir demasiado. Cuando un niño es situado en los brazos de su madre por primera vez, la vida de esa mujer cambia para siempre. El momento es breve y precioso. Debemos aprovechar la oportunidad de invertir en esta colaboración tan básica y perdurable, entre una madre y su hijo, si queremos cambiar para siempre el rumbo de la historia.

Ese rumbo discurre por cada familia en el mundo. En Shivgarh, Shyamkali reunió a sus seis hijas el día del segundo cumpleaños de Anshika. No tenía mucho que ofrecer; no había ningún pastel con velas, pero Shyamkali tenía un deseo: que todas sus hijas prosperaran, y finalmente rompieran el ciclo generacional de desnutrición, retraso en el crecimiento infantil y desigualdad. Para ellas, y para todos nosotros, ese sería el mayor de los logros.

GUÍA PARA LEER EN GRUPO

1. A menudo, damos por sentado tener una buena nutrición. ¿Le sorprendió, junto con las mamás en el libro, aprender sobre las muchas formas en que una buena nutrición durante los primeros 1000 días influye en el desarrollo del niño, dando forma profunda a la habilidad futura del niño de aprender, ganar y prosperar?

2. ¿Conoce a alguien (tal vez incluso a usted misma) que actualmente se encuentre en su primera jornada de 1000 días? ¿Cuán significativo es el factor de tener una buena nutrición en la (su) toma de decisiones?

3. En la narrativa, seguimos a las madres y familias en India, Uganda, Guatemala y Chicago durante sus primeros 1000 días. ¿Con cuál familia se identificó más? ¿Qué similitudes puede visualizar entre las madres y sus experiencias en cada ubicación? ¿Cómo estamos unidos en los 1000 días, sin importar dónde vivamos?

4. Podemos ver que los costos de la desnutrición en los primeros 1000 días se propagan a través de las sociedades y repercuten a lo largo del tiempo, ya que un niño atrofiado se vuelve un adulto atrofiado. ¿Qué costos considera que son los más relevantes: los monetarios, medidos en datos económicos difíciles o el costo de oportunidad del potencial perdido, es decir, lo que podría haber logrado un niño con retraso en el crecimiento para todos nosotros si él o ella no hubiera estado desnutrido en los primeros 1000 días?

5. ¿Cuál cree que es el argumento más persuasivo para eliminar la desnutrición infantil y el retraso en el crecimiento?

   (a) moral: porque es lo correcto, tenemos un deber moral u obligación de ayudar a los menos favorecidos cuando está dentro de nuestros medios para hacerlo;

   (b) seguridad: porque hace del mundo un lugar más seguro y más estable; o

   (c) económico: porque un niño atrofiado en cualquier lugar nos empobrece a todos.

6. Maria Estella y sus futuras mamás anhelan el conocimiento ofrecido por sus clases de nutrición, pero encuentran que los alimentos nutritivos a menudo son increíblemente caros. En cada una de las ubicaciones, vemos cómo la pobreza triunfa sobre el conocimiento. ¿Alguna vez ha enfrentado restricciones de precios para asegurar una buena nutrición? ¿Cómo asignaría sus ingresos frente a la escasez? ¿Puede identificar las conexiones entre la pobreza y la malnutrición (ya sea

desnutrición o sobrepeso/obesidad) en su comunidad? De ser así, ¿cuáles son las consecuencias para la educación, la atención médica, la productividad laboral o la seguridad?

7. Shyamkali enfrenta las creencias tradicionales y las presiones sociales que limitan su rol, silencian su voz y socavan sus decisiones sobre nutrición, salud y planificación familiar. ¿Cómo impactan los primeros 1000 días las prácticas y actitudes cotidianas que discriminan a las mujeres y las niñas?

8. ¿Cómo podemos empoderar mejor a las mujeres para satisfacer sus necesidades nutricionales y de salud para ellas y sus hijos? ¿Cuál es el rol de los padres en asegurar una buena nutrición en los primeros 1000 días, y cómo podemos equiparlos para participar más equitativamente en la nutrición familiar?

9. ¿Es el desarrollo de niños saludables responsabilidad exclusiva de los padres y cuidadores? ¿Qué papel juega la sociedad más grande? ¿Qué pueden hacer los gobiernos para asegurarse de que los niños de su nación tengan el mejor comienzo posible en la vida?

10. Después de leer sobre las circunstancias del trabajo de parto de cada madre, ¿qué cree que se debe hacer para garantizar que las madres y los bebés tengan acceso a partos seguros y saludables en todo el mundo? ¿Qué mejoras clave deben hacerse?

11. Save the Children llama a la lactancia materna "lo más cercano a una 'bala de plata' en la lucha contra la desnutrición". ¿Cómo pueden evolucionar los creadores de políticas, el sector privado, las organizaciones no gubernamentales y los sistemas médicos para alentar y facilitar la lactancia en todo el mundo?

12. A pesar de que Brenda había estado trabajando duro para asegurarse de que su hijo Aron recibiera los nutrientes que

necesitaba para prosperar, una enfermedad transmitida por el agua amenazaba con revertir el progreso de Aron. ¿Qué dice esto sobre nuestro enfoque actual del desarrollo y cómo podemos construir una estrategia más exitosa que asegure el progreso simultáneo a lo largo del frente amplio de los desafíos de desarrollo?

13. Durante décadas, ni las comunidades de la salud ni las de la agricultura han asumido la plena responsabilidad de las medidas contra la malnutrición. ¿Cómo pueden estos sectores de desarrollo colaborar mejor para enfrentar los desafíos nutricionales? ¿Cuál debería ser el papel de la agricultura en el desarrollo de alimentos más nutritivos? ¿Qué puede hacer el sector privado para dar forma a un sistema alimentario que conduzca a dietas más nutritivas?

14. En medio de la creciente violencia en Chicago, Jessica se preocupa por el tipo de mundo en el que está trayendo a su hija. ¿Qué tensiones ambientales "tóxicas" ven en su comunidad que afectan la salud de las madres y los niños en los primeros 1000 días?

15. En la narrativa vemos que muchas de las soluciones a los problemas de desnutrición se pueden resolver con innovaciones simples y económicas. ¿Qué medidas simples pueden tomarse para abordar la malnutrición en su comunidad? ¿Qué puede hacer para ayudar a que "los primeros 1000 días" sean una frase familiar en su país y en todo el mundo?

CÓMO PUEDE APRENDER MÁS, SER UNA VOZ Y PARTICIPAR

Estas son algunas de las organizaciones y programas que trabajan en primera línea de los primeros 1000 días; están creando conciencia, abogan por la inversión y cambios en las políticas, y están implementando mejores prácticas de nutrición y salud en comunidades de todo el mundo.

Arquitectos de un Marco Global de Inversión

Fundación Bill & Melinda Gates, www.gatesfoundation.org

Fundación del Fondo de Inversión Infantil (CIFF), www.ciff.org

1000 Días, www.thousanddays.org / www.1000dias.com.ar (español)

Resultados para el Desarrollo, www.r4d.org

Grupo del Banco Mundial, www.worldbank.org

Apoyo e investigación (sin incluir las organizaciones mencionadas anteriormente)

ACTION Global Health Advocacy Partnership, www.action.org

African Development Bank, www.afdb.org/en

Alliance to End Hunger, www.alliancetoendhunger.org

Bread for the World, www.bread.org

Centro de Investigación y Acción Alimentaria (FRAC), www.frac.org

Alianza Global para una Nutrición Mejorada, www.gainhealth.org

Proyecto Global de Pobreza, www.globalpovertyproject.com

InterAction, www.interaction.org

Instituto Internacional de Investigación de Políticas Alimentarias, www.ifpri.org

March of Dimes, www.marchofdimes.org

MomsRising, www.momsrising.org

Alianza Nacional para Mujeres y Familias, www.nationalpartner ship.org

Asociación Nacional de WIC, www.nwica.org

Nurse Family Partnership, www.nursefamilypartnership.org

ONE Campaign, www.one.org/us

RESULTS, www.results.org

Scaling Up Nutrition, www.scalingupnutrition.org

Sight and Life, www.sightandlife.org

UNICEF, www.unicef.org

Departamento de Desarrollo Internacional del Reino Unido (DFID), www.gov.uk/government/organisations/department-for-inter national-desarrollo

Agencia de los Estados Unidos para el Desarrollo Internacional (USAID), www.usaid.gov

Implementación

Action Against Hunger, www.actionagainsthunger.org

Alive and Thrive, www.aliveandthrive.org

Catholic Relief Services, www.crs.org

Church World Service, www.cwsglobal.org

Community Empowerment Lab (India), www.community.org.in

Concern Worldwide, www.concern.net

FHI 360, www.fhi360.org

Food for the Hungry, www.fh.org

HarvestPlus, www.harvestplus.org

Helen Keller International, www.hki.org

The Hunger Project, www.thp.org

International Medical Corps, www.internationalmedicalcorps.org

Lutheran World Relief, www.lwr.org

Mercy Corps, www.mercycorps.org

Metropolitan Family Services, www.metrofamily.org

Nutrition International, www.nutritionintl.org

Ounce of Prevention, www.theounce.org

PATH, www.path.org

Primeros Pasos, www.primerospasos.org

Save the Children, www.savethechildren.org

SPRING, www.spring-nutrition.org
Vitamin Angels, www.vitaminangels.org
World Food Program, www.wfp.org and www.wfpusa.org
World Vision Internacional, www.wvi.org/es (países de América
    Latina y el Caribe)

Para seguir mi trabajo continuo en *Los primeros 1000 días*,
visite mi sitio web en outrageandinspire.org y el Consejo de
Asuntos Globales de Chicago en www.thechicagocouncil.org/
globalagdevelopment, así como en el Pulitzer Center on Crisis Reporting, pulitzercenter.org/first-1000days/lesson, donde
los maestros y los estudiantes también encontrarán un plan de
lecciones.

RECONOCIMIENTOS

A TODAS LAS familias de India, Uganda, Guatemala y Chicago que aparecen en estas páginas, mi suprema gratitud. Estas familias, especialmente las mamás, repetidamente y gentilmente me dieron la bienvenida a sus hogares a lo largo de los 1000 días, y afectuosamente soportaron mis muchas, muchas preguntas. Espero que sus historias los inspiren tanto como a mí.

Un largo viaje a través del tiempo y el lugar como este requirió de una sólida línea de suministro de sustento narrativo, sabiduría y aliento. Gracias a aquellos que me abrieron las puertas y me dieron orientación en el camino:

En India: Vishwajeet y Aarti Kumar, Bhoopesh Tripathi, y sus colegas en el Community Empowerment Lab en Shivgarh, y

Purnima Menon, Hideko Piplani, Emily Bielecki, Swati Kapur, Digital Green, The Hunger Project y Rajiv Gandhi Charitable Trust.

En Uganda: Agnes Kabaikya, Simpson Biryabaho, Grace Akullu, Morris Ogwal, Solomon Okino y sus colegas de World Vision; Anna-Marie Ball, Sylvia Magezi y el equipo de Harvest-Plus; y Mary O'Neill y Concern Worldwide.

En Guatemala: Brent Savoie, Jamie de Guzman Pet, Megan Peyton, Susy Menchu, Scarlet Samayoa, y sus colegas en Primeros Pasos; Carlos Cárdenas y su equipo en Save the Children-Guatemala; Carolina Siu y Paul Melgar en el Instituto de Nutrición de Centro América y Panamá; y Ted Fischer, Miguel Cuj, Henry Schmick y Alejandro Biguria.

En Chicago: Diana Rauner, Tony Raden, Claire Dunham, Portia Kennel, Diana McClarien, Patricia Ceja Muhsen, Celeste Bowen, y sus colegas en el Ounce of Prevention Fund y Educare; Lorena Sánchez en Metropolitan Family Services; y Ángel Gutiérrez en Catholic Charities.

A lo largo del camino: The Pulitzer Center on Crisis Reporting, especialmente Jon y Peter Sawyer, Nathalie Applewhite y Tom Hundley; la Fundación Bill y Melinda Gates, especialmente Shelly Sundberg; la John y Editha Kapoor Charitable Foundation; Kelly y Jim McShane; y otros partidarios del Consejo de Chicago sobre Asuntos Globales. También colegas del Consejo de Chicago presentes y pasados, incluyendo Ivo Daalder, Marshall Bouton, Lisa Moon, Alesha Black, Louise Iverson, Sung Lee, CaSandra Carter, Meagan Keefe, Isabel DoCampo, Elizabeth Marquardt, Elisa Quinlan, Dawn Miller, Bob Cordes, Niamh King, Tria Raimundo, Natashur Brown, Marcus Glassman, Sara McElmurry, Carolyn Chelius, Rebecca Davidson, Andre Nickow, Kelsey Bailey y Drew D'Alelio.

Por las horas de conversación y sinnúmero de informes y documentos, muchas gracias a Lucy Sullivan, Adrianna Logalbo,

Andrea Beegle, Jennifer Rigg, Mannik Sakayan, Yesenia García, Rebecca Olson, Manuel Claros, Danielle Porfido, Cara Brumfield, Tom Arnold, Patrick Webb, Jeffrey Griffiths, Shibani Ghosh, Robert Black, Maureen Black, John Hoddinott, Lawrence Haddad, Marie Ruel, Shawn Baker, Ellen Piwoz, Karlee Silver, Howdy Bouis, Yassir Islam, Peg Willingham, Pam Wuichet, Asma Lateef, Marc Van Ameringen, Bonnie McClafferty, Greg Garrett, Florencia Vasta, Klaus Kraemer, John Oldfield, Jordan Teague, Sangita Vyas, Harsh Mander, Álvaro Castillo, Juan Carlos Paíz, Reynaldo Martorell, Aryeh Stein, Dara Burke, Winfred Ongom, Dana Suskind, Mari Gallagher, Naideen Galek, Carolyn Miles, Eileen Burke, Holly Frew, Laura Blank, Nabeeha Kazi, Andrea Jiménez, Tanuja Rastogi, Kate Maehr, Bob Dolgan, John Coonrad, Scott Bleggi, Allan Jury, Todd Post, Rebecca Middleton, Dan Silverstein y David Lambert.

Esta es mi tercera colaboración con PublicAffairs al contar la historia del hambre en el siglo XXI. Mi permanente agradecimiento al editor Clive Priddle, a mi editora Lisa Kaufman por su aguda visión narrativa, a la editora Melissa Raymond, a la editora de producción Shena Redmond, a la editora Katherine Streckfus, a la directora de marketing Lindsay Fradkoff y al gerente de publicidad Chris Juby. Laurie Liss, mi agente, alentó la narración y el viaje global. Y Charles y Alex Karelis proporcionaron un escritorio y un reducto colegial en Writers Room D.C.

De principio a fin, este ha sido un proyecto familiar: mi esposa, Anne, conmigo en todo momento, ha sido mi fiel fotógrafa, mi primera lectora y mis mejores ojos y oídos en el proceso de elaboración de informes; nuestra hija, Aishling, organizó mi investigación desde el principio y me presentó a Primeros Pasos a través de su trabajo en GlobeMed; y nuestro hijo, Brian, desarrolló mi juego de narración de cuentos para el nuevo mapa de los medios. Por todo esto, y mucho más, gracias.

NOTAS SOBRE LOS RECURSOS

LAS NARRATIVAS DE las madres y los niños y sus familias, y aquellos que trabajan con ellos, son de mi propio informe. Los pasajes sobre la ciencia de los 1000 días y los impactos médicos, económicos y sociales se basan en mis entrevistas con las fuentes mencionadas en el texto y de los siguientes recursos:

INFORMES Y ARTÍCULOS

Alive & Thrive: FHI 360: Elizabeth Prado y Kathryn Dewey, *Insight: Nutrition and Brain Development in Early Life*, 2012.

American Society of Tropical Medicine and Hygiene: Francis M. Ngure et al., "Formative Research on Hygiene Behaviors and Geophagy Among Infants and Young Children and Implications of Exposure to Fecal Bacteria", *American Journal of Tropical Medicine and Hygiene* 89, no. 4 (2013): 709–716.

Barker, David: "The Barker Theory: New Insights into Ending Chronic Disease", 2006.

Bread for the World: *2016 Hunger Report. The Nourishing Effect: Ending Hunger, Improving Health, Reducing Inequality*.

Center for Social Inclusion: *Removing Barriers to Breastfeeding: A Structural Race Analysis of First Food*, 2015.

The Chicago Council on Global Affairs: *Healthy Food for a Healthy World: Leveraging Agriculture and Food to Improve Global Nutrition*, 2015; *Feeding an Urban World: A Call to Action*, 2013.

Chicago Tribune: Crime in Chicagoland, "Chicago Homicides", http://crime.chicagotribune.com/chicago/homicides.

Ciudad de Chicago: *A Recipe for Healthy Places: Addressing the Intersection of Food and Obesity in Chicago*, 2013.

Copenhagen Consensus Center: documentos del Copenhagen Consensus, 2004, 2008, 2012; John F. Hoddinott, Mark W. Rosegrant y Maximo Torero, "Investments to Reduce Hunger and Undernutrition", Challenge Paper on Hunger and Malnutrition, 2012.

Global Alliance for Improved Nutrition: *Cultivating Nutritious Food Systems*, 2014; *Fortifying Our Future*, 2015.

Gobierno de Guatemala: *El plan del Pacto Hambre Cero*, 2012.

Gobierno de Uganda y UNICEF: *Situation Analysis of Children in Uganda*, 2015.

Gobierno de Uttar Pradesh, India: *State Nutrition Mission: Vision*, 2014.

Instituto de Nutrición de Centro América y Panamá: Manuel Ramírez-Zea, Paul Melgar y Juan A. Rivera, "INCAP Oriente

Longitudinal Study: 40 Years of History and Legacy", *Journal of Nutrition* 140, no. 2 (2010): 397–401, y varios otros informes del INCAP Longitudinal Study.

International Food Policy Research Institute: *2013 Global Food Policy Report*; *Global Nutrition Report 2014*; *Global Nutrition Report 2015*; POSHAN Project: *Improving Nutrition in Uttar Pradesh*, 2017.

The Lancet: serie Advancing Early Childhood Development from Science to Scale, 2016; serie Breastfeeding, 2016; serie Every Newborn, 2014; serie Maternal and Child Nutrition series, 2013; Maternal and Child Undernutrition, 2008.

Mari Gallagher Research and Consulting Group: *Examining the Impact of Food Deserts on Public Health in Chicago*, 2006.

McKinsey Global Institute: *Overcoming Obesity: An Initial Economic Analysis*, 2014.

Nestlé Nutrition Institute: Feeding Infants and Toddlers Study (FITS), 2008; J. M. Saavedra, D. Deming, A. Dattilo, y K. Reidy, "Lessons from the Feeding Infants and Toddlers Study in North America: What Children Eat, and Implications for Obesity Prevention, *Annals of Nutrition and Metabolism* 62, Supplement 3 (2013): 27–36.

ONE Campaign: "Poverty Is Sexist: Why Girls and Women Must Be at the Heart of the Fight to End Extreme Poverty", 2015.

1,000 Days: *The First 1,000 Days: Nourishing America's Future*, thousanddays.org/resources, 2016.

Research Institute for Compassionate Economics: *Sanitation Quality, Use, Access and Trends (SQUAT)*, Research Brief, 2014–2015.

The Sackler Institute for Nutrition Science at the New York Academy of Sciences: *Fulfilling Every Child's Potential Through Integrated Nutrition and Early Childhood Development Interventions: A Call to Action and Policy Brief*, 2015.

Save the Children: *The Lottery of Birth: Giving All Children an Equal Chance to Survive*, 2015; *Ending Newborn Deaths: Ensuring Every Baby Survives*, 2014; *Superfood for Babies: How Overcoming Barriers to Breastfeeding Will Save Children's Lives*, 2013; *Surviving the First Day: State of the World's Mothers 2013*; *Food for Thought: Tackling Child Nutrition to Unlock Potential and Boost Prosperity*, 2013; *Nutrition in the First 1,000 Days: State of the World's Mothers 2012*.

Thomson Reuters StreetEvents: Mead Johnson Nutrition, Consumer Analyst Group of New York Conference, 2014; Mead Johnson Nutrition, Consumer Analyst Group of New York Conference, 2015.

United Nations Children's Fund (UNICEF): *Progress for Children: Beyond Averages—Learning from the MDGs*, 2015; *Improving Child Nutrition: The Achievable Imperative for Global Progress*, 2013.

US Centers for Disease Control and Prevention: *Breastfeeding Report Card: United States 2013*; *Breastfeeding Report Card: United States 2014*.

US Department of Health and Human Services: *The Surgeon General's Call to Action to Support Breastfeeding*, 2011.

World Bank: *An Investment Framework for Nutrition*, 2016 y 2017; los discursos de Jim Yong Kim se pueden encontrar en president .worldbankgroup.org; *Repositioning Nutrition as Central to Development: A Strategy for Large-Scale Action*, 2006; Dean Spears, *How Much International Variation in Child Height Can Sanitation Explain?*, 2013.

World Health Organization: *Country Implementation of the International Code of Marketing of Breast-Milk Substitutes: Status Report 2011*.

World Health Organization y UNICEF: *Water, Sanitation and Hygiene in Health Care Facilities*, 2015; *Twenty-Five Years Prog-*

ress on Sanitation and Drinking Water: 2015 Update and MDG Assessment.

LIBROS

Fischer, Edward F., y Peter Benson. *Broccoli & Desire: Global Connections and Maya Struggles in Postwar Guatemala.* Stanford, CA: Stanford University Press, 2006.

Mander, Harsh. *Ash in the Belly: India's Unfinished Battle Against Hunger.* New Delhi: Penguin Books New Delhi, 2012.

Murkoff, Heidi. *What to Expect: Eating Well When You're Expecting.* New York: Workman, 2005.

Suskind, Dana. *Thirty Million Words: Building a Child's Brain.* New York: Dutton, 2015.

LETRAS DE CANCIONES

"Dale Pecho" y "Dale Comidita": al compositor, Aníbal Coro, y a los intérpretes, Internacionales Conejos.

"Hot Cheetos & Takis": artistas Y.N.RichKids, y al programa Beats and Rhymes.

Canción de Rwanda High-Iron Bean: varios artistas de Rwanda, incluyendo a King

James, Miss Jojo, Riderman, Tom Close, y Urban Boyz. See "Afro-Pop Music Video on Healthy Eating," www.youtube.com /watch?v=fo6449Rd3I0. Cortesía de HarvestPlus.

SE PUEDE ENCONTRAR otros materiales investigativos sobre los 1000 días en mi sitio web, www.outrageandinspire.org, y también en el sitio web del movimiento 1000 Días, http://thousanddays .org (inglés).

SOBRE EL AUTOR

ROGER THUROW es miembro principal de alimentación y agricultura mundial en el Chicago Council on Global Affairs. Fue periodista en el *Wall Street Journal* durante treinta años, veinte de ellos como corresponsal en el extranjero. Él es, junto con Scott Kilman, el autor de *Enough: Why the World's Poorest Starve in a Age of Plenty*, que ganó el premio de libro Harry Chapin Why Hunger y fue finalista del Dayton Literary Peace Prize y de la New York Public Library Helen Bernstein. Además, es el autor de *The Last Hunger Season: A Year in an African Farm Community on the Brink of Change*. Recibió el Premio Humanitario Action Against Hunger en 2009. Vive en Washington, D.C., con su esposa, Anne.